怎样读经典

王宁 彭林 孙钦善 等著

ZHEJIANG UNIVERSITY PRESS
浙江大学出版社

《中华读书报》编

主编：王　玮
副主编：吴祝蓉　王洪波　韩晓东

编者说明

近年来,习近平总书记曾多次表达对读书的喜爱,强调阅读经典和学习传统文化的重要性。2009 年,习近平在中央党校围绕领导干部读书问题发表讲话,他说:"读书是多多益善……但人的精力是有限的,我们不可能把所有的书读完。"因此,读书要有选择,而读经典就是上佳选择。他说:"读优秀传统文化书籍,是一种以一当十、含金量高的文化阅读。……优秀传统文化书籍包括历史经典、文学经典、哲学经典、伦理经典等多个方面。"而关于中华优秀传统文化的现实意义和当代价值,习近平也有深刻论述,2014 年 2 月 24 日,他在主持中共中央政治局第十三次集体学习时说:"培育和弘扬社会主义核心价值观必须立足中华优秀传统文化。牢固的核心价值观,都有其固有的根本。抛弃传统、丢掉根本,就等于割断了自己的精神命脉。……不忘本来才能开辟未来,善于继承才能更好创新。"这些论述,对我们每个人都深具指导和启发意义。

关于阅读经典的重要性,古今中外很多硕学魁儒也都有论述。梁启超曾为青年学生开列"最低限度之必读书目",包括《四书》《尚书》《易经》《诗经》等二十多种经典名著,认为这些书"无论学矿、学工程学……皆须一读,若并此未读,真不能认为中国学人矣"。朱自清曾撰《经典常谈》,认为:"在中等以上的教育里,经典训练应该是一个必要的项目。……做一个有相当教育的国民,至少对于本国的经典,也有接触的义务。"

要多读经典,此乃共识。但问题是,哪些经典是今天最应该读的,却也不大容易确定。更大的问题在于,对一般读者而言,欲走进经典的世界实有不少困难。中国经典中,最重要者乃先秦典籍,不说佶屈聱牙之《尚书》,即令供人吟诵之"诗三百",倘不能打通"文字障"(顾随语),亦难领会其妙处,这导致"一般人往往望而生畏,结果是敬而远之"(朱自清语)。因此,进入经典的世界是需要有人引路的,诸如如何选择版本和参考书,如何既能进入古人的世界又能把握经典的现代意义,等等,专家的引领提示都很有价值。

出于上述考虑,《中华读书报》与杭州翯马文化传媒公司合作开设了"怎样读经典"栏目。自 2015 年 5 月 21 日至 2017 年 8 月 16 日,这个栏目在《中华读书报》共刊出 50 期,对 50 部中国经典分别作了介绍,并对阅读这些经典的门径有所提示。这个栏目,受到读者广泛欢迎和好评。

中国现存古籍约 20 万种(据《中国古籍总目》),哪些可名之为经典,自属见仁见智。好在所谓经典,大多已历千百年的淘洗,早有定评。同时《中华读书报》置身学界,选目问题亦可随时求教于专家。现在检视这 50 种的书目,说其代表了传世典籍中最核心、最精粹的部分当大致不谬。当然,就范围而言,非不可以扩大之,比如将 50 种的数量增至 100 种、200 种,但这只好留待将来了。

就分类而言,50 种书大致可作如下划分。一为经。"十三经"中,我们涉及 11 种,包括《周易》《尚书》《诗经》《周礼》《仪礼》《礼记》《左传》《公羊传》《论语》《孟子》《尔雅》(《谷梁传》《孝经》非不重要,或因我们不欲求全,故未列入吧)。此外还有"四书"中的《大学》《中庸》。董仲舒《春秋繁露》、朱熹《四书章句集注》,以及我国最早的一部字书《说文解字》皆循惯例放在经部。二为史。"前四史"(《史记》《汉书》《后汉书》《三国志》)自然在内,此外尚有《国语》《晏子春秋》《战国策》《水经注》,以及史部中极为重要的《资治通鉴》。中国史籍浩瀚,故史部我们割爱尤多。三为子。先秦诸子中,我们涉及的有《老子》《孙子兵法》《墨子》《商君书》《庄子》《管子》《荀子》《吕氏春秋》《韩非子》《山海经》。两汉有《淮南子》《盐铁论》《论衡》。此外还有六朝笔记小说的代表作《世说新语》,以及一部宋代编定的兵家丛书《武经七书》。宋代以降《近思录》《传习录》《明夷待访录》亦置于此。此外还有道教的《抱朴子》(需要注意的是,如本书中卢国龙先生所指出的,《抱朴子》内外两篇分属道家和儒家,不能说是单纯的道教典籍)和佛教的《六祖坛经》。道教、佛教与儒教比肩而立,分庭抗礼,地位重要,经卷浩繁,但我们仅各撷取一部,以见一斑而已。四为集。文学经典也是忽略尤多的一个部分,我们涉及的计有《楚辞》《古诗十九首》《文心雕龙》《诗品》《文选》等 5 种。

　　我们约请的作者，主要是中国古典文献学以及文学、史学、哲学等学科的学者。他们大多沉浸一部经典已有多年，很多人都有相关专著问世，可以说，每篇短短三四千字，都是他们多年研精覃思的结晶。文章的内容，除了经典本身的情况如作者、成书年代、主要内容之外，重心放在告诉读者如何更好地读懂经典，如何理解其现代意义，包括版本和参考书的选择、先读哪篇后读哪篇、阅读时的注意事项等等。概言之，我们希望这些文章有一定"实用性"，能切实帮助读者知道"怎样读"。这样的文章并不好写，尤其是要在限定的四千字篇幅内"完成任务"，专家也往往觉得困难。有的作者的初稿长达万言，一删再删才把篇幅控制下来；有的作者稿子完成后压在手中数月，反复推敲和删改之后才交我们刊出。另外，这样的文章既要求一定的客观性，同时也需要作者表达一些独家看法，这中间的平衡，是颇费思量的。总之，"怎样读经典"栏目能够得到学界和读者的认可和好评，端赖所有作者的付出，谨此向他们致以深切谢意！

　　约稿过程中，作者的寻找和联系，很多朋友曾施以援手，中华书局张继海、陈虎、王军、樊玉兰，上海古籍出版社吕健、奚彤云、查明昊、张家珍等给予的帮助尤多，谨此深致谢意。最后，感谢杭州骉马文化传媒公司的支持！感谢"怎样读经典"栏目和本书的所有读者！

中华读书报

2018 年 4 月

目次
Contents

子·心游意骋
191

3

经 · 胸涵浩然

卦书？不，是哲学

怎样读《周易》

姜广辉/文

《周易》作者及其书特点

《周易》在先秦称《易》或《周易》，至汉代则有《易经》之称。司马迁、班固等人构拟了一个《周易》演生史，即认为"伏羲画八卦"，"周文王重卦"并"作上、下篇"卦爻辞，孔子作"十翼"等。但经历代学者考证研究，这些说法并无确证。我们的看法是，《周易》卦爻辞及"十翼"各篇应是历史上许多佚名的智者所作。即使没有伏羲、文王、孔子这些大圣人的参与，也并不影响其作为中华民族伟大元典的地位。

今天所说的《周易》，包括《易经》和《易传》两个部分。《易经》是指卦名、卦画和卦爻辞部分。《易传》又称"十翼"，是解释《易经》的传注。

对于《周易》的"易"字，汉儒郑玄概括说："'易'一名而含三义：易简，一也；变易，二也；不易，三也。""易简"是《周易》的首要而根本的特点。它由——和－－两个基本卦画构成，——或－－构成一爻，六爻成一卦，由此排列组合成互不相同的六十四卦，而成为一个严整的系统。可以说，这是中国古代的一种系统论的思想方法。

"易简"的方法运用于哲学本体论的探究，使得《周易》成为一种真正意义上的哲学。从方法上说，这是一个"由繁归简"的过程，使人们由关注事物的各种变化转到探究世界的起源问题，而要从《周易》找到资源，得到解释。《周易》中的两个最基本的符号和概念被解释为阴、阳二气，而阴、阳二气则根源于"道"或"太极"。儒家关于哲学本体论的资源是极其贫乏的，《周易》是六经中可以称为"哲学"的典籍。

《周易》是"占筮之书"，还是"说理之书"？

《周易》究竟是占筮之书，还是说理之书，这是诠释《周易》的一个根本性的问题。《周易》曾经被用于占筮、算命，这是不争的历史事实。对于这个问题应该怎么看呢？用《周易》算命，从逻辑上说，应该有一系列潜在的理论预设，首先是相信每一个人都有其关于"命"（包括过去、现在、未来的命运）的信息存在于宇宙之间，并且同时预设六十四卦三百八十四爻已经包含了宇宙间的各种信息。当你通过神秘的占筮方法向鬼神贞问的时候，鬼神一定知道并在揲蓍过程中暗地起作用，让你得到某一卦，使你可以通过解读该卦的卦爻辞来了解具体的命运信息，并做出"趋吉避凶"的决策。假如你是诉讼的当事人，要通过《易经》预测胜算如何，《易经》的确有关于诉讼的内容，如讼卦。但讼卦只是六十四卦之一，而你实际所得到的卦未必就是讼卦，甚至与诉讼没有一点关系，这就要凭筮人解卦了。东汉时王充《论衡》卷二十四《卜筮篇》就曾谈到筮人胡扯乱说的情况："世人言卜筮者多，得实诚者寡。论者或谓蓍龟可以参事，不可纯用。夫钻龟揲蓍，兆数辄见，见无常占，占者生意：吉兆而占谓之凶，凶数而占谓之吉。"这个批评可以供今人参酌。

实际上，易学自先秦时起，就有两种传统，一是"筮占之'易'"的传统，一是"不占之'易'"的传统。"筮占之'易'"为方术之易。"不占之'易'"又称"演德"之"易"，或义理之"易"。《论语》记载孔子曾说："不占而已矣。"长沙马王堆帛书本《周易·要》有这样的内容：子贡问孔子："夫子亦信其筮乎？"孔子回答："我观其德义耳。""史巫之筮，乡（向）之而未也。"孔子研习《易》理，走的是"演德"的路线。荀子讲"善为易者不占"（《荀子·大略篇》)，这种"不占"的易学是儒家之"易"的正轨。自魏晋时期王弼《周易注》之后，义理派易学成了《易经》诠释的主流，至北宋程颐的《伊川易传》而达于顶峰。但南宋朱熹著《周易本义》，复又强调《易经》是"卜筮之书"，因而在此后的易学界形成了两大派：一派是以程颐为代表的义理派，认为《易经》是"说理之书"；一派是以朱熹为代表的象数派，认为《易经》是"占筮之书"。到了清代，李光地著《周易折中》，试图将这两种尖锐对立的看法加以调和折中。但直到今天，易学界仍然存在这两种尖锐对立的看法。信者恒信，不信者恒不信，谁都很难说服对方。

我们认为，《易经》是一部人人可学的"说理之书"，如果把它当作一部算卦之书，就把一部体现中华文化智慧的伟大经典糟蹋了。我们讲它是"说理之书"，不是仅仅提出一种空洞的说法，而是要讲出一个《易经》卦爻辞具体说理内容的事实，把其中蕴含的生活智慧和政治智慧展现出来，来彰显它的意义。

易学的分派与易学的精华

对于《周易》发展史的总结，以《四库全书总目》最为简明。此书将历史上的周易学分为"两派六宗"，即象数派下的象占宗、机祥宗、造化宗，以及义理派下的老庄宗、儒理宗和史事宗。然而四库馆臣对这"两派六宗"皆不满意，认为只有《周易·大象传》体现了《周易》的根本精神，其言曰："六十四卦大象皆有'君子以'字，其爻象则多戒占者，圣人之情见乎词矣。其余皆《易》之一端，非其本也。"我们所熟知的"天行健，君子以自强不息""地势坤，君子以厚德载物"，就出自《周易·大象传》。其他卦也有类似这种"君子以"的一句话，如《屯》卦大象传："云雷屯，君子以经纶。"《蒙》卦大象传："山下出泉蒙，君子以果行育德"，等等。在我们看来，这实际是"境遇"与"境界"的关系问题。每一卦象象征一种境遇，在各种不同的境遇下，人应该具备什么德行，追求什么境界？所谓"境遇"，包含生存的环境和发展的机遇。人生无不在境遇中,境遇各种各样,有顺境,也有逆境。对待各种境遇,应该有怎样的境界?其实"境界"并不是某种玄虚的精神,而是处理不同境遇问题所表现的最佳的人生态度。

美国著名伦理学家约瑟夫·弗莱彻(Joseph Fletcher)说:"哪里有了境遇所提出的问题,哪里就有真正的伦理学。"(《境遇伦理学》,中国社会科学出版社1989年版)关于"境遇"与"境界"问题,在中国西周时期就已经有了自觉的认识,《尚书·召诰》"王敬作所,不可不敬德","所"是处所、处境,其义谓:作为君王应该在各种处所、处境下表现出"敬德"。这就是"境遇"与"境界"的问题。后来孟子的名言"富贵不能淫,贫贱不能移,威武不能屈"(《孟子·滕文公下》)讲的也是"境遇"与"境界"的关系。总之,"境遇"与"境界"问题是人们所直接面对的重要的人生问题,它要人们从具体境遇出发,充分发挥人的能动性因素,导出事物的正当性的原则。

关于《周易》的解读方法

《易经》虽然简古,但对于六十四卦的解读,还是有许多规则和规律可循。《易经》有一个特点,它用六爻的理论结构模拟和效仿自然、社会万事万物之理。按笔者的理解,它相当于给你设计了一个个"理论模型",比如说,"讼"卦是关于诉讼问题的理论模型,有很多关于诉讼的基本原理在里面;"师"卦是关于用兵问题的理论模型,有很多关于用兵打仗的原理在里面。如此等等,每一卦都可以说是某一方面问题的理论模型。而在一卦之中，六爻又各有其表示的规则。在社会上，人有阶层、身份的不同；事物发展，也有阶段性的规律。怎么才能体现社会各个阶层、身份的不同？怎么才能够体现事物发展阶段性的规律？这就要靠六爻来表现。就一般而论，初爻表示社会的底层，位置最高的是五爻，通常代表君主，"九五之尊"一词就是从《易经》中来的。而从事物发展的阶段性来说，初爻一定是事物发展的开始，顺着二爻、三爻、四爻、五爻、上爻的顺序来表示事物由发生、发展，到鼎盛，到最后走向反面。《易经》作者早就注意到了事物发展"物极必反"的规律，因而在爻位设计上，五爻是最高点，是鼎盛之时，过此以往，开始走向反面。很多卦都反映这个规律，而它体现了事物发展本身的规律。当然，关于《周易》的理论模型，还有其他许多解释的规则，比如"爻位"说、"得中"说、"正应"说等等。总之，解卦首先要根据卦名来判断此卦的具体情境与条件，综合运用各种解卦的方法。

介绍几种有代表性的《周易》读本

1. 魏王弼《周易注》。《周易》义理派名著首推王弼的《周易注》。汉魏以后，学者骛于象数之学，牵强附会，违背《周易》原意。王弼尽扫象数，畅以义理，使天下耳目为之一新。唐初，孔颖达领衔撰五经义疏，于汉魏诸家《周易》之注，独取王弼之注，为之作疏，此即《五经正义》中的《周易正义》。

2. 北宋程颐《伊川易传》。程颐所著《周易程氏传》(即《伊川易传》)是以理学思想解经的第一部成功之作。此书在后世享有盛名,被列为官学科举考试的规定内容。清代顾炎武以为,宋明易学以程颐《伊川易传》为第一。

3. 南宋杨万里《诚斋易传》。此书属于易学史"两派六宗"中的"史事宗"。其特点是以历史人物故事解《周易》卦爻辞,段段节节用古事引证。杨万里本为著名诗人,文章清奇,论说巧妙,因而人们多爱阅读其书。

以上属义理派易学著作。

4. 唐李鼎祚《周易集解》。自孔颖达取王弼《周易注》而作《周易正义》,成为唐代官方学术之后,象数易学由此式微。亦因此,汉以来的象数之书随之被弃,后渐散佚。李鼎祚作《周易集解》,辑录汉唐以来四十余家说《易》之书,特别重视辑录象数易学之书,由此汉唐象数之学的一些重要资料,赖此书得以保存和流传。

5. 清惠栋《易汉学》。惠栋根据唐李鼎祚《周易集解》,采集汉儒解易资料,钩稽考证,加以分析论说,使学者得见孟喜、虞翻、京房、郑玄、荀爽之易学面貌,知汉儒易学之门径,其书名《易汉学》,由此而有清代汉学、宋学之分派。其治学之法影响一代之学人,为学林所推重。

以上属象数派易学著作。

今日坊间有关《周易》的书籍甚多,其中有很多是算卦、算命一类的江湖术士之书,误人子弟,读者慎之。现代学者一些关于

《周易》研究著作,有的受疑古非经思潮影响,轻易推翻传统经学,重作新解,往往得不偿失。还有一些学者用西方哲学思想来解释《周易》,方枘圆凿,似是而非。现代学者中能从传统经学立场研究《周易》的,有金景芳、吕绍刚合著的《周易全解》,黄寿祺、张善文合著的《周易译注》,姜广辉的《易经讲演录》,等等,读者可参看。

（本文作者为湖南大学岳麓书院特聘教授）

不论难不难懂，它真的是"天书"

怎样读《尚书》

姜广辉/文

《尚书》为中国古代"五经"之一，十分难懂，汉代郑玄将它比喻为"天书"："尚者，上也。尊而重之，若天书然。"

流传至今的《尚书》共有五十八篇，其中三十三篇是由汉代伏生所传《尚书》二十九篇文献拆分而成，是《尚书》真本。它分为三大部分：虞夏书四篇，商书五篇，周书二十篇。虞夏书记载了上古时期尧、舜、禹的事迹。他们是中国古代的传说人物。虽然是传说，但却有上古社会的史影在。商周书是反映商周两代历史的档案文献。

另有二十五篇，经明代梅鷟，清代阎若璩、惠栋等人考证，是东晋人所献的伪作。我们在这里不予讨论。

本文主要介绍汉代伏生所传《尚书》真本的思想内容，重点介绍其崇"敬畏"、重"修德"的思想。

《尚书》中的"天""帝""天命""天威"等观念

中西方文化虽然不同,但有许多可以相类比的方面。例如,西方有至上神"上帝"的观念,今天西方人经常会说"my God!""上帝与我同在"之类的话。中国也有类似的天和上帝(天、帝一体)的观念,今天中国人也常会说"我的天!""人在做,天在看"之类的话。中国人这种观念来源甚古,而最早的记载便见于《尚书》之中。

从上古以来,中国人就有这样的观念,认为天帝高高在上,时刻注视民间,能赏善而罚恶,尤其重视统治者的行为,《尚书》中的《皋陶谟》篇就曾陈述尧舜时代的"天命有德""天讨有罪"的观念。《汤誓》篇记载了商汤伐桀,认为这是替天伐罪:桀之多罪,天命我诛殛之。周朝人同样相信"天命",周公强调要继承先王明德,以保天命之永久,《君奭》篇载周公告召公之语说:"天命不易,天难谌,乃其坠命。"(其意:天命不易测知,天难倚信,周人无德也会坠失天命。)总之,《尚书》中所记之圣王贤臣言论,大多以敬畏"天命"相训导。

西周时期开启了中国古代王朝政治的正统文化,其政治的法理根据便是"天",而"天"给人的印象,与其说是可爱的,不如说是威严的,于是而有"天威"的观念。在记载周公对召公谈话的《君奭》篇中,周公就四次用了"天威"一词。对"天威"的敬畏,反映了当时周族贵族的一种文化心理。我们以前认为,周族贵族强调"天威",是为了吓唬殷商遗民和王朝小民的,其实周贵族本身也是相信"天威"的。对这种相信"天威"的文化心理,我们不能简单以一种"迷信"来看待。应该说,周人对待自然和人事,对于当前和未来怀有一种"敬畏"的心理。这一点是十分难能可贵的。下面我们来着重讨论古人这种崇重"敬畏"的人生态度。

《尚书》崇重"敬畏"的人生态度

世界上如佛教、道教、基督教等宗教,其各自的神话内容、宗教教义、宗教仪式等虽然很不同,但却有一种共同的精神,那就是"敬畏"。作为中国传统社会主流思想的儒学没有类似佛教、道教、基督教那种宗教组织,看上去很不像宗教,但却保有类似宗教的那种"敬畏"的人生态度。那么,儒学是如何做到这一点的呢?笔者以为,《尚书》一书或许能给我们提供答案。

《尚书》中有关"敬"的论述,大体可以分为"修己之敬""事天之敬""临民之敬""治事之敬"四个方面,兹分别论之:

(一)修己之敬。《召诰》篇说:"王敬作所,不可不敬德。"(意思是:王者当以"敬"作所,即在任何处所皆不可不敬德。)《无逸》篇说:"小人怨汝詈汝,则皇自敬德。"(意思是:小人心怨你、口骂你,应该更加敬修其德,而不应责备于人。)

(二)事天之敬。《立政》篇说:"以敬事上帝。"对于上天要保持一种敬畏的态度。

(三)临民之敬。中国古来就有一种"天民一理"的思想。

天心见于民心,民心即是天心。君主既要"敬天",也要敬民。《康诰》载成王告卫侯康叔之语说:"天畏棐忱,民情大可见。"(意思是:天威虽可畏,常辅至诚之人。观民情向背大可见天之辅与不辅。)

(四)治事之敬。古人言"敬事",犹今人言"敬业"。要对所从事的职业持慎重、认真的态度,不能出现差错。尤其是对于关系国计民生的大事,更不能疏忽。《尚书》开篇《尧典》即记载尧"乃命羲和,钦若昊天,历象日月星辰,敬授人时。"(意思是:尧乃命羲和之官,使之敬顺昊天之日月星辰,制定历法,考究农时,敬授于人。)《洪范》记载周武王灭商后访殷商旧臣箕子,箕子授洪范九畴,其第二项便是"敬用五事"。所谓"五事":"一曰貌,二曰言,三曰视,四曰听,五曰思。"这是讲"敬事"之人在言论行为上所应有的恭谨态度。

讲"敬畏"就要讲"不敢","不敢"是一种戒律,有许多事情不应做,不能做,对于这些"不应做""不能做"的事情,便用"不敢"二字来表达其"敬畏"之心。

(一)不敢违抗"天帝"命令。这种情况多指王者而言。我们或许可以说,这是统治集团表达其意志的一种巧妙方式,而王者(或准王者)正是通过类似的方式,借"天威"来增加自己的权威。如《汤誓》载商汤之语说:"予畏上帝,不敢不正。"(意思是:我实畏惧上帝,不敢不往正夏桀之罪。)但另一方面,作为"王者"也不能为所欲为,他也要受着"天"的约束。

(二)不敢背弃先王事业。《周书》中所言之"先王",通常是指文王和武王,当然这主要是对周族子孙而言的。《大诰》载成王之语说:"予不敢不极卒宁王图事。"这样一种"不敢",对后世统治阶层而言,便意味要恪守祖训,遵循先王所制定的大政方针来治理国家,防止自乱纪纲法度,以避免新兴政权脱离正常运行的轨道。

(三) 不敢侮鳏寡。所谓"鳏寡",概指孤独穷苦之民,犹如我们今天所说的"弱势群体"。王者应心存仁爱之心,对孤独穷苦之民加以体恤,使他们不至流离失所。王者有此仁心,自然会获得国人欢心,而得人心所以得天下。因此《尚书》不厌其烦地讲述这个道理,如《康诰》载成王告卫侯康叔说:"克明德慎罚,不敢侮鳏寡。"(意思是:能明其德以化民,谨其罚以防民,不敢侮慢鳏寡无告之民。)

(四) 不敢自求安逸,不敢沉湎于酒色。人之失德多因"诱惑"而起,而"诱惑"总与逸乐有关。如耽于安逸,沉湎酒色,乐于游遨田猎等。若帝王染此恶习,多有身败名裂、亡国亡家之痛。所以《尚书·酒诰》说:"成王畏相……不敢自暇自逸……罔敢湎于酒。"(其意是:成王敬畏辅相之人……不敢少自宽暇,少有安逸……不敢沉湎于酒。)

《尚书》重视"修德"的思想

"德"在《尚书》中是一个十分重要而突出的概念,"德"与"力"是相对的,"德"指道德,"力"指实力。殷商后期,周邦逐渐强大起来,《左传·襄公三十年》载北宫文子之语说:"《周书》数文王之德曰:'大国畏其力,小国怀其德。'"这是说,当时周邦既有道德,又有实力。但就《尚书》而言,它主要强调的是"修德"。"德"与"刑"(或"罚")也是相对的。在二者之间,《尚书》重"德"胜过于重"刑"(或"罚"),如《吕刑》说:"有德惟刑。"(意思是:必使有德之人为明刑之官。)又如《康诰》说:"明德慎罚。"(意思是:明其德以化民,谨其罚以防民。)由此,我们可以将《尚书》的政治理念称为"德治"主义,它可以说是中国最早的政治教科书。

《尚书》为什么会倡导"德治"呢?这可能与上古社会统治阶级的政治经验有关,即凡一国的统治者,有德,则为国人所爱戴,从而国运长久;无德,则为国人所厌弃,从而国祚不永。这几乎是一个没有例外的历史规律。而王权既然被说成是"天"或"上帝"所命,那么,在逻辑上,"天"或"上帝"就一定眷顾有德之人,而厌弃无德之人。所以《召诰》篇反复说:"惟不敬厥德,乃早坠厥命。"(意思是:若不敬其德,就会提前陨坠天之所命。)而周族后世子孙要想延续周朝政权,也只有自身"修德"一条路,即如《召诰》所说:"惟王其疾敬德,王其德之用,祈天永命。"(意思是:惟王敏于敬修其德,惟德是用,方可以祈求天之永命。)

早期儒家的最高的"德治"理想是尧舜时期,尧的伟大在于能以平等共生的理念处理氏族、部落、邦国之间的关系,它的最高表现就是"协和万邦"。《尚书》首篇《尧典》说尧"克明俊德,以亲九族;九族既睦,平章百姓;百姓昭明,协和万邦"。儒家关于这一历史传说的记述,反映了中国原始共产制时代的史影。原始共产制时代一去不复返了,而先秦诸子百家所直接面对的已不再是"以德兼人"的时代,而是"以力兼人"的时代,正如韩非所说:"上古竞于道德,中世逐于智慧,当今争于气力。"(《韩非子·五蠹》)由此而有政治思想上的"德、力之争"。任德不任力,是原始儒家处理国家之间政治关系的准则。但单纯注重道德,忽视国家的经济和军事实力,导致奉行儒学的诸侯国先后灭亡。而法家任力不任德,也导致烜赫一时的秦王朝迅速灭亡。

《尚书》"德治"主张深刻影响于后世。汉代儒家总结历史的经验和教训,主张德、力并重。既要重视道德,也要重视国家的实力。如王充总结说:治国之道,一曰养德,二曰养力,要"文武张设,德力具足","外以德自立,内以力自备,慕德者不战而服,犯德者畏兵而却"。(《论衡》卷十《非韩篇》)历史上儒家和法家任德与任力之争提供给我们这样一条历史启示:有五千年文明的中国,应继承和弘扬"协和万邦"的优良传统,在国际关系上树立道德大国的形象,同时为了维护自己的尊严,捍卫国家的主权,也要注意发展自己相应的经济和军事实力。

(本文作者为湖南大学岳麓书院特聘教授)

是"诗",更是"经"

怎样读《诗经》

刘毓庆/文

在中国文献典籍中,对中国历史影响最为深远者,莫过于"五经"。"五经"中影响最广,感人最深者,则莫过于《诗经》。故《诗序》说:"正得失,动天地,感鬼神,莫近于《诗》。""正得失",言其伦理道德功能;"动天地,感鬼神",指其情感功能。正人之行、动人之心的双重功能,确立了《诗经》在中国文化史上不可撼动的地位。然而我们今天阅读《诗经》,却感受不到这两种功能的存在,这原因便在于观念上的差距与价值取向上的变化。要想走近《诗经》,还须先破除观念形态上的障碍。

第一须破除的是 20 世纪对《诗经》性质的认定。几乎所有的中国文学史著作,以及语文教材、文学通俗读物,对《诗经》都给出了这样的概念:《诗经》是中国最早的一部诗歌总集。这似乎已成为天经地义。这个结论被认作是 20 世纪《诗经》研究的最大贡献。因为历代都把《诗经》当作"经"来对待,只有 20 世纪的文化运动,才所谓"恢复了《诗经》的文学真面目"。

　　这个观念最大的问题是,忽略了《诗经》对于建构中国文化乃至东方文化的意义。我们不否认《诗经》的本质是文学的,但同时必须清楚《诗经》的双重身份,她既是"诗",也是"经"。"诗"是她自身的素质,而"经"则是社会与历史赋予她的文化角色。在两千多年的中国历史乃至东方历史上,她的经学意义要远大于她的文学意义。《毛诗序》说:"先王以是经夫妇,成孝敬,厚人伦,美教化,移风俗。"孔颖达《毛诗正义》说:"夫诗者,论功颂德之歌,止僻防邪之训。"朱熹《诗集传序》说:"《诗》之为经,所以人事浃于下,天道备于上,而无一理之不具也。"其在中国文化史上之地位由此可见。同时她还影响到了古代东亚各国。如日本学者小山爱司著《〈诗经〉研究》,在书之每卷扉页赫然题曰"修身齐家之圣典""经世安民之圣训"等。朝鲜古代立"诗"学博士,以"诗"试士。他们都以中国经典为核心,建构着自己的文化体系,由此而形成了东亚迥异于西方的伦理道德观念与文化思想体系。这是仅仅作为"文学"的《诗经》绝对办不到的。作为"文学",她传递的是先民心灵的信息;而作为"经",她则肩负着承传礼乐文化、构建精神家园的伟大使命。一部《诗经》,她承载着的不仅是几声喜怒哀乐的歌咏,更主要的是一个民族的文化精神与心灵世界;一部《诗经》学史,其价值并不在于其对古老的"抒怀诗集"的诠释,而在于她是中国主流文化精神与主流意识形态的演变史,是中国文学批评与文学理论的发展史。如果我们仅仅认其为文学而否定其经学的意义,那么,不仅无法理解《诗经》对于东亚文化建构的意义,而且也无法解释东亚的文化与历史。

　　钱穆先生说:"《诗经》是中国一部伦理的歌咏集。中国古代人对于人生伦理的观念,自然而然地由他们最恳挚最和平的一种内部心情上歌咏出来了。我们要懂中国古代人对于世界、国家、社会、家庭种种方面的态度观点,最好的资料,无过于此《诗经》三百篇。在这里我们见到文学与伦理之凝合一致,不仅为将来中国全部文学史的渊泉,即将来完成中国伦理教训最大系统的儒家思想,亦大体由此演生。"(《中国文化史导论》,商务印书馆1996年版,第67页)钱先生对《诗经》的这一把握应该说是非常精确的。"文学与伦理之凝合一致",更好地说明了《诗经》的双重价值。从"伦理"的角度言,《诗经》中所运载的观念形态,可以说是中国文化精魂之所在,其之所以有"正得失"的功能,有"止僻防邪"的社会功效,原因正在于此。如果抛弃了这个精魂,而只关注其"歌咏",关注其所谓的"文学本质",实无异于舍本逐末。因而要想正确认识《诗经》的价值,走近《诗经》,就必须纠正20世纪形成的这种偏见,从"文学与伦理之凝合"的角度,把握《诗经》的真精神。

　　其次须破除的是把《诗经》作为"古典文学知识"的观念。20世纪在文学研究领域出现了许多新观念,其中影响最深者有三:一是"唯物论",认为文学是一种客观存在,它有其自身的规律,文学研究就是要研究文学的运动规律,用规律来指导当下的创作;二是"进化论",认为文学是不断进化、发展的,中国文学史就是中国文学的发展历史;三是"遗产论",认为古代文学是古人留下的一笔值得继承的文化遗产,这笔遗产可以使民族文学宝库更丰富,成为我们今天创作的知识资源。在这三种理论的观照下,《诗经》便成了一种古典知识。这种"知识",其意义重在认识上,即认识中国文学发生期的诗歌形态,认识赋比兴对后世诗歌艺术的影响,认识其在中国文学发展史上的位置,同时帮助理解和阅读古典文献,等等。许多人阅读《诗经》是为了掌握知识,获取古代信息,《诗经》的精神意义在这种观念中丧失殆尽。显然,这大大地影响了对《诗经》的正确、全面的接受。当然,我们并不是说这三种理论不好,而是说不能仅以此来认识《诗经》。在这种观念下,所发现的只能是《诗经》作为客观存在的意义,而难以把握其内在精神。要知道,文学中有知识,但文学不是知识,她是一种生命的存在形式,有思想,有情感,有灵魂。对于她,不能用对待知识的方法去分析、把握,更重要的是要用心灵去感悟,去感知她作为精神存在的意义。

第三须破除的是"创新"观念。"创新"是我们这个时代的一个关键词,在许多方面确都需要创新。但对人文学科来说,更需要的是"务实",是"守正"。在"守正"的基础上"出新"是可以的,而不能刻意去"创新"。只有在原有基础上自然而然生出的"新",才是有生命力的。孔子说"述而不作","述"便是"守正","作"便是"创新"。"述"比"作"难,因为只有全面地把握前人的成果,才能准确地"述"出来;而"作"则可以不管别人怎么说,自己另搞一套。当下在人文学科中,"创新"意识过于强烈,好像"新"就是好的,"旧"便意味着没有意义。在这种意识支配下,有些人不从正路上去理解《诗经》，也无心去了解前人研究成果的合理性，而是锐意求奇、求深，近于"脑筋急转弯"的方法，于是观之则"新说"丛出，按之则无一能落到实处。这些人"创新"的目的，不是为了解决问题，而是为了出成果，写文章。一般读者不能辨其是非，只是觉得新奇便好，奇便能刺激自己对知识的兴趣。这样自然很难把握《诗经》的精神实质，也不可能有耐心去领会《诗经》的真正意义。

总之，"诗歌总集"观念关注的是诗的艺术形式，"古典知识"观念关注的是《诗经》中的文化知识信息，"创新"观念关注的是自我表现，其目光投射皆是外在于《诗经》的东西，而忽略了诗歌的内在精神。只有清除了观念上的这些障碍，才有可能走近《诗经》。

就具体阅读方法而言，前人有不少值得我们继承、学习的成功经验。首先最重要的一个基本原则，就是孔子所提出的"思无邪"的读《诗经》方法，即要从正面理解诗意，不能想歪了，想邪了。《诗经》是中华文明大厦的支柱之一，她与大厦的存在是联系在一起的，如果她歪了，那就意味着大厦倾颓。

其次是缩短与《诗经》的时间距离。也就是说，在观念中，不要把她当作古诗，要看作就是自己或身边人作的。即如朱熹所说："读《诗》，且只将做今人做底诗看。""读《诗》正在于吟咏讽诵，观其委曲折旋之意，如吾自作此诗，自然足以感发善心。""千古人情不相违"，纵然《诗经》是数千年前旧物，事态万殊，而人的情感反应则与今人无别。在略检注解、疏通大意的基础上，把她的意思品读出来,而后与自己及身边、眼前的人、事、物联系起来,其中的道理、情感自然会汩汩流出,使自己进入情景之中,去体会其心灵的脉动。在这种情景下,你可能会把外在的什么赋比兴之类统统淡化,而感受的是她的精神力量。

其三是静心平读,反复涵泳,不可有丝毫私意掺杂。朱熹说:"读《诗》之法,只是熟读涵泳,自然和气从胸中流出,其妙处不可得而言,不待安排措置,务自立说,只恁平读着,意思自足。须是打迭得这心光荡荡地,不立一个字,只管虚心读他,少间推来推去,自然推出那个道理。"朱熹曾批评人说:"今公读《诗》,只是将己意去包笼他,如做时文相似,中间委曲周旋之意尽不曾理会得,济得甚事?"(上引皆见《朱子语类》卷八十)这就是说,不能把自己的意思强加在诗上,而要通过反复涵泳,让诗意自然流出,与自己的情感、思想相融汇。王阳明《传习录》中有训蒙的《教约》,他说:"凡歌《诗》,须要整容定气,清朗其声音,均审其节调,毋躁而急,毋荡而嚣,毋馁而慑。久则精神宣畅,心气和平矣。"(《王阳明全集》,上海古籍出版社1992年版,第89页)这是让《诗经》的精神汇入自己血液的一种方法。

前人的这些宝贵经验,在今人看来可能已经不合时宜。原因是20世纪西方学术思想的输入,彻底改变了中国学术原初以"修己"为第一要义的治学方向,而代之以知识开掘为第一目的。于是《诗经》由原初的鲜活的精神生命,变成了凝固的古典知识,其正人之行、动人之心的双重功能也随之丧失。同时学术界也出现了学术与人格分离、学术与人生分离的现象。这不能不引起我们的深思，也不能不引起我们对古典的阅读方法的重新呼唤。

（本文作者为山西大学国学研究院院长、文学院教授）

理想国的经世法

怎样读《周礼》

　　《周礼》旧题《周官》，全书完整记载理想中的王朝职官制度，结构体大思精，内容宏纤毕贯，读罢每每令人浩叹。此书堪称是中国学术史上的一部奇书，但其真伪及其成书年代问题，却是聚讼不决、莫衷一是的著名学术公案，至今不能定于一说。

发现与阙佚

　　汉惠帝时，政府宣布废除秦朝的挟书之律，广开献书之路。《汉书·景十三王传》说，河间献王从民间征集到一批"古文先秦旧书"，内有《周官》一种。献王立于景帝前二年（前160年），薨于武帝元光五年（前130年），如此，则《周官》始出于景帝、武帝之际。此书面世之后，旋即入藏于"秘府"，即皇家图书馆，当时连最著名的礼学家都未曾寓目。

　　成帝时，刘歆校理秘府藏书，《周官》方才被发现。此书原本由《天官》《地官》《春官》《夏官》《秋官》《冬官》六篇构成。六官各掌一职，共襄国政：《天官》的首长是冢宰，掌管邦治，总御百官；《地官》的首长是大司徒，掌管民政与教育，负责安定万民；《春官》的首长是大宗伯，掌管典礼，祭祀天神、地祇、祖宗；《夏官》的首长是大司马，掌管军事，统辖军队，平定邦国；《秋官》的首长是大司寇，掌管刑法，审理狱讼；《冬官》的首长是大司空，负责工程营造等。不无遗憾的是，刘歆见到此书时，《冬官》已佚。汉儒乃用性质与之相近的《考工记》补其阙。

按照《周礼·冢宰》的总叙，六官之下各有六十位属官，而后人读到的《周礼》六官的属官都不止六十，甚至有超过七十的。宋人俞庭椿认为，这些多出的属官原本属于《冬官》，他作《周礼复古编》提出"《冬官》不亡"之说，并以臆择取，归入《冬官》。如《天官》与《春官》属官中都有"世妇"一职，《夏官》与《秋官》的属官都有"环人"一职，俞氏将其合并为一。殊不知《天官》世妇是后宫的成员，女性；《春官》世妇是王的宫官，男性；岂可混为一谈？俞说喧腾一时，元人邱葵、吴澄等均随之起舞，但终为学界不取。

真伪与年代

"三礼"之中，《周礼》的争议最多。《四库全书总目提要》说："古称'议礼如聚讼'，然《仪礼》难读，儒者罕通，不能聚讼。《礼记》辑自汉儒，某增某减，具有主名，亦无庸聚讼。所辩论求胜者,《周礼》一书而已。"

《周官》六官均以"惟王建国"四字开篇,这"王"是哪位?"国"又是哪朝?全书无任何说明,连暗示都没有。刘歆认为,《周官》是周公"制礼作乐"时所定官政之法,他将"周官"之"周"与西周之"周"直接挂钩,进而将此书坐实为"周公之典"。王莽时,《周官》被改名为《周礼》,列入儒家经典,一跃而居"三礼"之首,地位超过原为"六经"之一的《仪礼》。

刘歆之说,甚为巧妙,但未必为是。上古文献中,"周"字除去当朝代名讲之外,还可以当圆周、周绕、周遍讲。《老子》说的"人法地,地法天,天法道,道法自然",是古人公认的诠释天人关系的法则。《周官》六篇的布局,正是为着体现"以人法天"的思想:在朝廷设立天、地、春、夏、秋、冬六官,旨在与宇宙的天、地、东、南、西、北四方的六合框架相对应;六官分管一方,每官之下各辖六十属官,总数为三百六十,恰好与周天三百六十度的度数吻合。为此,我们认为"周官"一名乃是"周天之官"之意,是将宇宙法则运用于国家政体的尝试,是希冀垂范于千秋万代的理想国的经世大法,而非某朝某代官制的实录。

《周礼》在西汉突然出现,人们不免好奇,它是先秦佚书,还是被秦皇禁毁之书?先秦文献引用过的古书很多,可就是没有《周礼》。此外,此书的发现途径,文献记载极形纷繁。《汉书·景十三王传》说是河间献王发现的,而系统记载献王生平的《史记·五宗世家》却未提及此事。马融《周官传》说《周官》得自"山岩屋壁",至于具体地点与发现者,则语焉不详。《后汉书·儒林传》说孔安国所献古文有"《周官经》六篇",而《汉书》的《艺文志》《楚元王传》以及许慎《说文解字·序》列举孔壁所得古文,都没有《周官》。《经典释文叙录》与《隋书·经籍志》则说《周礼》是献王得之于李氏。《礼记·礼器》将《周官》的发现年代提前到了文帝时;言人人殊,莫衷一是。《周礼》在群经中最晚出现,又无清晰的师承关系可考,因而"众儒并出共排,以为非是",汉武帝认为《周官》是"末世渎乱不验之书",林孝存作《十论》《七难》排斥《周官》,何休也说《周官》是"六国阴谋之书"。其后的学者,各腾异说,迄今为止,有周公手作说、作于西周说、春秋说、战国说、秦汉之际说、汉初说、刘歆伪造说等七种,信者自信,疑者自疑,不归于一。

学术与治术

尽管《周礼》作者不明,但至迟也是汉初的作品,加之文繁事富,笼罩六合,具有百科全书式的性质,治术与学术无所不包,故历来为学者与政治家所看重。

所谓"学术",是说《周礼》的学术价值。学术史上有所谓经今古文之争,《周礼》是古文经学的大宗,故每每成为学界讨论的焦点。如康有为《新学伪经考》提出刘歆伪造《周礼》等古文经的观点,舆论一时哗然,许多名家撰文,卷入这场论战,若不熟悉《周礼》,就难以深入了解这类学术大案。此外,《周礼》六官体系,涉及古代宫廷、宗庙、文教、风俗、天文、历法、舆地、军政、刑罚、货殖、封疆、营作等领域，历代注疏家与研究者又不断加入新材料，故极富研究价值，研究古代社会的历史与文化，常常会追溯到此书。

所谓"治术"，是说《周礼》对经邦治国之方略有许多精彩论述，可资治国理民者借鉴。此书设计的官制体系，宏大而详密，为上古文献所仅见。清末经学大师孙诒让盛赞《周礼》说，自黄帝、颛顼以至西周文、武二王的"经世大法，咸粹于是"，总括了五帝、三代的为政精华。历史上援《周礼》典制和建国思想推行变法的不乏其人，如西汉末的王莽、北宋的王安石，都堪称典型。孙诒让在国势危殆的清季作《周官政要》，认为《周礼》的行政体制与经世思想，均可用于经世济民，许多理念相当超前，与今日的西方某些管理方式一致，故试图用《周礼》重振国政。《周礼》的声教远播于海外，朝鲜时代著名学者丁若镛的代表作《经世遗表》，就是依据《周礼》提出的革除弊政的救世方案。

《周礼》对古代中国官制的影响之大，罕有其匹。南北朝时期开始萌生的吏、户、礼、兵、刑、工"六部"之制，就脱胎于《周礼》六官，其后成为历朝官制的主干，沿用千年不衰。《周礼》的许多规制，也为后世所遵奉或追慕，如元、明、清三朝的都城，就是严格按照《周礼》"面朝后市，左祖右社"的格局来规划的：太和殿的南面是皇帝的治政之朝，北面是皇后掌管的市，左面是太庙（今称"劳动人民文化宫"），右面是社稷坛（今称"中山公园"）。北京城里天坛、地坛、日坛、月坛的设计，也出自《周礼》。诸如此类，不胜枚举。

注疏与正义

《周礼》面世后受到汉儒注重，著名经师马融撰有《周官传》，郑兴、郑众、卫宏、贾逵等学者做过《周礼解诂》，可谓极一时之选。郑玄的《周礼注》与他的《仪礼注》《礼记注》一样，卓然特立，孤行百代，成为阅读《周礼》不可或缺之书。唐代为《周礼》做疏的是太学博士贾公彦。贾氏深于"三礼"之学，曾参与孔颖达主持的《礼记正义》的撰写，并独立撰写过《仪礼正义》。他的《周礼疏》旁征博引，穷本究源，对器物度数的疏解，每每令人耳目一新，学界有"发挥郑学，最为详明"之誉。贾氏还对歧义纷呈的六朝义疏做了系统清理；对经文的难解之处，每每发凡起例，令读者能持简驭繁，贯其汇通。朱熹说，唐人做的《五经疏》中，"《周礼》疏最好"。清代的《周礼》研究，以孙诒让的《周礼正义》七十卷为巅峰之作，人称清代礼学研究的殿军。此书取材宏富，旧疏新解尽行搜集，然后分类比较，又与文献所见古制相印证，以决是非，持论公允，实事求是。凡有诸说不一，而又不能立断是非者，则并存之，留待读者自决；名物考订，尤其精审，且能充分运用清代的天文、历算知识，水平远超汉唐旧疏，久享盛誉。

善本与读本

南宋建阳刻《附释音十三经注疏》是最早的注、疏合刻本，因将陆德明《经典释文》的音释部分附入注疏中,故以"附释音"冠于书名前。又因每半页十行,故称"十行本",其后的闽本、北监本、毛本均源于此本。清人阮元以扬州文选楼旧藏的建刻十行本为底本,主持校刻的《十三经注疏》,于嘉庆二十年在南昌府学开雕,其中的《附释音周礼注疏》(四十二卷),成为此后学术界通行的版本。但阮氏所据为元代的建刻坊本,并非宋世建刻本,讹误较多,校勘记亦随之繁冗,甚至出现底本不误、阮本反误之处,故阮元自己也不以为是善本。南宋的两浙东路茶盐司刻《周礼注疏》(五十卷),每半页八行,故称"八行本",校刻质量远优于阮本,近年上海古籍出版社以此为底本、参校诸本而成的《周礼注疏》,校勘记明显少于阮本。《周礼》文字古奥,名物度数复杂,不易通读。适合初涉礼学的朋友阅读的文本,有林尹的《周礼今注今译》、杨天宇的《周礼译注》等。

（本文作者为清华大学人文学院教授）

礼义之邦的"礼"之所来

怎样读《仪礼》

彭　林/文

　　《仪礼》是儒家《六经》之一,为上古贵族礼仪的汇编,涉及冠、婚、丧、祭、朝、聘、飨、射等各个方面,犹如一幅古代社会的长卷,是研究古代伦理思想、生活方式、时代风尚的不可或缺的重要资料。

书名与作者

　　《汉书》的《艺文志》《景十三王传》都称《仪礼》为《礼》,这是当时通行的叫法。汉人在六经之名后加一"经"字,如称《诗经》《易经》《春秋经》等,故《礼》也称《礼经》。《礼经》的开头几篇记载的都是士礼,故又称为《士礼》。此外,还有称《仪礼》为《礼记》的,例如《史记·孔子世家》。晋元帝时,荀崧在所上奏疏中开始用《仪礼》之名。唐文宗开成年间石刻《九经》,以《仪礼》名《礼经》,此后相沿不变,遂成定名。

　　《仪礼》原书不冠作者之名,后世学者推测其事,而有周公手作说与孔子追迹说二说。古文经学家以周公为宗，他们据《礼记·明堂位》"周公践天子之位，以治天下。六年，朝诸侯于明堂，制礼作乐"之语，认定《仪礼》与《周官》就是周公损益三代制度而作的"礼"，认为《仪礼》词意简严，仪节详备，非周公不能作。今文学家以孔子为宗，认为《仪礼》是孔子慨叹周室衰微，礼崩乐坏，因而追迹三代之礼而作。显而易见，两说都有明显的感情色彩和猜测的意味。

能够作为解决《仪礼》作者问题强证的，是《礼记·杂记下》中的一句话："恤由之丧，哀公使孺悲之孔子学士丧礼，《士丧礼》于是乎书。"鲁国的恤由死了，鲁哀公大概不知如何为之举丧，便派孺悲去向孔子请教，并做了笔录。于是，《士丧礼》就有了最初的文本。当代著名礼家沈文倬先生据此认为，所谓《士丧礼》，包括今本《仪礼》中的《丧服》《士丧礼》《既夕礼》与《士虞礼》等四篇，因为《丧服》与《士丧礼》必须配合使用，而《既夕礼》是《士丧礼》的下篇，《士虞礼》则是葬礼后在殡宫祭祀的礼仪，四篇的内容不可分割。沈先生进而提出，其余十三篇，是孔氏后学继孺悲之后陆续写成的。《仪礼》十七篇的撰作年代，上限是鲁哀公末年到鲁悼公初年，下限到鲁共公十年前后，即公元前5世纪中期到公元前4世纪中期这一百多年中。

内容与价值

中华是礼义之邦，《仪礼》则是我国现存年代最早的典礼仪式的辑本,包括《士冠礼》《士昏礼》《士相见礼》《乡饮酒礼》《乡射礼》《燕礼》《大射》《聘礼》《公食大夫礼》《觐礼》《丧服》《士丧礼》《既夕礼》《士虞礼》《特牲馈食礼》《少牢馈食礼》《有司彻》等十七篇,堪称古代礼仪的渊薮,影响深远。例如宋人为了与佛、道抗衡,以冠、婚、丧、祭四礼作为"人生礼仪"核心,推行到士庶阶层,成为中国人文化认同的基本要素,并且远播到朝鲜、日本、越南等地。这四礼就是从《仪礼》中选取、简化而成的。

《乡饮酒礼》是乡人通过献酒与演唱《诗经》等形式,表达尊老养贤之意的仪式。《乡射礼》记乡人定期在州立学校习礼比射的过程,是世界上最早、最完整的体育比赛规程,显示了古代东方"观德于射",重视人的全面发展、内外兼修的人文风范。《大射》是诸侯与群臣的射礼,君子之争,庄敬高雅,与乡射礼交相辉映。《聘礼》是诸侯派遣卿聘问侯国的礼仪,《觐礼》是诸侯在秋时朝见天子的礼仪,两者堪称是世界上年代最早的成文的外交礼仪。《燕礼》是诸侯与卿大夫燕饮的礼仪,《公食大夫礼》是诸侯以食礼款待他国前来聘问的大夫的仪式,对后世宴饮礼仪影响很大。《特牲馈食礼》是士于岁时在宗庙祭祀的礼仪,《少牢馈食礼》和《有司彻》是诸侯的卿大夫于岁时在宗庙祭祀的仪式,详细记载了先秦宗法社会祭祀活动的全过程,至为难能。《仪礼》所记古代宫室、车旗、服饰、饮食、丧葬之制等尤其详尽,考古学家在研究上古遗址及出土器物时,每每要质正于《仪礼》。此书还保存了相当丰富的上古语汇,为语言学、文献学的研究提供了丰富的史料。

注疏与正义

《仪礼》文古义奥,难以卒读,故读《仪礼》,首先要读郑玄的注。郑玄,字康成,东汉著名经学大师,曾师从卢植、马融、贾逵等经师,兼通今古文经,曾遍注群经,而成就最高的,是他的《三礼注》,学界自古有"礼是郑学"之说,礼家多奉之为"礼学不祧之祖"。可以说,如果没有郑注,就无法读懂《仪礼》。

唐人做《九经疏》,其中的《仪礼疏》四十卷,是贾公彦在高宗永徽年间撰作的。贾公彦,洺州永年(今属河北)人,官至太学博士,博通"三礼",曾参与《礼记正义》的编撰。唐人经疏,旨在总结六朝经说的成果,而六朝是门阀社会,讲究贵族的血统与身份,故学者对《仪礼》的兴趣集中在《丧服》篇,系统的《仪礼》研究,只有南齐的黄庆与隋的李孟悊两家,这是贾公彦面临的最大的难题。

贾公彦的《仪礼疏》,后人评价不一。朱子批评《仪礼疏》"说得不甚分明"。而马廷鸾则盛赞《仪礼》注疏:"康成之注、公彦之疏,何学之博也。"陈澧《东塾读书记》对贾疏"熟于礼例",更是赞叹不已。民国礼家曹元弼先生《礼经校释》对贾疏评价甚高:"(贾疏)误者十之二,不误者十之八,皆平实精确,得经注本义。"认为贾疏的某些讹误,多为传抄所致,不得以此归咎贾氏。曹说大体公允。黄侃《礼学略说》赞扬郑注、贾疏:"注精而简;疏则详而密。""若夫孔、贾二疏,或因一二语而作疏至数千言;或括一礼之繁文,不过数百言;有时博洽,有时精约,皆使人由之而得其纲要。"

《仪礼》郑注曾遭遇两次挑战,先是魏王肃,后是元敖继公。前者来势凶猛,但历时不长,唐人经疏即采用郑注,扬弃王说。后者不然。敖继公,字君善,长乐人,家于吴兴,曾任信州教授。元大德年间,敖继公撰《仪礼集说》十七卷,敖氏出于"百计求胜之心",声言郑注"疵多而醇少",故从文本到经义说解,处处与郑注立异,试图颠覆郑注在学术史上的地位。由于其说新奇,学者靡然而从,从元至明,乃至清朝前期的数百年间,敖氏都被视为《仪礼》学的巨擘。乾隆五十年,政府组织学者编撰《三礼义疏》,其中的《仪礼义疏》多以敖说为指归,影响之大,自不难想见。随着研究的深入,清儒终于发现,但凡敖氏攻击郑注之处,大多是郑注正确,方知郑注不可轻诋!

胡培翚《仪礼正义》四十卷,是清代《仪礼》研究的集大成之作。胡培翚,字竹邨,安徽绩溪人,祖父胡匡衷、叔父胡秉虔,均以治礼闻名,胡培翚绍承家学,发扬光大,故有"绩溪经解三胡"之誉。《仪礼正义》,乃其博综众家,覃精研思,积四十余年而成,紧紧围绕郑注展开,以补注、申注、附注、订注为例,成绩斐然。可惜此书未竣,胡氏即去世,尚未完成的《士昏礼》等五篇的正义,由族侄胡肇昕补足。

衰微与复兴

《仪礼》为名物度数之学,阅读障碍较多,故韩愈就感叹"《仪礼》难读"。唐人官修《五经正义》,以《礼记》替代《仪礼》,《仪礼》

之学由此转衰。北宋熙宁改革，王安石废罢《仪礼》，不再立于学官。古时科举分房阅卷，自此至清，再无《仪礼》之房，成为群经中传习者最少的一部。康熙二年，顾炎武用开成石经校明北监本《十三经》，而知《仪礼》"讹脱犹甚于诸经"，至有整句脱漏，而学界几乎无人关心。

清初，学者出于抵制满人礼俗的理念，开始重拾《仪礼》之学，并在不太长的时间内走向复兴。其标志性成果主要有三：

其一，继顾炎武之后，张尔岐的《仪礼监本正误》、严可均的《唐石经校文》、阮元的《仪礼石经校勘记》等，纠正了传世《仪礼》文本中的大量讹误，使之基本恢复原貌，足称范例。

其二，对敖继公的《仪礼集说》，江永《礼书纲目》即已有批评，但未成为学界共识。乾嘉学者吴廷华发现敖说错误甚多，故所撰《仪礼章句》转而"多本郑贾笺疏"。褚寅亮的《仪礼管见》，揭橥反敖大旗，全面清算敖氏谬说。凌廷堪《礼经释例》发明礼例，敖氏谬说日益显露。黄以周《礼书通故》评点敖说不下三百处，大多予以否定，指责敖氏"悖妄不可通""鲁莽灭裂""尤舛""甚妄"之处，触目皆是。"礼是郑学"最终为学界所认同。

其三，《仪礼》研究之作层出不穷，既有如胡匡衷《仪礼释官》，张惠言《仪礼宫室图》《弁冕冠服图》，焦循《群经宫室图》，程瑶田《丧服文足征记》，任启运《馈食礼》等专题研究之作，又有如方苞《仪礼析疑》，蔡德晋《礼经本义》，盛世佐《仪礼集编》等通解全书之作。此外，还有江永《礼书纲目》八十五卷，徐乾学《读礼通考》一百二十卷，秦蕙田《五礼通考》二百六十二卷，黄以周《礼书通故》一百卷等多部会通"三礼"的大著,古代《仪礼》研究,于斯为盛。

善本与读本

自王安石废罢《仪礼》,此书遂不为世人所重,宋人"九经"已不含《仪礼》,岳珂《九经三传沿革例》也不及于此经,建州附释音本十一经注疏,亦无《仪礼》,其版刻之稀,不难想见。

清人为校勘《仪礼》而遍求善本,所得单注本有宋严州本《仪礼》、东吴徐氏明嘉靖翻刻宋本《仪礼郑氏注》,均为佳刻。单疏本则有宋景德官本《仪礼疏》,原为五十卷,残存四十四卷,顾广圻以此本校通行本《仪礼注疏》,"凡正讹补脱,去衍乙错,无虑数千百处,神明焕然,为之改观";黄丕烈称其为"于宋椠书籍中为奇中之奇、宝中之宝"。张敦仁萃刻《仪礼注疏》,合严州本与景德官疏本为一体,并邀高手精校,最称善本。

阮元曾以扬州文选楼旧藏南宋十行本《十一经》为底本刊刻《十三经注疏》,所缺《仪礼注疏》《尔雅注疏》则取他本补足。1999年,北京大学出版社将阮刻《十三经注疏》整理标点,用简体字印行出版,较便利读者使用。《仪礼》的通俗读本,有章景明的《仪礼译解》(台湾商务印书馆1977年版);杨天宇的《仪礼译注》(上海古籍出版社1994年版);彭林的《仪礼》(中华经典名著全本全注全译丛书,中华书局2012年版)。

(本文作者为清华大学人文学院教授)

才不止冠婚丧祭，是古代文化百科

怎样读《礼记》

彭　林/文

中华礼学是以礼法、礼义之学为核心的学术文化，其理论形态则是《周礼》《仪礼》《礼记》三部经典，"三礼"对中国的历史与文化，产生过极为深远的影响。本篇介绍《礼记》。

性质与源流

孔子教授弟子的《诗》《书》《礼》《乐》《易》《春秋》"六经"，是中国古典文化中最高哲理的载体，但是文古义奥，不易通读，因而每每需要有辅助性的读物，为此，《易》有《十翼》，《春秋》有"三传"，而《礼》则有《礼记》。

六经中的《礼》，后来称《仪礼》，主要记载周代的冠、婚、丧、祭诸礼的"礼法"，受体例限制，几乎不涉及仪式背后的"礼义"。而不了解礼义，仪式就成了毫无价值的虚礼。所以，七十子后学在习礼的过程中，撰写了大量阐发经义的论文，总称之为"记"，属于《仪礼》的附庸。

秦火之后，西汉人能见到的用先秦古文撰写的"记"依然不少，《汉书·艺文志》所载就有"百三十一篇"。《隋书·经籍志》说，这批文献是河间献王从民间征集所得，并说刘向考校经籍时，又得到《明堂阴阳记》《孔子三朝记》《王史氏记》《乐记》等数十篇，总数增至二百十四篇。由于《记》的数量太多，加之精粗不一，到了东汉，社会上出现了两种选辑本，一是戴德的八十五篇本，习称《大戴礼记》；二是他的侄子戴圣的四十九篇本，习称《小戴礼记》。

《大戴礼记》流传不广，北周卢辩曾为之作注，但颓势依旧，到唐代已亡佚大半，仅存三十九篇，《隋书》《唐书》《宋书》等史乘的《经籍志》甚至不予著录。《小戴礼记》则由于郑玄为之作了出色的注，而风光无限，畅行于世，故后人径称之为《礼记》。

唐贞观年间，孔颖达奉诏撰作《五经正义》，其中的"礼"，用《礼记》替代《仪礼》。《礼记》由此跻身"经"的行列，"附庸蔚为大国"，与《仪礼》地位发生逆转，成为"三礼"中最显赫的经典。

分类与作者

《礼记》一书，紧紧围绕儒家的政治理想、治国方略、天人关系、典章文物等展开，多角度、多层次探究礼乐文明奥蕴，阐发其学理与规则，内容广博，题材丰富。其中称引的孔子语录数量很大，而且大多不见于《论语》，对于研究儒家思想，弥足珍贵。

《礼记》四十九篇,古人对它的分类比较琐碎,而且多有歧异。我们按照"经与记"的关系,约略分之为三大类:一是与《仪礼》有直接对应关系的;二是与《仪礼》有间接对应关系的;三是脱离《仪礼》经文的,如《礼运》《王制》等篇,或记载孔子言行,或论述经世之道,与《仪礼》无关。

《礼记》一书,《汉书·艺文志》笼统地说是"七十子后学者所记也",各篇作者大多不知,仅少数几篇有人提及,如《隋书·音乐志》引梁沈约说,《缁衣》《中庸》《表记》《坊记》均出自《子思子》。遗憾的是,《子思子》一书,大约在隋唐之际就已亡佚,沈约之说无从验证。宋代以来,学界有不少人怀疑《礼记》是汉儒假托七十子之名而作。千万意料之外,1995年在湖北荆门郭店出土一批楚简,内容以儒家文献为主,其中居然有《缁衣》篇的完帙,文字与传世本《礼记·缁衣》几乎相同!此外,《性自命出》篇的文句、思想,与《中庸》极为接近。《六德》《尊德义》等篇与《礼记》相同或相似的语句时有所见,专家认为,它们当属《子思子》的佚文。此后,上海博物馆入藏一批楚简,其中的《性情论》与郭店简《性自命出》相同,《缁衣》与郭店简《缁衣》相同,《武王践阼》与《大戴礼记·武王践阼》相合。此外,《民之父母》《子羔》《鲁邦大旱》《颜渊问于孔子》等篇,行文与《礼记》非常相似。可见,沈约关于《缁衣》《中庸》出自《子思子》之说是有根据的。新出竹简证明,至迟在战国早期,《礼记》的某些单篇已经流传至江汉流域。由此可以推断,《礼记》四十九篇中的主体部分应该作于先秦,作者确实就是"七十子后学"。

郑注与孔疏

《礼记》是用先秦语汇撰写的,时过境迁,到了汉代,人们已经不太能读得懂,于是有人起来为它作注,其中作得最好的是东汉经学大师郑玄。郑玄早年博览群书,问学于通儒达雅,后又西入关中,师从著名学者马融。郑玄兼宗今古文,择善而从,《后汉书》称赞他"括囊大典,网罗众家,删裁繁诬,刊改漏失,自是学者略知所归"。郑玄以其湛深的学养,遍注群经,其中以《三礼注》的成就为最高。郑玄注经,一反当时繁琐之风,要言不烦,简洁明快,凡是文义明白处,均不作注,而在经义晦涩处着力,故不少篇的注文字数少于经文,如《乐记》经6459字,注5533字;《祭法》经7182字,注5409字。郑注孤行百代不废,绝非偶然。

六朝解释儒家经义的著作称为"义疏",当时为《礼记》作义疏者不少,如南方的贺循、贺玚、庾蔚、崔灵恩、沈重、皇侃等;北方有徐遵明、熊安生等。到唐贞观中,孔颖达奉诏修《五经正义》时,仅皇侃、熊安生两家的义疏犹在。大较而言,皇氏稍胜。孔颖达疏《礼记》,乃以皇氏为本,以熊氏补其不备,"必取文证详悉,义理精审,翦其繁芜,撮其机要"(《礼记正义·序》),故能集南学与北学之长。之后,孔氏又与朱子奢、李善信、贾公彦等相与探讨,斟酌论定,再与周玄达、赵君赞等覆更详审,而成《礼记正义》七十卷。孔疏悉心推勘经注,雅达广揽,词富理博,尤以引证文献详尽、史料丰富见长，读之令人有依山铸铜、煮海为盐之感，取之不竭，用之不尽。郑注与孔疏一简一繁，一精一密，被誉为经学史上的"双璧"。

郑、孔之后疏解《礼记》较有成就者，有宋人卫湜的《礼记集说》一百六十卷，"采摭群言，最为赅博，去取亦最为精审"；元人陈澔的《云庄礼记集说》，简明可靠。元仁宗延祐年间恢复科举，规定《礼记》采用陈澔《集说》。明代胡广修《五经大全》，其中《礼记》以陈澔之书为主干。清人朱轼的《礼记纂言》、朱彬的《礼记训纂》、孙希旦的《礼记集解》，成就远不及孔疏。晚近的《仪礼》研究之作，以黄以周《礼书通故》、曹元弼《礼经学》、沈文倬《菿闇文存》等最为学者称道。

价值与特色

《礼记》是儒家思想的源头之一，在中国学术史上具有重要地位。其主要价值如下。

首先，《礼记》中的许多篇章，是中国文化史上彪炳千古的典范。如《大学》，程子说是"初学入德之门"，朱子说是"古之大学所以教人之法也"。《中庸》，程子说乃孔门传授心法之作，朱子评价说："历选前圣之书，所以提挈纲维，开示蕴奥，未有若是其明且尽者也。"它们自宋代被选入《四书》之后，成为家弦户诵、流传最广的文献。再如《礼运》，记载了孔子对实现其政治理想——天下为公的大同世界的最权威的论述。《学记》提出了教学相长、因时施教、启发式教学、循序渐进等一系列教学原则,是我国最早的教育理论著作。《乐记》则是我国最早的音乐理论著作,所表述的声、音、乐三分,音乐与政治相同,移风易俗莫善于乐等音乐思想,堪与古希腊媲美。《月令》逐月记载天象、物候、农事、当行之令,堪称历史上最早的生活指南。《儒行》记儒者的十五种德行,章太炎说"大抵艰苦卓绝,奋厉慷慨之士","是故欲求国势之强,民气之尊,非提倡《儒行》不可",至今犹有积极意义。

其次,《礼记》的许多章节,高扬仁爱、正义、爱国、反对不义之政等进步思想,影响深远。如《孔子过泰山侧》,孔子亲闻民众宁愿死于虎口,也不愿亡于苛政的悲惨故事后,发出"苛政猛于虎"的感叹,成为此后中国人反抗暴政的思想武器。《战于郎》讲述了鲁国一位未成年的孩子,在祖国遭遇危难之际,执干戈以卫社稷的事迹。《陈子亢止殉葬》,说的是陈子亢坚决阻止其兄欲以活人殉葬的企图:"以人殉,非礼也!"如此等等,不胜枚举。书中甚至有涉及官德的内容,如《曲礼下》说:"公庭不言妇女。""公事不私议。""在官言官,在府言府,在库言库,在朝言朝。""朝言不及犬马。"要求官员恪守公职,不谈声色犬马之类,无不有益于弘扬正气。

第三,书中大量记载了包括称谓、辞令、服饰、家教、尊老、丧祭、教化、礼俗等在内的古代文化史知识,几乎涉及社会生活的所有方面,对于我们读懂占书,传承中华文明,是难得的文化宝库。

《礼记》的主要特色,是文风清丽,朗朗上口,可读性强,中国人耳熟能详的许多格言、警句、炼语,都源于此书,如《曲礼上》:"敖(傲)不可长,欲不可纵,志不可满,乐不可极。""临财无苟得,临难无苟免。""修身践言,谓之善行。行修言道,礼之质也。""博闻强识而让,敦善行而不殆,谓之君子。"《学记》:"凡学之道,严师为难。师严,然后道尊。道尊,然后民知敬学。"《大学》:"富润屋,德润身。"《中庸》:"好学近乎知,力行近乎仁,知耻近乎勇。"《缁衣》:"民以君为心,君以民为体。"《杂记下》:"一张一弛,文武之道也。"《祭统》:"凡治人之道,莫急于礼。"不胜枚举,读之尤有益于修身进德。

版本与读本

如今学界通用的《礼记正义》,是清人阮元主持刊刻的《十三经注疏》本。阮刻本以扬州文选楼旧藏的南宋十行本为底本,参校其他刻本而成,毋庸讳言,事后连阮元本人也承认,十行本并非善本。南宋黄唐编印、绍熙初刻于越州(今浙江绍兴)的八行本《礼记正义》,堪称善本,惠栋曾以此本校明代毛晋汲古阁本,居然校出各类错误几千条,故有"稀世之宝"的美誉。上海古籍出版社 2008 年出版吕友仁先生点校的《礼记正义》,即以八行本为底本,吸收阮本以及阮校之后的成果而成,繁体、竖排,经、注、疏分列,尤其适合研究者使用。

　　普通读者学习《礼记》的读本，可选用王梦鸥先生的《礼记今注今译》(台北商务印书馆 1990 年版)，杨天宇先生的《礼记译注》(上海古籍出版社 1997 年版)，王文锦先生的《礼记译解》(中华书局 2001 年版)。

　　　　　　　　　　（本文作者为清华大学人文学院教授）

不是兵书,却记载了 492 次战争

怎样读《左传》

郭　丹/文

《左传》是《春秋》三传之一,大概成书于战国中前期。西汉时期,《左传》曾立为学官,后几经废立,成为"十三经"中的一部。作为儒家经典中的一部,过去它常被看成是经书。它记载了春秋时期二百四十多年的历史,又是一部重要的史书。经书也好,史书也好,《左传》对传统文化的影响是巨大的。

承载传统文化众多价值观

《左传》所记载的春秋时期,是一个急剧变化的时代,也是思想大解放的时代。许多先进思想和价值观,在《左传》里面得以体现。民本思想,《左传》中最为鲜明。《尚书》已有"敬天保民"的思想,强调"天视自我民视,天听自我民听","民之所欲,天必从之"。(《尚书·周书》)但是,到了春秋时期,全盛于殷商、西周时代的天道观已经动摇,人们对"天""人"关系作出新的解释,从重视天道转而重视人事，以民为本的思想越来越突出。桓公六年随国大夫季梁说的"夫民，神之主也，是以圣王先成民而后致力于神"，就是突出的代表。虽然还有一个"神"在，但季梁提出"敬神保民"，实质是借"敬神"来表达他的"保民"理论。敬神告神，都离不开民力、民和、民心；只有民力普存、民和年丰、民心无违，才能取信于神，也才能取得神的福祐。民心向背、得民与否也是战争胜败的决定因素，曹刿论战揭示的就是这个道理。春秋中期以后，有关"保民""爱民""得民""恤民""成民""抚民""利民"的论述越来越多，《哀公元年》认为"国之兴也，视民如伤，是其福也。其亡也，以民为土芥，是其祸也"，都说明民本思想越来越为统治者和进步思想家所重视，成为人们普遍的价值观念。今天我们提倡"以人为本"，正是对以民为本传统思想极好的弘扬。

《左传·昭公十二年》记载了晏子论"和""同"的一段话。晏子所论之"和""同"，从哲学意义上来说，是具有朴素辩证法思想的一对范畴。晏子认为，"和"与"同"异。"和"是指众多相异事物的相成相济，即集合许多不同的对立因素而成的统一，譬如调羹："水、火、醯、醢、盐、梅以烹鱼肉，燀之以薪，宰夫和之，齐之以味，济其不及，以泄其过。君子食之，以平其心。""同"是指同一事物的简单相加，简单的同一。所以"和"是对立统一，"同"则是单一。"和"就是要适中，要和谐。各种相异的对立的东西相成相济，达到适中，才能和谐统一。晏子论"和""同"，体现了对事物一与多、单纯性与丰富性多样性的统一认识。"和""同"思想的提出,对于建构和谐社会,有重要的启发意义。

《左传》还记载了"大上有立德,其次有立功,其次有立言",即所谓的"三不朽"说(《襄公二十四年》)。此说首先是崇尚道德,把道德作为最高的价值取向。其次倡导建功立业,为国家做出贡献。再次是建言立说。"立言"之不朽,应该在"立德""立功"的基础之上,"立言"与其时代价值和社会功利是紧密相连的。"立言"之不朽,显示了人们对于言论和思想教育重要性的认识。

此外,还有如"民生在勤,勤则不匮"(《宣公十二年》)、"多行不义必自毙"(《隐公元年》)、"居安思危。思则有备,有备无患"(《襄公十一年》)、"人谁无过,过而能改,善莫大焉"(《宣公二年》)、"骄奢淫逸,所自邪也"(《隐公三年》)、"俭,德之共也;侈,恶之大也"(《庄公二十四年》)、"为政者不赏私劳,不罚私怨"(《昭公五年》)、"兄弟虽有小忿,不废懿亲"(《僖公二十四年》)等等,无不体现出传统文化中影响深远的价值观,和中华民族生生不息的精神追求与崇高的精神原动力。

开创宏大历史叙事之先河

朱自清说:"《左传》不但是史学的权威,也是文学的权威。"(《经典常谈·春秋三传第六》)"史学的权威",在于《左传》开创了宏大历史叙事的先河。

首先,《左传》是一部"言事相兼"(刘知几语)的史著。《汉书·艺文志》说,古代"君举必书,所以慎言行,昭法式也。左史记言,右史记事,事为《春秋》,言为《尚书》,帝王靡不同之"。《尚书》重在记言,《春秋》专于记事,单一的记言或记事,共同的缺陷就是忽视了历史发展的主体——人。而《左传》却摈弃了单一的记言或记事的"古法",博考旧史,广采佚闻,集记言记事于一身,以"言事相兼"的崭新面貌呈现在世人面前。人是历史实践的主体,也是历史认识的主体。《左传》有意识地集中写出形形色色的历史人物,不但详细地写出这些人物的活动,而且揭示他们在春秋时期历史进程中的作用,赋予人物鲜明的历史意义。《左传》相对于"言事分纪"的《尚书》和《春秋》,在史学方法论上是一个质的飞跃。梁启超称赞说:"左丘可谓商周以来史界之革命也,又秦汉以降史界不祧之大宗也。"(《中国历史研究法》)在认识论上,它还可以给人们一个启示,即文学是人学,史学也是人学。

我们说《左传》开创了宏大历史叙事的先河,还在于它全方位地展现了历史。它把春秋时期从王纲解纽、诸侯蜂起,到大夫专权、陪臣执国命,直至家臣篡夺的整个过程都详细描述出来,揭示了春秋时期权力下移思想观念急剧变化的详细过程。

春秋时期是诸侯争霸的时代,因此战争不断。《左传》全书共记录了四百九十二起战争,写得较详细的大战有十四次,如韩原之战、泓之战、城濮之战等,详细叙写了战争中的奇计与谋略。这些奇计与谋略,可以成为孙子兵法的实践注脚,有的在今天也有启发意义。

《左传》还展现了春秋时期社会生活的方方面面。我们从《左传》的记载中，可以看到从周王室到诸侯宫廷中的日常生活、宫闱斗争，甚至夫妻密谈、床笫之语。春秋时期诸侯国之间外交频繁，《左传》对盟会制度，包括礼乐制度，外交中的赋诗用诗，都记载得详细而生动有趣。此外，像妇女生活、宗法制度、典章文物制度、皂隶制度、坐贾行商，无不应有尽有。

还应该注意到的是，《左传》是一部儒家经典。《春秋》三传之中，《左传》开创了以史实解经的先河。《春秋》三传，指的是《左传》《公羊传》与《穀梁传》。《公》《穀》二传，通篇设为问答体，着重开发《春秋》经文中的微言大义，不注重叙述史实。《左传》解释《春秋》，以叙事为主，通过历史事实的记述，让人们理解《春秋》的内涵。这种以史实说话的解经方式，对于理解孔子《春秋》的微言大义，更有说服力。《左传》还对后世的经学研究产生很大影响，如南宋的吕祖谦，其研读《左传》，虽还恪守先经后史的原则，却是更重视《左传》中的史学价值。

文学的权威

说《左传》是文学的权威，是说它同时是一部杰出的文学著作。《左传》的文学价值，得到了多少后人的击节赞赏。严复、夏曾佑曾说："书之纪人事者谓之史。"就此而言，文学和史学找到了它们的契合点。

《左传》是以人物、情节与细节来解绎历史的。《左传》作者记载历史,非常注重情节。一个情节常常是一则有趣生动的小故事,众多的情节构成了历史事件,犹如花团锦簇,琳琅满目,读之趣味盎然。如晋文公重耳流亡这一春秋中前期重要的历史事件,就是由奔狄、季隗待子、乞食野人、醉遣、观裸、过郑、答楚、谢罪怀嬴、河边誓舅、寺人披进见、介之推不言禄等一系列的情节构成。(《左传·僖公二十三年》《左传·僖公二十四年》)尽管许多情节的叙述非常简略,但是情节的链条却非常清晰。这一连串的情节,还为日后晋文公的称霸诸侯以及所采取的内政外交政策埋下伏笔。这些情节又是历史发展过程中不可少的一环。于是情节成为解释历史运动过程的工具。

《左传》叙事写人的文学手法,可谓应有尽有。如文学手法中的细节描写,善于在激烈的矛盾冲突中叙事写人,白描手法,人物心理描写,对比烘托,皆臻善境。《左传》作为史传文学中杰出的一部作品,直接影响到后世的小说创作。

《左传》中的外交辞令,历来被人们所称道,刘知几说它是"其文典而美,其语博而奥……指意深浅,谅非经营草创,出自一时,琢磨润色,独成一手"(《史通·申左》)。又说是"或腴辞润简牍,或美句入咏歌,跌宕而不群,纵横而自得"(《史通·杂说上》)。《左传》行人辞令之变化机巧,闳丽钜衍,如修辞艺术中之委婉蕴藉,折之以理,惧之以势,服之以巧,针锋相对,绵里藏针,乃至排比对偶,虚构夸张,铺张扬厉,至战国皆为纵横之士所袭用,且有更大的发展。

清人章学诚说"后世之文,其体皆备于战国"。多种文章体裁的萌芽,可以在《左传》中看到。据笔者统计,刘勰《文心雕龙》文体论二十篇,"原始以表末",追溯各体文章之始,举《尚书》《左传》《国语》《战国策》之例者多达四十余处,涉及乐府、诠赋、颂赞、祝盟、铭箴、诔碑、哀吊、谐谶、史传、诸子、论说、檄移、章表、议对、书记各体。其中举《左传》之例为最多。这些文体的萌芽,为后代文章的发展奠定了基础。

读者研读《左传》,最权威的读本是晋人杜预的《春秋经传集解》,今天我们所说的"十三经"中的《春秋左传正义》,就是在杜预的集解上再加上唐孔颖达的讲疏,称为《正义》。此外,今人杨伯峻的《春秋左传注》,其注释征引丰富,最利于研读。而一般读者作为入门,则可读王伯祥的《左传读本》或朱东润的《左传选》,虽是选本,乃是大家所选,却是独具慧眼的。

(作者为福建师范大学文学院教授)

它艰涩难读，却地位独尊

怎样读《公羊传》

曾　亦/文

　　经部类书籍素称难读，远非诸子书可比。民国以降，蔡元培等人主导的学制改革，按照西方的学科范式，将部分经部、子部类图书划入哲学研究的范围，此外，包括《春秋左氏传》在内的经部、史部书籍，则成为史学研究的对象。至于《春秋公羊传》，既不同于西方的形而上学，又不像《左传》那样具有丰富的史料，而无法纳入现代学科的研究领域，因此，其后近百年间，研究者少有问津。直到最近几年，随着经学研究的复兴，以及《公羊传》被视为中国的政治哲学，而具有与西方政治哲学对话的可能性，当然还包括重新构建中国现代政治学说的现实需要，种种原因，导致了《公羊传》再度成为学术界关注的热点。

　　据我了解，现在许多人都试图研读《公羊传》，但大多不得其门而入，其中尤有一类读者，浅尝辄止，且妄加比附，如此方向一偏，就永远不可能进入《公羊传》的大门。下面我结合自己多年研读《公羊传》的经验，谈谈我的一些看法。

一

一般来说，在现代各门学科中，以哲学最为难读。尤其是西方的形而上学，常常需要穷年累月的沉思静虑，方能入其门。但是，中国的经部类书籍则不大一样，既有繁琐考证的内容，又有思辨入微的部分，要真正深入其中，绝非通过个人独处时的沉思所能到达。所以，我们看中国古人的读书法，绝不同于西方哲人，往往需要众多师弟间的讲求讨论，学问方能有所进益。尤其是《公羊传》，在诸经中更以思辨入微见长，其中最难懂的则是条例的部分，素称难治。

大概在十六七年前，我开始系统研读《公羊传》。当时我与同门师兄弟组织了一个读书小组，五六人，以刚刚出版的《春秋公羊传注疏》（何休注、徐彦疏）为底本，每周花一天时间研读。开始自然完全读不懂，久而久之，才逐渐体会到其中的妙处，远非其他书可比，这样坚持了约三年时间，我们才把整本书通读下来。后来我们都觉得，如果只靠个人的沉思，是不可能坚持下来的，也很难真正领悟其中的妙处。所以，现在许多读《公羊传》的人，如果没有几个同道相与切磋，是很难进入《公羊传》的大门，充其量不过粗通其义理而已，至于条例之精妙，是完全领会不到的。

但是，这样精读了三年，也不过只是入门而已，所以我又开始读一些相关的研究著作。此时我已博士毕业，并留校任教。

大概又过了两三年,我又集合一些学生,常常保持在十人左右,以同样的方式再度精读《公羊传》,依然采用何休、徐彦的注疏本。此时我已重点从事《公羊传》的研究,阅读了不少清人的著述,故此番重读《公羊传》,许多原来没有读懂的地方,大都弄明白了,而义例之妙处,领会得也更深入。此后,我和哲学系一些朋友还组织重读了《公羊传》,前后约两年时间。虽然最后没有读完,但对于自己来说,收获同样不小。因为此时年岁渐长,加上参与读书的都是学问颇有成就的青年学者,如此相与切磋,更能体会《公羊传》的精妙处。我现在觉得,像《公羊传》这种经典,一定要反复研读,且要集合众人之力来读,不仅便于读懂,更能领会古人阐释《春秋》的精妙。我想,像我们这样反复读《公羊传》的人,至少在今天,可能是极少见的,一般人也不大有这种条件。

二

那么,《公羊传》为什么如此难读呢?我认为,关键还是因为其条例难懂。《公羊传》包括三部分内容,即义理、条例与礼制,这也是古代学者治"公羊"的三条进路。譬如,董仲舒、康有为以阐发义理见长,而胡毋生、何休、徐彦、刘逢禄则以精研条例为主,至于凌曙、陈立、廖平等,则以厘清礼制入手。一般来说,义理最容易掌握,一般的"公羊"研究者多从此入手,但若停留于此,则不过粗窥门径,尚未进入"公羊"颛门之学。礼制则更难,因为名物典章之学素称繁琐,尤其需要对《仪礼》《礼记》等相关内容有相当功底,如此旁通诸经,方能有成。至于条例,则涉及圣人作《春秋》那些最精妙的书法,通常古人讲的"微言"就是这个层面的东西。其实,《公羊传》涉及的条例尚属简单,较易掌握,但到了何休注那里,就复杂多了,而徐彦疏更是繁琐,即便在古代,真正深入其中的学者也不多。可以说,徐彦疏是历代条例之学的顶峰,代表了《公羊传》中最精妙深奥的部分。所以,我一直认为,要真正掌握《公羊传》,一定要读懂徐彦疏,否则,根本不能深入《公羊传》之堂奥,终不过在门墙处徘徊而已。所以,我主张读《公羊传》的人,还是要先从徐彦疏入手,此关一过,其余便是坦途了。

此外,有些人对《公羊传》存有畏难之心,便从《左传》入手,大概他们觉得对春秋时的史事有一定了解之后,读《公羊传》就容易入门了。当然,不排除另有一些读者纯粹喜欢《左传》讲的故事,或者受了现代史学的影响,觉得《左传》更重要。但我认为,这条路子是不对的。因为这样读下来,不过是把《春秋》读成一本史书,既没有入《左传》的门,至于《公羊传》的门,更是跂足眺望也未必能见及的。

就历史上《春秋》学的传承来说,虽然三传的先后尚难有定论,但基本上可以断定是先秦时形成的。然而,作为一门学问,却是《公羊传》形成最早,《穀梁传》次之,而《左传》最晚。为什么呢?不仅《公羊传》在先秦时历代口耳相传,对其研究代有其人,此后到汉景帝时,随着挟书令的废除及朝廷对学术的奖掖,《公羊传》最早在竹帛上书写出来，并很快立于学官，得到了朝廷的支持。景帝时，研究《公羊传》的学者以胡毋生与董仲舒最为突出，得以立为博士，此后两汉四百年间，董仲舒的弟子及其后学都世代居于官学的地位。我们不妨看看现在政府对大学及学科的区别支持，就不难明白，官学地位对于学术的发展是多么重要。今天如此，而古代何尝不然？因此，《公羊传》的这种独尊地位在两汉造就了一大批研究者，将《公羊传》的研究推向了深入和细密，并深深影响到了汉家制度的建构。至于《穀梁传》的形成，应该较《公羊传》为晚，其中借鉴了《公羊传》的不少说法，且显得更为合理和简明。但是，《穀梁传》得到朝廷的支持要晚得多，直到汉宣帝时，才立为博士。此时的"穀梁"学者无疑借鉴了"公羊"家治经的方法，譬如，《穀梁传》对于日月例的发挥就更为深入和繁琐。但是，《穀梁传》可能因为本身解经的缺陷，譬如东晋就有学者说《穀梁传》肤浅，因此，到了东汉，《穀梁传》再度被摒除在学官之外。

至于《左传》，成书虽早，但通常认为其作者左丘明只是史官，所以，《左传》可能作为史料的记载而被束诸高阁。它不像《公羊传》《穀梁传》那样，作为解释《春秋》的著作而世代有学者研究，且通过口耳相传的方式流传下来，因此，《左传》在先秦时未见有学者进行研究，甚至到了汉代，《左传》即便流传于民间，也常常不过出于对其史事、文辞的喜好而已。这种局面一直延续到了汉成帝、哀帝时，此时距《公羊传》立于学官至少已一百五十年了，刘歆仿照《公羊传》学者的研究方法，也运用章句、条例的方式来解经。至此,"左氏"作为一门学问才真正成立。因此,如果我们只是把《左传》作为一部史书来读,当然可以先读《左传》。但是,如果我们像古人那样,把《左传》当作一部经书来读,尤其要了解历代《左传》学者的研究方法和成果,则只能先从《公羊传》入手。因为《左传》的研究方法是从《公羊传》里来的,且对《公羊传》有诸多针对性批评,所以,如果不先通《公羊传》,就不可能理解《左传》的那套义理和条例。

三

因此,就我个人阅读和研究《公羊传》的经历来看,我有如下几点建议。首先,集合一批有志于读《公羊传》的同道,至少三人以上,选取北京大学出版社版或上海古籍出版社版的《公羊传注疏》作为阅读底本,至于其他参考书,则并非必须,而以领会《公羊传》义例的精妙为目标。因为作为初学者,太过求全,枝蔓劳神,反造成进度的缓慢,不易体会读《公羊传》的乐趣。如果实在要推荐,则可选取黄铭与我译注的《春秋公羊传》作为辅助。其次,清以前的《公羊传》著述所存于世者极少,在精读一遍的基础上,则可读《春秋繁露》和《白虎通》,进而旁涉清人的研究成果,譬如孔广森的《春秋公羊通义》和刘逢禄的《春秋公羊经何氏释例》,可为首选。第三,若作为研究者,则可进一步从事《穀梁传》《左传》的对照阅读,并扩展到唐、宋、元时期的《春秋》学成果以及清人的著作,这不仅对整个《公羊传》学术史的概观把握,对

《春秋》三传的比较,也都是必要的。我不久将要出版一部百余万字的《春秋公羊学史》,可以帮助《公羊传》爱好者和研究者了解整个"公羊"学发展的脉络。

推荐书目

1.《春秋公羊传注疏》,北京大学出版社,1999 年。

2.《春秋公羊传注疏》,上海古籍出版社,2014 年。

3.《春秋公羊传》,黄铭、曾亦译注,中华书局,2016 年。

4.《春秋公羊经何氏释例·春秋公羊释例后录》,曾亦点校,上海古籍出版社,2013 年。

5.《春秋正辞·春秋公羊经传通义》,郭晓东等点校,上海古籍出版社,2014 年。

6.《春秋公羊学史》,曾亦、郭晓东著,华东师范大学出版社,2017 年。

（本文作者为同济大学人文学院教授）

怎样读《论语》

孙钦善/文

　　《论语》是记录孔子及其主要弟子言行的一部书，为儒家的原始文献，是反映我国传统文化的重要经典之一，具有思想价值、语言价值、文学价值和史料价值，在海内外产生深远的历史影响，并存在积极的现实意义。因此阅读《论语》，特别是真正读懂《论语》，非常重要。

　　作为经书的一种，阅读《论语》必须遵循阅读经书的一般规律和方法。在这方面，清代考据家兼思想家戴震给了我们很好的启示，他在《与是仲明论学书》的信中说："仆自少时家贫，不获亲师，闻圣人之中有孔子者，定六经示后之人，求其一经，启而读之，茫茫然无觉。寻思之久，计于心曰：经之至者道也，所以明道者其词也，所以成词者字也。由字以通其词，由词以通其道，必有渐。"经以载道，这里说明语言文字（即传统所谓小学）与道（思想）的关系，强调读经必须从语言文字入手。他所谓的"词"，指的是语言；所谓的"字"，指的是"文字"。至于"道"，属于思维范畴,表现为概念、定义、推理等,是思想对客观事物的反映。于是形成了这样的链条:"道"反映事物,"词"表达"道","字"是记录词语的符号。经书(乃至一切文献)是由文字记载的书面文本,上面戴震的话,比较准确地反映了读经的科学理路。只是其中"所以成词者字也"一句,确切性尚须推敲,实际上"字"不是构成"词"的成分,而是记录语词的符号。接着上面的话,戴震又谈了他是怎样解决读经时的"字""词"问题的,如说:"求所谓字,考诸篆书,得许氏(慎)《说文解字》,三年知其节目,渐睹古圣人(指仓颉)制作(指造字)本始。又疑许氏于故训(即训诂,指字义)未能尽(指《说文解字》只限于解释文字本义),从友人假《十三经注疏》读之,则知一字之义,当贯群经,本六书(六书即指事、象形、形声、会意、转注、假借,是《说文解字》用以分析汉字形体结构及借用规律的理论),然后为定。"可知他借助的方法有三方面,一是字典工具书,二是《十三经》文本及旧注,三是"六书"理论。所谓"贯群经",有两层意思:第一,群经相当于活字典,一字的所有意义,贯穿群经之中有全面表现,并且各经注疏旧注中多有解释;第二,一字往往多义,在群经中贯通上下文,其具体意义总是确定的。前一点突破了字书释义的局限,后一点为根据上下文"随文释训"以确定字义的方法。这里所概括的语文方面的解读方法,既科学,又全面,至今仍在沿用。

戴震这封信中,在谈到语文解读方面之后,接着又谈到经书的名物、典制、天文、地理、算术、乐律等具体内容考实方面。他说:"经之难明,尚有若干事:诵《尧典》数行,至'乃命羲和',不知恒星七政所以运行,则掩卷不能卒业(以上讲不知天文历法,难以读通《尚书·尧典》)。诵《周南》《召南》,自《关雎》而往,不知古音,徒强以协(同叶)韵,则龃龉失读(以上讲不懂先秦古音,则读不出《诗经》的押韵。按,此属于语文问题,不属于内容考实)。诵古《礼经》(即《仪礼》),先《士冠礼》,不知古者宫室、衣服等制,则迷于其方,莫辨其用(以上讲不懂宫室的方位及衣服的用场,则难以读懂富有典章制度规定的《仪礼》)。不知古今地名沿革,则《禹贡》(《尚书》地理专篇)、《职方》(《周礼》地理专篇《职方氏》)失其处所。不知少广(开方之法)旁要(勾股定理),则《考工》(《周礼·考工记》)之器不能因文而推其制。不知鸟兽、虫鱼、草木之状类名号,则比兴之意乖。……中土测天用句股,今西人易名三角八线(三角函数的统称),其三角即句股,八线即缀术(古天文学测算法),然而三角之法穷,必以句股御之,用知句股者,法之尽备,名之至当也。《管》(《管子》)、《吕》(《吕氏春秋》)言五声(音调)十二律(乐律),宫位乎中,黄钟之宫,四寸五分,为起律之本,学者蔽于钟律失传之后,不追溯未失传之先,宜乎说之多凿也。凡经之难明,右若干事,儒者不宜忽置不讲。仆欲究其本始,为之又十年,渐于经有所会通,然后知圣人之道,如县(悬)绳(测垂直)树(立)槷(立于地上测日影的标杆),毫厘不可有差。"这里戴震认为经书所载之道,除了靠语言文字表达之外,还依附于经书中名物、典制等具体内容而存在,如果不进行内容考实,对经书也难以通其道。

总之,戴震在此信中完整提出了语文解读、内容考实,以及以此为基础进行义理辨析而达到通其道的科学读经路径。这是读经的通例,读《论语》也概莫能外。

但是《论语》作为语录文献,又有其特殊性,必须有针对性地采取相应的特异方法来阅读。例如我在拙著《论语本解》引言中曾说:"《论语》是一部思想著作,此书在古文献中看似语言平实,但含义深奥,各条语录的具体语境又多不明确,必须对语言文字、思想内容,乃至历史背景作全面注释、考述,才能有助于真正读懂。"又说:"本书之所以名为'本解',旨在参考前人的积极成果,在个人独立研究的基础上,力求做到语言文字的解释与思想义理的辨析相结合,思想义理的辨析与时代背景的考述相结合,尽量对《论语》做出符合原意的解释,进而对孔子和《论语》做出实事求是的分析评价,以避免由于主观附会而'诬古人,惑来者'(清代朴学家关于古文献校释的戒语)。"又说:"注解除了注明生僻字词及人物、史实、典制、名物等具体内容之外,还多方取证,据以分析思想内容,力求做到训诂、考证和义理辨析相结合,尤其注意运用材料互证,特别是以《论语》前后互证的方法,以求准确阐明孔子话语和思想的本意。"空说无据,难免流入抽象,下面试通过具体例证说明之。

例 1:

《为政》 子曰:"攻乎异端,斯害也已!"

本章中的"攻"字有两种解释,一是治,一是攻击;"异端"也有两种解释,一是异端邪说,一是事物的两端(指两面性);"已"字也有两种解释,一是实词"止",终了之意,一是语气虚词。由于几个字词的不同解释,相互搭配,又使整句可以有几种不同的含义:一是"攻治异端邪说,这是祸害啊",一是"攻击异端邪说,则祸害就会终止",一是"攻治认为事物有两端的学说,则祸害就会终止",一是"攻击认为事物有两端的学说,这是祸害啊"。

以上几种解释,都符合孔子的思想,究竟哪一种符合孔子这句话的本意?关键在于对"已"字意义的确定。通观《论语》,凡"也已"二字连称,均为语气词连用,如《学而》:"君子食无求饱,居无求安,……可谓好学也已。"《雍也》:"能近取譬,可谓仁之方也已。"《泰伯》:"泰伯,其可谓至德也已矣","周之德,其可谓至德也已矣","如有周公之才之美,使骄且吝,其余不足观也已"。《子罕》:"虽欲从之,末由也已","说而不绎,从而不改,吾未如之何也已矣"。《颜渊》:"可谓明也已矣","可谓远也已矣"。《阳货》:"年四十而见恶焉,其终也已。"《子张》:"日知其所亡,月无忘其所能,可谓好学也已矣。"只有一处似乎为例外,即《阳货》:"公山弗扰以费叛,召,子欲往。子路不说,曰:'末之也已,何必公山氏之之也?'"这里"末之也已",似乎是说"没有地方去就算了","已"解释为"止";但是"已"字作语气词解则为穷途末路之叹,亦通。且此处"末之也已",与前引《子罕》"末由也已"句结构、意义均同,可以互作语气词连用的内证。如此看来,对上面的四种解释,只有第一、第四两种可以成立,而在这两种中,又以第一种为优。因为通观孔子的思想,他对是否承认事物有两端

65

的学说,还没有放到像不同道势不两立那样的地位("道不同不相为谋","非吾徒也,小子鸣鼓而攻之可也"),故不至于说出第四种那样严厉的话。至于"异端",杨伯峻《论语译注》说:"孔子之时,自然还没有诸子百家,因之很难译为'不同的学说',但和孔子相异的主张、言论未必没有,所以译为'不正确的议论'。"此说实难成立,所谓"道不同",显然包括学说的不同。又,春秋时代,异端邪说不是没有,而是相当严重,曾引起孔子的极端忧愤,并不断有所贬斥,《论语》《左传》中不乏其例,事实确如孟子所说:"世衰道微,邪说暴行有作,臣弑其君者有之,子弑其父者有之。孔子惧,作《春秋》。《春秋》,天子之事也,是故孔子曰:'知我者其惟《春秋》乎!罪我者其惟《春秋》乎!……孔子成《春秋》,而乱臣贼子惧。"(《孟子·滕文公下》)

例 2:

　　《子罕》　子罕言利与命与仁。

　　一般把两个"与"字解作连词,意思是说孔子很少谈利、命和仁(见杨伯峻《论语译注》,并为此说作详细辩解)。而孔子很少谈利是事实,很少谈命则既不符合孔子的天命思想,又不符《论语》"命"字出词率的实际情况,很少谈仁更是如此。孔子的思想核心是仁,《论语》讲仁的地方随处可见。所以从义理上判断,这里的"与"字不应该是连词。这里的"与"字不是连词,还可以从句法上得到内证,因为《论语》中连词在几个并列成分之间的用法,跟现代汉语一样,没有在几个成分之间重复连用的情况,总是用一个连词放在最后两个成分之间,如《子罕》"子见齐衰者、冕衣裳者与瞽者",《为政》"使民敬、忠以(连词,同'与')劝",均可证。实际上"与命与仁"的"与"字是一个实词,义为赞同,则整句应标点成:"子罕言利,与命,与仁。""与"字作"赞同"解,《论语》亦有内证,如《述而》:"与其进也,不与其退也","人洁己以进,与其洁也,不保其往也"。《先进》:"吾与点也。"等等,皆是。由此例可见,不仅字词互证非常重要,而且文献的字词解释与义理诠释往往是彼此制约、相互为用的。一方面义理诠释离不开字词解释,必须以其为基础;另一方面有时字词的确解,又须参据义理的恰切诠释来判定。

限于篇幅,不再举证。读者如有兴趣,可参见拙著《论语本解》及《论语校释丛劄》正、续篇(分别刊于《儒家典籍与思想研究》第二辑、第五辑)。

(本文作者为北京大学中文系教授)

独立人格塑造指南

怎样读《孟子》

梁　涛/文

　　《孟子》一书对中国文化史影响至深至著,尤其在独立人格
的塑造,士人气节的培养上,恐无其他经典可与之相比。唐宋以
来便有学者指出,"求观圣人之道,必自孟子始","孟氏醇乎其醇
也"。"孟子有功于道,为万世师。"故作为中国人,都应该认真读
读《孟子》。阅读《孟子》,与其他经典一样,都需要借助前人的注
疏。关于《孟子》的注疏,可分为两种:一是古人所做,代表性的
有东汉赵岐的《孟子章句》、南宋朱熹的《孟子集注》、清代焦循的
《孟子正义》等;二是今人所做,如杨伯峻的《孟子译注》、梁涛的
《孟子解读》等。对于初学者而言,最好从今人的注疏入手,这主
要是因为一代人有一代人之学术,经典本来就是常读常新的。
另外,今人的注疏往往综合、吸收了前人的研究成果,在写作方
式上,又照顾到今人的阅读习惯,从其入手无疑是较为合适的。
在今人的著作中,《孟子解读》一书是我为中国人民大学国学院
"经典解读"系列教材撰写的一本,我研究孟子十余年的心得,最

后都汇集在该书中。我在港台地区、欧美访问,看到一些大学的哲学系、东亚系将其列为学生的教材、参考书,说明得到学界的一定认可,故不揣冒昧,"内举不避亲",愿意将其推荐给读者。

《孟子》一书为孟子晚年与弟子万章等人编订,主要记录孟子游说诸侯及与时人、弟子的问答,体例上则有意模仿《论语》,往往根据某一主题对内容进行编排,但并不严格。故阅读《孟子》,除了逐字逐句的细读外,还有两条线索值得关注,一是时间线索,二是思想线索。《孟子》一书主要记载孟子的思想,但孟子的思想不是书斋中的沉思、玄想,而是在游说诸侯的实践中的宣教、主张,是对一个个具体现实问题的回应。孟子不是冥想的哲学家,而是充满济世情怀的行动者。故读《孟子》,就不能脱离历史,不能抽象地看待其思想,而应结合其生平活动,了解其言论、主张的具体情景,想见其精神气质、音容笑貌,这样才可以"知人论世",真正读懂、理解孟子。

据潭贞默《孟子编年略》:"孟子四十以前,讲学设教;六十以后,归老著书。其传食诸侯当在四十以外。"大致反映了孟子的生平活动。孟子为邹国人,其游说诸侯应当是从邹穆公开始的。故学者认为,《梁惠王下》"邹与鲁閧(hòng,争斗)"章是孟子早期游说诸侯的记录。据该章,邹国与鲁国发生争斗,邹国的长官被打死三十多人,而邹国的百姓却在一旁见死不救。这时孟子在邹国已有了一定的声望和影响,于是穆公便向孟子请教。站在今天的角度看,孟子实际是遇到了"人民为何不爱国"的问题。孟子认为不能以官吏甚至君主代表国家,国家的主体是民众,而非君主、官吏，后孟子提出"民为贵，社稷次之，君为轻"即是对此问题的进一步思考。百姓的冷漠，责任在官吏，邹国的官吏平时缺乏仁爱之心，对百姓的死活不闻不问，现在算是得到报应。解决民众的"爱国"问题要靠"行仁政"，执政者只有执政为民，造福于民，才能得到民众的支持和拥护。民本、仁政是贯穿孟子一生的核心思想，仔细考察则可以发现，这些思想都是孟子在应对现实问题的过程中逐步形成的。

孟子在邹国附近活动一段后，前往齐国。齐国是当时东方最强大的国家，由于稷下学宫的设立，更是成为战国时期文化的中心。稷下学宫兴办于桓公田午之时，后大约经历了 150 年的历史，中国古代的百家争鸣主要是在齐国稷下学宫进行的。孟子一生曾两次来到齐国，荀子也曾在学宫"三为祭酒"，稷下学宫对古代文化贡献可谓大矣！孟子第一次到齐国正值齐威王执政，可能由于当时孟子的影响还不够大，《孟子》书中未见其与齐威王的对话。不过，《告子》篇中所记载孟子与告子的论辩则发生在这一时期，孟子的言论多有不合逻辑之处，是其思想还未成熟的表现。孟子在齐国未得到重视，无法施展抱负，于是前往宋国。孟子到宋国后，发现宋偃王身边多为奸佞小人，只有一位薛居州可称为善士，对宋偃王的仁政产生深深的忧虑。按照孟子的想法，"有不忍人之心，斯有不忍人之政矣"，仁政的动力在于君王的不忍人之心，而保证君主能够行仁政，就要在其身边安排大量的善士，对其劝诚、进谏，乃至影响、感化。故孟子一定程度上认识到规范权力的问题，但孟子一方面想规范、引导权力，另一方面可以凭借的力量又十分有限,在他那里,"仁政如何可能?"是一个没有真正解决的问题。

孟子在宋国活动未果,却遇到了当时还是太子的滕文公,孟子言必称尧舜,给后来的滕文公留下深刻印象。不久滕定公去世,滕文公即位,于是派人将已回到邹国的孟子接到滕国,协助其推行仁政,一时在社会上产生很大反响,不少人闻风而至。不过,孟子虽然有机会得君行道,但滕只是一小国,要推行仁政于天下,仅靠其力量是不够的。这时孟子通过滕国的仁政实践已产生较大影响,于是率领弟子,"后车数十乘,从者数百人",浩浩荡荡来到战国七雄之一的魏国,时年孟子五十余岁。

孟子一到魏国,便受到梁惠王的接见,《孟子》开篇第一章即记录了二人相见的情景:"王曰:'叟!不远千里而来,亦将有以利吾国乎?'孟子对曰:'王何必曰利?亦有仁义而已矣。'"由于涉及义利之辨,一开始便话不投机。除上面一章外,《梁惠王》还有四章记录孟子与梁惠王的对话,都是劝导其推行仁政。几年后,梁惠王去世,梁襄王即位,孟子"望之不似人君,就之而不见所畏焉",于是离开魏国前往齐国。孟子第二次到齐国,时值齐宣王执政。《孟子》一书明确记载孟子与齐宣王的对话达十余处之多。另外像著名的"知言养气"章,记录的也是这一时期的事。孟子初到齐国时,与宣王的关系尚可,二人的对话态度和缓、气氛融洽,如孟子以宣王对牛的不忍人之心,启发其推行仁政等。但这种局面没有维持很久,公元前315年(齐宣王五年),燕国因燕王哙让国而发生内乱,宣王询问孟子:是否应出兵攻取燕国?

孟子从民本立场出发，主张"取之而燕民悦，则取之……取之而燕民不悦，则勿取"，孟子这一看法实际是将人权置于主权之上，是中国古代的人权高于主权论。不过孟子并不认为任何国家都有讨伐别国的权力，只有"天吏"也就是合法授权者才有资格征伐不道，救民于水火。但是齐国攻占燕国后，不仅不行仁政，反而"杀其父兄，系累其子弟，毁其宗庙，迁其重器"，完全违背了孟子的意愿，站在了燕国民众的对立面。孟子对宣王大为失望，认识到他不是一个仁义之君，言谈中多有批驳、讥讽，常使"王顾左右而言他"。在这种情况下，孟子决心离开齐国，当弟子充虞问是否不愉快时，孟子回答：上天大概还不想平治天下，如果想平治天下，当今之世，除了我还会有谁呢？我为什么不愉快呢？孟子就是怀着这样一种坚定的自信退出政治舞台的。孟子的自信并非某种精神自慰，而是来自这样一种信念：得民心者得天下，历史的发展必将是以民心、民意的实现为目的，故政治必须符合人性，只有符合人性、维护人的尊严的政治，才是最有前途的政治。这就决定了王道必定战胜霸道，仁义必定战胜强权。人类政治最终必定回到仁政、王道上来，我的时代尚未到来，若到来，必定是仁政、王道的时代。

概括一下，孟子游历诸侯的经历大致为：在邹国游历（四十左右）——第一次到齐国（齐威王执政）——到宋国（宋偃王欲行仁政）——在滕国行仁政（滕文公行仁政）——到魏国（梁惠王执政）——第二次到齐国（齐宣王执政）——告老还家，著《孟子》。

孟子的思想较为丰富，有所谓三辨之学，即人禽之辨、义利之辨、王霸之辨。当代学者也有概括为仁义论、性善论、养气论、义利论、王霸论等。从思想史上看，孟子的贡献是继承了孔子的仁学，对其作进一步的发展。不过，由于《孟子》一书为记言体，其对某一主题的论述并不完全集中在一起，而是分散在各章，形成"有实质体系，而无形式体系"的特点。这就要求我们阅读《孟子》时，要特别注意思想线索，在细读、通读《孟子》的基础上，根据某一思想主题将分散在各处的论述融会贯通、提炼概括。这方面学者的研究可供参考，故研读《孟子》的同时，阅读一些有代表性的学术论文，对理解孟子是十分有益的。限于篇幅，这里只对孟子的性善论做一概括阐述。

据孟子弟子公都子介绍，当时战国时流行的人性论主要有三种，分别是告子的"性无善无不善"说，以及"性可以为善，可以为不善"说与"有性善，有性不善"说。以上观点虽有不同，但有一共同特点，都是将"性"看作一客观对象、事实，根据"性"的种种具体表现，对其作经验性的描述、概括，类似一种科学实证的研究方法。对于以上的言"性"方式，孟子虽然并不一概反对，但认为其只是对"性"的一种外在概括和描述，不足以突出人的道德主体性，无法确立人生的信念和目标，不能给人以精神的方向和指导，更不能安顿生命，满足人的终极关怀。故孟子言"性"，不采取以上的进路，而是另辟蹊径，提出他对人性的独特理解。孟子说："口之于味也，目之于色也，耳之于声也，鼻之于臭也，四肢之于安佚也，性也，有命焉，君子不谓性也。"说明孟子承认"口之于味""目之于色"等事实上也是一种"性"，但又认为君子并不将其看作是"性"。前一个"性也",是一个事实判断;后面的"不谓性也",则是一个价值判断。孟子又认为,仁义礼智的实现,虽然一定程度上也要受到命的限制,但"有性焉,君子不谓命也"。这里的"不谓命也",同样是一种价值判断。因此,孟子性善论实际是以善为性论,因为"把善看作是性"与"性是善的",二者是同义反复,实际是一致的,孟子性善论的核心并不在于性为什么是善的,而在于人是否有善性存在,以及为什么要把善看作是性。孟子正是顺着这样的思路,对其性善论做了论证和说明。但由于其论述分散在不同章节,这就要求我们以思想为线索,对孟子的相关论述融会贯通,进入孟子思想的深处,真正读懂、理解《孟子》。以往学者将孟子性善论理解为"孟子认为人性是善的",实际上《孟子》一书中只说"孟子道性善""言性善",而后者是不能等同于"人性是善的"。如果一定要用命题表述的话,也应表述为:人皆有善性;人应当以此善性为性;人的价值、意义即在于其充分扩充、实现自己的"性"。

(本文作者为中国人民大学国学院副院长,《国学学刊》执行主编)

是辞典，也是博物手册

怎样读《尔雅》

秦淑华　杜清雨/文

　　孟子说："读其书，不知其人，可乎？是以论其世也。"所以我们有必要对《尔雅》的作者、成书年代先做个大致了解，以便更好地认识、阅读该书。但这两个问题历来众说纷纭、莫衷一是，旧说主要有：

　　（一）周公所作。始见于魏张揖的《上广雅表》："昔在周公，缵述唐虞，宗翼文武，克定四海。勤相成王，践阼理政，日昃不食，坐而待旦，德化宣流，越裳俟贡，嘉禾贯桑。六年制礼，以导天下，著《尔雅》一篇，以释其意义。"认为周公作《尔雅》意在阐释礼乐制度，治理天下。

　　（二）孔子门人所作。郑玄在《驳五经异义》中说："玄之闻也，《尔雅》者，孔子门人所作，以释六艺之旨，盖不误也。"清人邵晋涵进一步发挥，认为"《尔雅》者，始于周公，成于孔子门人，斯为定论"。

　　周公和孔子及其门人向来被视为儒家文化的代表，备受推崇,所以将《尔雅》的著作权归到他们名下,有深刻的思想渊源。但二说都无坚确的证据,难以令人信服。《四库全书总目提要》中说"周公、孔子皆依托之词",为通达之论。

(三)秦汉学者所作。最早提出此观点的是欧阳修,他在《诗本义》中说:"《尔雅》非圣人之书,不能无失,考其文理,乃是秦汉之间学《诗》者纂集,说《诗》博士解诂。"管锡华先生认为秦代焚书坑儒,《尔雅》与《诗》《书》密切相关,当在禁毁之列,不具备撰集成书的条件,所以该说也不足信。

其他异说还有不少,这里不再一一介绍。之所以会产生许多不同看法,是"文献不足故也",各说都无法提供十分确凿的证据坐实《尔雅》为某人某时所作。造成证据缺乏的原因和先秦古书流传的独特形式有很大关系。余嘉锡先生在《古书通例》中说"周秦人之书……门弟子相与编录之,以授之后学,若今之用为讲章,又各以所见,有所增益,而学案、语录、笔记、传状、注释,以渐附入。其中数传以后,不辨其出何人手笔",可为至论。所以要完全坐实《尔雅》的具体作者,几乎是不可能的。现代学者通过细致的文本研究,一般都认为《尔雅》大致成书于战国末年,秦汉间仍略有订补。这样的结论可以说是最为合理,也颇有点无奈的。

《尔雅》的书名如何理解,同样众说纷纭,一般认为"尔"通"迩",近的意思;雅,义为正,指当时的通行语。近之以正,即用通行语解释被训语的意思。《尔雅》一书形式上很像今天的辞典,是十三经中十分特别的一部。虽然它在古代被誉为"学问之阶路""五经之梯航",但时过境迁,今天的读者对它往往望而生畏,其实不必,它本是一个颇为有趣的知识宝库。

从内容上看,全书共十九篇,《释诂》《释言》《释训》解释一般语词,《释亲》《释宫》《释器》等十六篇则解释专业名词,涉及亲属称谓、天文地理、草木虫鱼等。关于其书价值,郭璞在《尔雅序》中有精到的说明,略归纳如下。

(一) 解释、辨析词义,可以通训诂。如"切磋琢磨",今天多作为一个词来使用,个中区别已鲜为人知,但《尔雅》还保存着详细辨析:"骨谓之切,象谓之磋,玉谓之琢,石谓之磨。"知道了这种区分,也就能深入理解"如切如磋,如琢如磨"在《诗经·淇奥》中的比兴意义了。正因为《尔雅》保存了大量常见于典籍的基本词汇及故训,读通此书,再阅读其他典籍就轻松得多,所以历代学人都将其视为阅读古代典籍的重要工具。

(二) 为进行文学创作提供资源。儒家认为"质胜文则野",一定的文辞修饰是十分必要的。文学创作则更重视词藻的修饰和运用,而《尔雅》有两千多个词条,四千多个词语,真正是一座词汇宝库,可为创作者提供丰富的资源。比如张衡《东京赋》中有"鹎鶋秋栖,鹘鸼春鸣。雎鸠丽黄,关关嘤嘤"两句,其中"鹎鶋、鹘鸼、雎鸠、丽黄"皆为鸟名,"关关、嘤嘤"为鸟声,这些词在《尔雅》里都有相应解释。由此可见,郭璞说《尔雅》是"摛翰者之华苑",并非虚美。

(三) 书中大量的天文地理、草木虫鱼知识可令人开阔眼界、博物多识。古人认为"学者耻一物之不知",对《尔雅》的博物学作用亦颇为重视,有两个小故事可以说明。汉光武帝曾与群臣在灵台宴游,得到了一只奇怪的豹纹鼠,大臣中无人能识,只有窦攸据《尔雅》认为是貔鼠,经人核验后果如所说,因而赐帛百匹,并令公卿子弟随窦攸学习《尔雅》,后世传为美谈。《世说新语》中还记载着一个因不熟悉《尔雅》而致食物中毒的故事。晋朝的蔡谟避乱渡江后见到蟛蜞,以为是螃蟹,便吟咏起蔡邕《劝学章》中的"蟹有八足,加以二螯",且命人煮来吃。但吃完以后上吐下泻,精神疲困,才知道这不是螃蟹。后来他向朋友谢尚说起此事,遭到谢氏嘲笑:"你《尔雅》读得不熟,险些被《劝学章》害死。"因为《尔雅·释鱼》中有关于蟛蜞的记载,蔡谟未能熟知,谢氏才说出这番话来。清儒刘宝楠曾说"鸟兽草木,所以贵多识者,人饮食之宜,医药之备,必当识别,匪可妄施。故知其名,然后能知其形,知其性。《尔雅》于鸟兽草木皆专篇释之,而《神农本草》亦详言其性之所宜用,可知博物之学,儒者所甚重矣",对《尔雅》的博物学意义讲得很透彻。

当我们对《尔雅》的体例和内容有大致了解之后,如何逐步深入地阅读当然没有固定之法,因人而异。但《释诂》《释言》《释训》三篇纯为词语训释,《释亲》讲古代亲属称谓,其中一些名称已离现代生活较远,所以这四篇初读时都颇为枯燥,很难令人产生兴趣,倒不妨先从其他几篇中挑选出一些感兴趣的条目进行阅读。尤其是《释地》及草木虫鱼诸篇,记载了许多有趣甚至奇怪的名物,更容易激发学习和探索的兴趣。如熟悉《神雕侠侣》的朋友一定记得小龙女胳膊上神奇的"守宫砂",这种可以验证女人是否为处子之身的东西到底有没有文献根据？守宫又是什么东西？翻翻《尔雅》便可知道，守宫又称蝘蜓，就是壁虎的别名。再进一步查考古人注释，可知守宫砂这种方术当出自《淮南万毕术》(淮南王刘安及门客所编的一本方术书)，其云"守宫饰女臂，有文章。取守宫新合阴阳者，牝牡各一，藏之瓮中，阴干百日，以饰女臂，则生文章，与男子合阴阳，辄灭去"。类似说法又见《汉书·东方朔传》颜师古注："守宫，虫名也。术家云以器养之，食以丹砂，满七斤，捣治万杵，以点女人体，终身不灭，若有房室之事，则灭矣。"如此一来，武侠小说中"守宫砂"的原委就清楚了，并不是金庸老先生瞎编出来的。而为我们提供相关线索的正是《尔雅》一书。

《尔雅》无疑是我们了解古代思想文化的一个切入点，其中一些内容体现着古人的思维方式，反映出当时的社会图景等，因此阅读时对文字背后蕴含的思想观念也应有所注意。如《尔雅·释畜》说"二足而羽谓之禽，四足而毛谓之兽"，即两脚有羽毛的称为禽，四足有皮毛的称为兽。古人做出如此分类，当然是对自然界进行观察的结果，而古人对这种现象的阐释则更为有趣。如董仲舒云"夫天亦有所分予，予之齿者去其角，傅其翼者两其足，是所受大者不得取小也"，"故已有大者，不得有小者，天数也"；《颜氏家训·省事》云"能走者夺其翼，善飞者减其指，有角者无上齿，丰后者无前足，盖天道不使物有兼焉也"，可见古人认为有翅膀的动物脚就少，善奔跑的就没翅膀，这其中是蕴含着天道的——凡事不可能尽善尽美，兼有众长，好处占尽。这种阐释世界的思维方式是十分有趣的，而且所揭示的道理也很能引人思考。

虽然《尔雅》成书较早，历来为学者推重，但它进入"十三经"的行列，却是到唐代才有的事。汉文帝时"欲广游学之路，《论语》《孝经》《孟子》《尔雅》皆置博士，后罢传记博士，独立五经而已"，还只是将《尔雅》与《论语》《孟子》一道视为"传记"。唐初陆德明撰《经典释文》，为《尔雅》书中字词做训释，已将其视作"经典"。到了唐文宗大和年间，"长于经学"的宰相郑覃向唐文宗奏言"请召宿儒奥学，校定六籍，准后汉故事，勒石于太学，永代作则"，文宗从之，遂有刊刻开成石经之事，《尔雅》作为其中一种，其经学地位方正式被官方确立。可以说，《尔雅》能升格为经，除了有《论语》《左传》等"传记"升为"经"的成例外，和当时主政者对经学的重视和爱好也有关系。魏丕植先生还认为：唐文宗恭俭儒雅，锐意改革，意欲清除宦官势力，但始终未能如愿，夺权斗争以"甘露之变"宣告失败。而《尔雅》经学地位的确立正在此期间，可以看作是唐文宗在政治上被宦官势力压制后，于意识形态领域进行反抗的一种表现，是他试图在意识形态领域确立皇权的正统、权威地位的一种表达。结合当时的政治情势来看，此说亦颇有道理。

总之，《尔雅》包蕴着丰厚的文化信息，有多方面的价值和意义，是我们了解传统文化、古人社会生活等方面的绝好切入口。但不可否认，该书中的解释大多十分简略，且存在若干生僻字，时常让初学者感到不知所云。因此这里介绍几种注释、研究著作，以便读者阅读和利用《尔雅》。

（一）郭璞《尔雅注》，是现在所能见到的时代最早并完整流传下来的古注，为阅读《尔雅》的重要参考。中华书局近出的"汉小学四种"之《尔雅》，据宋刻善本影印，并附有音序、笔画索引，便于翻检。

（二）今人胡奇光、方环海的《尔雅译注》，注释简要，并有翻译及词条索引。书中的生僻字大多标注了拼音，便于初学阅读。中华书局出版的管锡华《尔雅》与《尔雅译注》类似，亦可参看。

（三）对《尔雅》内容、体例等作全面、详细介绍的有顾廷龙、王世伟《尔雅导读》及管锡华《尔雅研究》。

（四）若欲深入研究，则可参看十三经注疏中的《尔雅注疏》，中华书局有影印本，上海古籍出版社有整理本。郝懿行《尔雅义疏》及邵晋涵《尔雅正义》是清人研究《尔雅》的代表性作品，郝疏尤详于名物考证。邵氏《正义》对郭注、邢疏多有补正，但校勘稍逊。二者互有短长，均可做深入阅读的辅助书籍。另外，朱祖延先生取自汉迄今有关《尔雅》的重要著作 94 种纂集为《尔雅诂林》，收罗宏富，可备查检。

对专业研究者来说，《尔雅》更重要的是其学术价值，在词汇学、训诂学等方面的意义，而一般读者不妨将其视作一本博物书，一面观照传统文化的镜子，细细研读，不必求快，必能发现不一样的精彩。

（本文作者秦淑华为中华书局副编审、中华书局语言文字编辑室主任，杜清雨为中华书局编辑）

怎样读《大学》

王国轩/文

　　《大学》是中国古代典籍名篇之一，为后代学人立了一个"大间架""大坯子"(朱熹语)，开拓出了广阔深邃的学术视野。

　　《大学》原是《礼记》中的一篇，在唐以前并没有引起人们的特别关注。至唐代，韩愈等引用《大学》，它开始为人所注目。到宋代，理学创始人程颢、程颐非常重视《大学》，称之为："孔氏之遗书，而初学入德之门也。"南宋理学集大成者朱熹说："天运循环，无往不复。宋德隆盛，治教休明。于是河南程氏两夫子出，而有以接乎孟氏之传。实始尊信此篇而表章之，既又为之次其简编，发其归趣，然后古者大学教人之法、圣经贤传之指，粲然复明于世。"这是对二程诠释《大学》的肯定。

　　后来朱熹又在二程的基础上，重新排列次序，分经一章，传十章，并认为格物致知章已缺失，作了著名的《补传》。《补传》体现了朱熹完整的认识论。可以说朱熹对《大学》的解释是一种全新的阐释，换言之，是从理学角度的新解。充分体现了心性之学,使《大学》升华为哲学。从此理学不仅接续道统之传,还有了自己的规模和节次,其对中国文化的影响是十分巨大的。

朱熹说:《大学》是"外有以极其规模之大,而内有以尽其节目之详者也"。什么是规模?"明明德""新民""止于至善",朱熹称之为"三纲领"。什么是节目?格物、致知、诚意、正心、修身、齐家、治国、平天下,朱熹称之为"八条目"。朱熹认为"古人为学次第者,独赖此篇之存"。一个"独"字,充分说明了本篇文献的重要性。

这里所说"纲领"是指学人们追求的理想,是要求把人们自身具有的美德发挥到极致,通过工夫,洗去旧染之污,使整个世界洋溢着道德的光辉。但实现纲领必须一步一步来做,不能躐等,这就是要遵循条目次第。纲领是本体,条目次第包含着工夫。本体与工夫是理学的主旨,这是研读《大学》和理学必备的知识。

总括来说,《大学》的明德新民,止于至善,身心家国,修齐治平,后来几乎人人都会说,人人都会讲;成为读书人的圭臬,也是从政者必备的素养;变成了"大学精神",成为中华民族挖掘不完的文化宝藏。

由于朱熹把《大学》纳入《四书集注》之中,后来宋理宗时,理学名臣真德秀更作《大学衍义》,向皇帝进讲《大学》,《大学》成了真正的政治读物。到元代文化转型期,《四书集注》成为各级学校必读书,士子求取功名利禄的考试书。整整五百九十二年,无论繁华的城市,还是穷乡僻壤,读书人昼夜攻读,不仅对《大学》

本文烂熟于心，就是章句也牢牢铭记，由此也焕发出许多爱国热情。明代东林领袖顾宪成的两句话"风声雨声读书声声声入耳，家事国事天下事事事关心"，这里有对时代风云的观察，也有对天下大事国家前途命运的担当，充分体现了《大学》精神。

但关于《大学》，不是人人都固守朱注，反对朱注者也不乏其人。如明代王阳明就不赞成朱熹改正《大学》，而是持守古本；不是像朱熹那样突出格物穷理，而是注重诚意。"王学"在明代中后期成为学术界主导思潮，王门弟子遍布大江南北。但"朱学"也不乏传人，科举仍奉《四书章句集注》为圭臬，因此，"王学"仍为民间之学。

清代考证学兴起，许多人摆脱理学，崇尚汉学，对"四书"有许多新解，更倾向古籍本义，但《大学》，特别是《中庸》，朱注还无法被取代。

到近代，孙中山先生表彰《大学》。他赞赏《大学》中的格物、致知、诚意、正心、修身、齐家、治国、平天下的修养目标和修养方法，认为这些都是"应该要保存"的中国的"独有宝贝"。以《大学》为规模和节次的中华文明的影响，由此可见一斑。

关于《大学》的作者，《礼记》并无说明。朱熹认为首章"经"是"孔子之言，而曾子述之"，"其传十章，则曾子之意，而门人记之"。朱熹认为《大学》大体为曾子思想，但此书可能为曾子后学所写定，这是因为《大学》里引用了曾子的话，同时称其为子，似是曾参弟子写定成篇。

曾子（前505—前435年）名参，字子舆，孔子著名弟子，春秋鲁国南武城人。其事迹及言论见于《论语》,《汉书·艺文志》著录《曾子》十八篇,已遗失。《大戴礼记》中有《曾子》十篇,但无《大学》。这似乎与朱熹的看法相矛盾。

今天我们研读《大学》,首先要树立身心家国天下的学术规模,要有张载所说的"为天地立心,为生民立命,为往圣继绝学,为万世开太平"的理想和气概。要关心国家大事,总揽天下全局。

为实现这一目标,绝不应陷入空谈,必须从追求知识,探寻真理入手,加强身心修养,时时做到诚实无欺,管好、处好自己的家庭,努力为国家、为天下贡献力量,这就是对"大学精神"的继承和发展。

那么,如何读《大学》? 我认为朱熹的这一段话是我们打开《大学》锁钥的关键:

> 凡传文,杂引经传,若无统纪,然文理接续,血脉贯通,深浅始终,至为精密。熟读详味,久当见之,今不尽释也。

按照这个思路,我们发现"右经一章"是总纲。三纲领、八条目都讲到了。而下面的十章是解释和证明首章的。比如"传之首章"是"杂引经传",解释"明明德"的。"传之二章"也是"杂引经传",解释"新民"的。"传之三章"是引《诗经》解释"止于至善"的。"传之四章"是引孔子话解释"本末"的。"传之五章"是因有缺失,朱熹做了"补传",解释"格物致知"的。"传之六章"有作者话,也有引曾子话,解释"诚意"的。"传之七章",没有引经传,是解释"正心修身"的。"传之八章",没有引经传,但引谚语,是解释"修身齐家"的。"传之九章",引经传,是解释"齐家治国"的。"传之十章",引经传,加上作者话,是解释"治国平天下"的。我们把握了这个相对应的整体结构,记住"杂引经传"四个字,《大学》就不难读了。

研读古典哲学,必须注重思想家固有的概念、范畴、命题,探索它们的逻辑关联或持守的主旨,这是我们应该遵循的基本研究方法。应该说《大学》的很多概念都成了后来学者们反复讨论的命题与学术主旨。如明德,如知本,如诚意,如止于至善,如格物致知,如慎独,如日新,如"絜矩之道",如"同好恶",等等。这是讨论《大学》必备的知识。

这里重点讲讲"同好恶"。朱熹在注释《大学》的"传之十章"时,说:"此章之义,务在与民同好恶而不专其利,皆推广絜矩之意也。能如是,则亲贤乐利各得其所,而天下平矣。"明朝一位著名学者的一句话也很有启发,他说:"《大学》讲好恶。"因此有必要说说《大学》的好恶观。

《大学》的好恶观的核心思想是:"好人之所恶,恶人之所好,是谓拂人之性,灾必逮夫身。"又说:"《诗》云:'乐只君子,民之父母。'民之所好好之,民之所恶恶之,此之谓民之父母。"这就是说无论做人,还是从政,都是要与人同好恶,不能违拗人的本性,否则灾祸必及于身。

可以说,这是儒家极为人性的东西。而法家则与此相反,法家认为：显荣逸乐，人之所好，羞辱劳苦，人之所恶，而我利用人的这个特点，用奖赏鼓励你，用刑罚胁迫你参加农战，以便富国强兵，统一天下。其目标不能说不远大，但人在法家那里基本是工具，而儒家那里则符合人性的关怀。

那么如何实行这个原则呢？《大学》从好恶出发提出了"絜矩之道"："所恶于上，毋以使下；所恶于下，毋以事上；所恶于前，毋以先后；所恶于后，毋以从前；所恶于右，毋以交于左；所恶于左，毋以交于右：此之谓絜矩之道。"

也就是用推己及人的方法达到四方、上下、前后皆均平，这种均平就是社会稳定的基础。

一个社会财富有限，如果过分集中，势必使一些人无法生活，轻则社会动乱，重则发生革命。所以从古老《易经》时代就强调"损上益下"，《易经·益》："《彖》曰：益，损上益下，民说无疆。自上下下，其道大光。"只有损上益下，老百姓才能高兴。《易经》的注释者明魏濬说："损下益上，聚少为多，所损不过锱铢，而民不堪其命。损上益下，散多为少，出诸口而有余，所获不过斗升，而上已见其德。"聚少为多，从老百姓那里拿的是一点点，可老百姓那里是活命的东西被拿走了，叫他怎么活？可"损上益下"呢，在上者不过拿出一点点，老百姓很多人只是得一点小实惠，而你的德行就被人看到了。这是从功利角度说其意义的，但也有道理。所以为政的基本原则是：不让富者过于富，不能剥夺人民的生计。

统治者有此"絜矩"精神还不够，还必须"诚其意"，必须要有真诚之心，不能虚情假意，说一套做一套。"所谓诚其意者：毋自欺也，如恶恶臭，如好好色，此之谓自谦，故君子必慎其独也！"就是说在推行均平思想时，应该就像好美色、厌恶恶臭一样自然而然，在内心深处别人不知道的地方，要小心谨慎。只有这样行政，人们才能信服。

治国的基本精神和基本原则确立后，关键是人才。《大学》的好恶观还体现在人才观上。

在如何选取人才上，《大学》从好恶角度提出一个看法。从好的方面说，就是首先要承认人才的优点，视其长处如同自己的一样；对他人的高贵品德，"其心好之"，要从心里赞美，不只是口头说说，而是行动上能容纳他。而且不能阻碍用贤之路，应该使他发挥作用。《大学》说："《秦誓》曰：若有一个臣，断断兮无他技，其心休休焉，其如有容焉。人之有技，若己有之；人之彦圣，其心好之，不啻若自其口出，实能容之，以能保我子孙黎民，尚亦有利哉。人之有技，媢疾以恶之；人之彦圣，而违之俾不通，实不能容，以不能保我子孙黎民，亦曰殆哉。"一个"利"字，一个"殆"字，把利害关系说清楚了。

《大学》的高明之处还在于，不是把事物做简单的好坏的二分，而是看到你中有我、我中有你的中介情况。它说："所谓齐其家在修其身者：人之其所亲爱而辟焉，之其所贱恶而辟焉，之其所畏敬而辟焉，之其所哀矜而辟焉，之其所敖惰而辟焉。故好而知其恶，恶而知其美者，天下鲜矣！"由于亲爱、贱恶、畏敬、哀矜、敖惰这样的情志，会导致片面性，所以要"好而知其恶，恶而知其美"。人和事物都不是绝对的,十全十美的,所以人看事物和观察人应该全面,好中要看到不好,坏中也可能有好的一面,要具体分析。

总之,《大学》的好恶观具有丰富的哲理性,避免了"陷于一偏"的简单化和绝对化,而且提出了"絜矩之道"和均平思想,这些对今天都有借鉴意义。

综上,我们读《大学》要牢牢把握大学精神,要开拓学术的广阔视野,避免狭隘固陋,要为家国天下勇于承担。但不要忘记儒家是为己之学,一切还要从自身明理知性等修身做起。

（本文作者为中华书局编审）

怎样读《中庸》

王国轩/文

　　《中庸》是儒家重要经典，它同《易经》一样，都是儒家的理论渊薮。不过《易经》比《中庸》影响大，涵盖面广，而《中庸》是宋以后儒者研读的重点。儒学，特别是理学，许多概念、命题出自《中庸》，许多理学大家持守《中庸》的信条，许多儒者用《中庸》的方法论思考，从而可以看出，《中庸》对中华文明的形成有着深远的影响。

　　但今本《中庸》，并非独立成编。它仅是《礼记》中的一篇，初始既没有引起人们广泛关注，也没有留下作者姓名。

　　对于《中庸》的作者，一般认为，它出于子思(前483—前402年)之手。司马迁曾说子思作《中庸》。至宋代，理学大家也认为《中庸》为子思所作，这几乎成了定论。近代人们对《中庸》作者产生疑问，认为《中庸》是秦代作品，也有人认为是子思所作，只是掺入了秦人文字。我觉得现存的《中庸》，还应为子思所作，但可能经过秦代儒者的修改写定。

现存本虽说没有独立成编,但早在西汉时代就有专门解释《中庸》的著作。《汉书·艺文志》著录有《中庸说》二篇,以后各代有关这方面的著作也有一些,但影响甚微。唐代韩愈注意《大学》《中庸》,揭示道统。到宋代,很多人目光转向《中庸》,范仲淹让理学开山者之一张载读《中庸》,二程表彰《中庸》,二程弟子也有关于《中庸》的著作,朱熹讲友石子重作《中庸解》,但影响最大的还是理学集大成者朱熹的《中庸章句》。

朱熹把《中庸》《大学》《论语》《孟子》合在一起,称为"四书",并为之作章句集注。从元代开始,《四书章句集注》成为各级学校的必读书,成为士子求取功名利禄的阶梯,影响达七百年之久。

我们读《中庸》,不能只读《礼记》里的《中庸》篇,还是要读朱熹的《中庸章句》。

朱熹说,自己早年对《中庸》有很多疑问,经过"沉潜反复",多年思考,才得其要领,最后"会众说而折其中",才作成《中庸章句》。《中庸章句》使《中庸》之旨,支分节解、脉络贯通、详略相因、巨细毕举。他还把石子重之书作了删节,更名《中庸辑略》,还写了《中庸或问》,以设问形式,回答有关《中庸》与注解的种种问题,又在讲学中,同弟子反复讨论《中庸》,这些讨论大部分收录在《朱子语类》中。可以看出,朱熹对《中庸》下了很多功夫,《中庸章句》是他的得意之作。以上这些书,是彼此密不可分的一个整体,相辅相成,是研究《中庸》不可或缺的资料。

在《中庸章句》篇题之下,朱熹对"中庸"下了一个定义,指出："中者,不偏不倚、无过不及之名。庸,平常也。""不偏不倚",出自本书"中立而不依"和改用《尚书·洪范》"无偏无陂";"无过不及",出自《论语·先进》。又用"平常"释"庸",借以指出中庸的合度性、日用性。是"放之则弥六合,卷之则退藏于密"的道理,都是实用的学问。

《中庸》《中庸章句》及朱熹有关著作,还讨论了儒学和理学的一系列问题,如天命、性、教、道、慎独、情、已发、未发、中和、大本、达道、在中、时中、用中、费隐、忠恕、鬼神、五达道、三达德、知行、治国九经、择善固执、诚、致曲、尊德性而道问学、学问思辨行、三重、仁义礼智、无声无臭等等,有天道,有人道,有本体,有工夫。许多儒者对这些概念和命题也倾注了极大的热情,进行了广泛深入的论辩。这些讨论,虽说常常莫衷一是,但丰富多彩,细致入微,富有哲理。可以说宋明理学之所以能成为本体化、哲学化的思潮,达到时代哲学高峰,是和《中庸》及《中庸章句》密不可分的。

《中庸》在儒家典籍中,是高层次的理论色彩浓厚的著作。读通、读懂很不容易。

为帮助读者读懂《中庸》,下面具体对各重点章节做一个简单介绍。

第一章是一篇的纲要。提出许多概念,如命、性、道、教,戒慎、慎独,隐微、已发、未发、中和,大本、达道、位育等,成为哲学家的热门话题。

本章先讲天命,这里讲的命,不是指富贵、贫贱、寿夭等命定内容,而是就个人的禀赋而言。人的禀赋是自然形成的,这就是含有道德内容的性。人人遵循各自的性,在日常生活中,就知道当做什么,不当做什么,这就有了常规,这就是道。从道入手,修饰品节,这就是教化。从道不可片刻离开引入话题,强调在《大学》里面也阐述过的"慎其独"问题,要求人们加强道德自觉,谨慎地修养自己。

个人修养特别提出了"中和"这一范畴,进入全篇的主题。"中和"是儒学的重要范畴之一,历来有各种各样的理解。按照本章的意思,在一个人还没有表现出喜怒哀乐的情感时,心中的道是挺立的,不偏不倚的,这是性,所以叫作"在中"。喜怒哀乐总是要发露出来的,但发出来要符合节度,无过不及,这就叫作"时中",也叫"和"。人人都达到"中和"的境界,整个社会心平气和,社会和自然界很和谐,天下也就太平了。这里讲的"中和",实际就是中庸。前人说:"以性情言之,则曰中和;以德行言之,则曰中庸。"大体不错。

本章具有全篇纲要的性质,即所谓"一篇之体要"。其下十章,大体都围绕本章内容而展开。用朱熹的话来说是"子思引夫子之言,以终此篇之义"。的确都是引孔子的话,反复申说首章所提出的"中和"(中庸)这一概念,弘扬中庸之道。

第十二章用费隐讲"道不可离",费隐后来成为哲人讨论的重要范畴。以下八章都是围绕这一中心而展开的。用朱熹的话来说,即"杂引孔子之言以明之"。这里的费,指道的普遍性以及用途的广泛性。隐,指道体的精微性与隐秘性。正因为人与道不可须臾离开，所以，道就应该有普遍的可适应性，但道又必须有精微奥妙的一面，供人们进行深造，进行创造性的实践。

第二十章是重点篇章，提出了五达道，三达德，治国九经，诚、诚之等天道人道问题，同时也提出学问思辨行等治学原则。朱熹说："此引孔子之言，以继大舜、文、武、周公之绪，明其所传之一致，举而措之，亦犹是耳。盖包费隐、兼小大，以终十二章之意。章内语诚始详，而所谓诚者，实此篇之枢纽也。"（《四书集注》）

第二十一章继续讲诚。这里接上章讲"诚"。"诚"就是真实无妄。从诚开始，便具有善，这是先天的性，和圣人对应。而一般人先明乎善，真实无妄，这是后天教育的结果。无论是天性还是后天人为的教育，只要做到了真诚，二者也就合一了。朱熹说："右第二十一章。子思承上章夫子天道、人道之意而立言也。自此以下十二章，皆子思之言，以反复推明此章之意。"这个总结是正确的。

第二十二章讲至诚和性的关系及其价值，也讲圣人与天道关系。

第二十三章讲善德积累和诚的关系。上章谈的是圣人，这章说的是一般的人。

第二十四章讲至诚的作用和天道相联。东阳许氏曰："至诚前知，亦必于动处见，所谓'几者，动之微，吉凶之先见者也'。圣人知来者如此，非有异也，故为中庸。"（《四书大全·中庸章句大全》）心诚则灵，灵到能预知未来吉凶祸福的程度，这似乎有些夸大。兴亡征象,有点神秘。其实,无非是强调真诚见微知著的出神入化的功用罢了。

第二十五章讲要用诚来成己成物,讲的是人道。真实,从自然的方面来说,是事物的根本规律,是事物的发端和归宿;真诚是从人的方面来说,是自我的内心完善。所以,要修养真诚就必须做到物我同一来实现。这叫"合内外之道"。

第二十六章这里用天地之道,形容至诚的盛美与生生不息。前面历数历代圣人,这里把圣人之道作了一个总结。

第二十七章,首先盛赞圣人之道像天一样广博浩瀚,大概是从《易经》中"天地大德曰生"而来。君子应该做到"尊德性而道问学"五项。朱熹认为,"尊德性而道问学"五句,"大小相资,首尾相应",最得圣贤精神。

第二十八章,前面谈了智、仁、勇、孝等道德规范,这里是讲礼乐问题。本章承接上一章发挥"为下不倍"的意思。谈的还是素位而行的问题。但"非天子不议礼"说容易形成独断,所以有徐乾学的说法。他说:"司礼谓:非天子不议礼,今以上意行之何为不可?予言非天子不议礼,谓所议者合于礼也。若非礼之礼,岂天子所议?况既谓之议,须合天下之情,非独断也。"(徐乾学《读礼通考》卷二十一)

第二十九章讲君子之道要经过各方面验证,才能成为天下法则。这一章承接"居上不骄"的意思而发挥。

第三十章是赞美孔子,提出万物并育而不相害,道并行而不相悖命题。"祖述尧舜,宪章文武"这两句话,成了道统论的雏形,屡被后儒所称道。用"万物并育""道并行"比喻孔子的博大宽容,用"小德川流,大德敦化"来形容万物的多样性与统一性。

第三十一章极言至圣之德,含有仁义礼智。朱熹说:"聪明睿知,生知之质。临,谓居上而临下也。其下四者,乃仁义礼知之德。"(《四书集注》)显然是对的。

第三十二章讲至圣诚仁作用,是中庸释义"不依"的依据。此章还是讲"至圣"。至圣必须是至诚的。"大经",指五伦——五种人际关系;"大本",指性之全体,如仁等,"大经""大本"立起来了,崇高的道德自然会独自挺立,无须依托任何东西。全篇极力形容至圣和道的同一。

第三十三章引用《诗经》证明君子之道的特点及治世作用。此篇由前面圣人之道的高远广博,回归于君子之道。使人联想前面的"君子之道,辟如行远必自迩,辟如登高必自卑"的入德之路。

综上,我们可以得出几点结论性意见。一、《中庸》思想来源主要是孔子思想。二、朱熹正确地解释了《中庸》的结构与章节之间的关联。三、《中庸》的展开是从天道开始,逐步进入人道的具体内涵,最后谈的是德教的力量与方法。四、《中庸》主要讨论的是天道与人道关系,是"究天人之际"的名篇。五、《中庸》提出了独特的方法论。这些需要阅读时慢慢体会。

(本文作者为中华书局编审)

一部被误解的著作

怎样读《春秋繁露》

曾　亦/文

　　董仲舒(约前 179—前 104 年)，为有汉一代儒宗，亦是汉初最重要的《公羊》学大师。自汉武帝建立五经博士，其中，《春秋》唯立《公羊》，此后三百年间，皆董氏弟子及其后学世代立于学官。其所著《春秋繁露》，乃董氏发明《公羊传》之"说经"体著作，自民国以降，经学废坠，历来研究《春秋繁露》之现代学者，虽不乏其人，然多据西方之哲学范式以治其学。正因如此，今人研究古代学术，多不得其门而入，而《春秋繁露》乃其中最受人误解、最不得其法的著作之一。故论其根本之误，实在于今人不通《公羊》，不知从《公羊》学的角度去研究《春秋繁露》，反以哲学裁割董氏思想所致。

一

　　董仲舒少治《春秋》，景帝时已为博士。武帝即位，仲舒以贤良对策,"推明孔氏,抑黜百家",先后为江都相、胶西相。司马迁《太史公自序》颇称述董子之学,其《史记·儒林列传》又云:"汉兴,至于五世之间,唯董仲舒名为明于《春秋》,其传公羊氏也。"《五行志》则云:"景、武之世,董仲舒治《公羊春秋》,始推阴阳,为儒者宗。"董氏之学既传在学官,故极得汉人推重。其后,刘向谓"董仲舒有王佐之材,虽伊、吕亡以加,管、晏之属,伯者之佐,殆不及也",其推挹董氏竟如此。其子刘歆宗古文,虽以刘向之说为过,犹谓"仲舒遭汉承秦灭学之后,六经离析,下帷发愤,潜心大业,令后学者有所统壹,为群儒首"(《汉书·董仲舒传》)。至东汉,班固谓仲舒"谠言访对,为世纯儒"(《汉书·叙传》),又谓"自武帝初立,魏其、武安侯为相而隆儒矣。及仲舒对册,推明孔氏,抑黜百家。立学校之官,州郡举茂材孝廉,皆自仲舒发之"(《汉书·董仲舒传》)。诸如此论,足见董仲舒对两汉政治与学术之影响,实属深远。

关于其著述,《汉书·董仲舒传》云:"仲舒所著,皆明经术之意,及上疏条教,凡百二十三篇。而说《春秋》事得失,《闻举》《玉杯》《蕃露》《清明》《竹林》之属,复数十篇,十余万言,皆传于后世。掇其切当世施朝廷者,著于篇。"又,《汉书·艺文志》著录有"《董仲舒》百二十三篇",即本传所言"仲舒所著,皆明经术之意,及上疏条教,凡百二十三篇";《汉志》又有"《公羊董仲舒治狱》十六篇",殆本传所言"掇其切当世施朝廷者,著于篇",后人辑佚关于"《春秋》决狱"者数条,即此书之阙遗。至于本传所言"说《春秋》事得失"者,即今所见《春秋繁露》。许慎《五经异义》又载有

《公羊董仲舒说》。此外,本传中尚录其举贤良对策,即《天人三策》。至《五行志》《食货志》《匈奴传》等诸志传中,犹散见其议论。然至《隋志》始著录有《春秋繁露》十七卷、《春秋决事》十卷,而集部类则著录有《汉胶西相董仲舒集》一卷。可见,无论今所见《春秋繁露》及已散佚之《春秋决狱》,皆《公羊》学著述,故不通《公羊》,焉能入董氏之门耶!

然董氏之书,皆非注经体裁,大多以推衍《公羊》义理为主。其后立于学官者,如严、颜二家,虽出于董氏之门,然用章句之体,为两汉学者治经之主流,殆不同于董氏诸书。汉末何休攻严、颜二家,乃专修与董子同时之胡毋生,而无一语及董子。魏晋立十九博士,《公羊》用颜安乐、何休注。故汉以后,治董子学者寡少,其书亦渐散佚,而其从祀孔庙亦晚,迟至元末至顺元年(1330 年),其不如何休远矣。虽然,宋程子犹称许"毛苌、董仲舒最得圣贤之意",朱子则谓"汉儒惟董仲舒纯粹,其学甚正",又谓"仲舒本领纯正,如说'正心以正朝廷',与'命者天之令也',以下诸语皆善。班固所谓纯儒,极是",殆以仲舒明道正谊之说,与宋人诚意正心之学不无契合。然朱子颇以史书视《春秋》,故其论《公羊》,尚不脱宋人习气,多诋以穿凿附会,失圣人本旨,可见,宋人非真能通董氏之学者。唯至清中叶以后,《公羊》学复兴,刘逢禄倡之于前,而凌、龚、魏、康等,莫不兼治董子之学,且以为驾于何休《解诂》之上,至此,董氏遂为世人推重至极矣。

二

《春秋繁露》久不行于世。汉末何休治《公羊》，唯据胡毋生，而不及董氏。《繁露》非解经之书，唯因唐、宋人征引其书，故宋人得从中辑录而成此书。据考，其时有四种刊本，然多有讹脱。南宋楼钥校其书，始为定本，凡十七卷，八十二篇，阙文三篇，实为七十九篇。明代翻刻楼钥本，又谬漏百出。乾隆间，四库馆臣据《永乐大典》所收楼本对勘，补订删改，稍还旧观。是书后世褒贬不一，如宋欧阳修尝读此书，以为"董生儒者，其论深极《春秋》之旨。然惑于改正朔，而云'王者大一元'者，牵于其师之说，不能高其论，以明圣人之道"。楼郁序则以汉儒治经，"多病颛门之见，各务高师之言"，而谓是书"视诸儒尤博极闳深也"。四库馆臣论是书曰："《春秋繁露》虽颇本《春秋》以立论，而无关经义者多，实《尚书大传》《诗外传》之类。"盖病此书非注经之体也。凌曙为《公羊》颛家，其《繁露注》序谓是书"识礼义之宗，达经权之用，行仁为本，正名为先，测阴阳五行之变，明制礼作乐之原"，又谓"浅尝之夫，横生訾议"。皮锡瑞则曰："汉人之解说《春秋》者，无有古于是书，而广大精微，比伏生《大传》《韩诗外传》尤为切要。"可见清人之尊董也。

虽然，后世颇有以《春秋繁露》为伪书者，其依据有五：其一，是书最早见于《隋书·经籍志》，题为《春秋繁露》，与《汉书》所言"《闻举》《玉杯》《蕃露》《清明》《竹林》之属"不合。其实，《繁露》本一篇之名，后人取篇名以总全书，实古人名书之常例。苏舆疑今《繁露》首篇《楚庄王》，其本名即《繁露》，后人以避总书，遂改为今篇名。其二，《繁露》"辞意浅薄"，宋程大昌即持此说，然楼钥誉其文词"非其后世所能到"。其三，散见于他书之部分逸文，不见于《繁露》。其四，《繁露》有大违义理处。其五，《繁露》中部分内容与贤良对策不符。前三说出于程大昌，第四说乃黄震所持，末一说则为今人戴君仁的观点。四库馆臣则曰："今观其文，虽未必全出仲舒，然中多根极理要之言，非后人所能依托也。"殆为折衷之论。

就《繁露》之内容而言，四库馆臣曰："其发挥《春秋》之旨，多主《公羊》，而往往及阴阳五行。"王鏊曰："《繁露》说《春秋》，宛然《公羊》之义、《公羊》之文也，虽或过差，而笃信其师之说，可谓深于《春秋》者也。"然《繁露》非尽为论《春秋》之书，故胡应麟曰："今读其书，为《春秋》发者，仅十之四五。"苏舆亦云："《繁露》非完书也，而其说《春秋》者，又不过十之五六。"此种说法，殆将《繁露》内容分为《春秋》类与非《春秋》类两截。

《春秋繁露》晚出，多讹谬，且与当时宋学之义理系统不合，故后世治《繁露》者寡少。至清代，始有卢文弨校本，然以校订为主。嘉庆、道光间，《公羊》学勃兴，而董氏之学亦盛。其时凌曙治《公羊》，兼有《繁露注》，苏舆称其书"大体平实，绝无牵傅。惟于董义，少所发挥，疏漏繁碎，时所不免"。至此，可谓始有学者得窥董学之门径。同时又有魏源，亦以《公羊》名家，尝撰《董子春秋发微》七卷，欲以"发挥《公羊》之微言大谊，而补胡毋生《条例》、何劭公《解诂》所未备",惜乎其书不见,惟存一序而已。至康有为治《公羊》,则专修董氏之说,有《春秋董氏学》,然苏舆诋其"割裂支离,疑误后学"。宣统年间,苏舆兼取卢校与凌注,并明天启时朱养和所刊孙鑛评本,成《春秋繁露义证》,其书不独校订为最佳,且以发明董氏义理为主,尤针砭康有为推衍经说之谬。

三

今人治《春秋繁露》者,多取哲学视角,故仅注意其中有哲学特点之篇章,如《仁义法》《深察名号》《实性》《阳尊阴卑》《基义》《人副天数》及《五行》等,不过十余篇而已。至于《春秋》类篇目,则占十之五六,其中,尤以《楚庄王》《玉杯》《竹林》《玉英》《王道》《十指》《俞序》《三代改制质文》《爵国》等,皆在《繁露》前半部,实为了解董氏思想之最重要篇目。然近百年来,历来研究其学者,少有论及此者,大都游走于高墙之外而不得其门者也。

20世纪90年代,我读中国哲学研究生时,就已粗涉《繁露》,但因受当时流行见解的影响,自然撇开有关《春秋》类诸篇,直接选取哲学的部分来读,即以有关仁义、人性、阴阳、感应、五行的内容为主。十余年前,我开始研究《公羊传》,此间亦重读《繁露》,乃由首篇《楚庄王》开始,顺流而下,而无不豁然贯通矣。譬如,《楚庄王》取《春秋》宣十一年"楚人杀陈夏徵舒"与昭四年"楚子、蔡侯等伐吴,执齐庆封"两事相比,而明《春秋》用辞之尚

"比况"，此即《春秋》书法之根本，故其文虽约，而其旨常博矣。又举昭十一年"晋伐鲜虞"事，以明《春秋》之"婉辞"；又举如昭二年"公如晋，至河乃复"事，以明《春秋》之"微辞"。婉辞者，所以讥恶也；微辞者，所以讳尊避祸隆恩也。此篇进而发明《春秋》之旨，既以《春秋》当"奉天法古"，又谓《春秋》有"王者改制"之义，前者守常，而后者通变，故"王者有改制之名，无易道之实"。可见，《楚庄王》一篇，总括《春秋》之书法与大旨，故居全篇之首。又，何休论《春秋》有"三科九旨"，此《公羊》释经之不同于《穀梁》《左氏》者，后儒诋《公羊》者，乃徒目以"非常异义可怪之论"，然其说已先发于《繁露》，如"通三统"见于《三代改制质文》篇，"张三世"见于《楚庄王》篇，"异外内"见于《王道》篇。魏源于《繁露》，尤重《三代改制质文》一篇，以为"上下古今，贯五德、五行于三统，可谓穷天人之绝学，视胡毋生《条例》有大巫小巫之叹"，至于后来之康有为，因据以发明孔子改制为旨，实得魏源之心传矣。

今日所存研究《春秋繁露》之著述，当首推苏舆《春秋繁露义证》，读之既熟，则可参以康有为《春秋董氏学》及其余阐发《春秋》诸书。然读《繁露》，须有《公羊传》以为根柢。故不先通《公羊》，乃遽尔先下手读《繁露》，则虽劳神费日，穷年累月，亦绝无可能入董氏之门。

推荐读者可读苏舆的《春秋繁露义证》(中华书局1992年版)及康有为的《春秋董氏学》(中华书局1990年版)。

（本文作者为同济大学人文学院教授）

怎样读《说文解字》

王　宁/文

　　《说文解字》是我国最早的一部字书。这部字书收集了
9353 个正篆,加上 1163 个重文,一共 10516 个字形。《说文叙》
有"今叙篆文,合以古籀"之说,说明它所收的字体主要是小篆,
其他还有和小篆形体不同的"籀文"和"古文"。根据考据,《说
文》古文是战国时除秦系文字以外的其他六国文字。籀文又称
大篆,是周宣王时期初步整理过的文字,是小篆的繁体。古文和
籀文只是选取与正篆不同又符合《说文》选字原则的字形,所以
数量很少。《说文解字》是一部字书,但它不是一般的工具书,它
因解释古代的思想文化经典而具有了与经典同样重要的地位,
是研习经学和文字学不可不读的一部书。

《说文解字》的价值

　　《说文解字》是一部为解释经书而编写的字书。秦始皇焚书

坑儒,立下"挟书令",儒家典籍不能存在民间。汉武帝元光元年(前 134 年)用董仲舒说,提出"罢黜百家,独尊儒术",立博士讲解五经,出现了两种经本和经说。今文经用通行的隶书写成,其经说旨在为当时政治服务,着重阐释义理。古文经是河间献王等发现的孔子壁中书,用古文字写成,其经说旨在还原典籍,解读文献和历史,着重在文字训诂。许慎是古文经学家贾逵的学生,号称"五经无双",才能写出用五经文字解释经义的《说文解字》。

《说文解字》衍生出一个"说文学"(也称"许学")。"学"自书出,是因为"书"里有"学"的精神,从书里开掘出其中的精神,"学"则能得之书而超越书。"说文学"就是中国传统的文字学。它对中华文化和教育的重要影响十分独特,因为它讲的汉字,是一切典籍与文化的基石。要想知道《说文解字》和"说文学"的重要性,我们举出三种前人的评价。

清代吴派考据学大家王鸣盛在《说文解字正义序》中说:"文字当以许氏为宗,然必先究文字,后通训诂,故《说文》为天下第一种书。读遍天下书,不读《说文》,犹未读也。但能通说文,即未读余书,不可谓非通儒。"

我国近代国学大家黄侃,曾列出古代"小学"十部专书,包括字书、韵书和义书。他明确表示,这十部书里,若论重要性,《说文解字》是第一部。

现代文字学家姜亮夫在《古文字学》中说:"汉字的一切规律,全部表现在小篆形体之中,这是自绘画文字进而为甲金文以后的最后阶段,它总结了汉字发展的全部趋向,全部规律,也体现了汉字结构的全部精神。"

这些崇高的评价是因为,《说文解字》这部书,确立了汉字的性质,描写了汉字以义构形的原则,展现了分析汉字的基本方法,奠定了汉字学的基础。同时,它又是古代以文字学通经、通史的最典范的论著,离开了它,想要读懂古代典籍,通晓几千年汉语语言文字史,很难完全做到。

《说文解字》的成就和特点

《说文解字》选择了小篆作为主要的字体,以秦代规范过的《仓颉篇》3300 个小篆为基础,将 9353 个字形聚合在一起。在《说文解字叙》里,许慎说:"至孔子书六经,左丘明述《春秋传》,皆以古文,厥意可得而说。"也就是说,他认为汉字的构造意图是可以讲解的,所用的方法就是汉代以前已经确立的"六书"。《说文解字》以前,"六书"只有名称,许慎第一次在叙言里给"六书"下了定义并提出例字。尽管对"六书"说法不一,但用"六书"的前四书来分析汉字的结构,一直是中国文字学最传统的方法,也是《说文解字》的一个重要的贡献。

许慎自己在《说文解字叙》里已经介绍秦书有八体,各种字体中同一个字也有很多写法,汉字的字体和字形总数已经很多,但《说文解字》每一个字原则上只选一个小篆作正字,采用籀文和古文更少。他选字的原则是要建构一个形义结合的汉字构形系统。这个系统中的字,相互之间具有有序的关系。这里仅举一例:《说文·羊部》:"羊,祥也。""美,甘也,从羊从大。羊在六畜主给膳也。美与善同意。"《誩部》:"善,吉也。从誩从羊。此与义、美同意。"(籀文从誩)《说文》:"义,己之威仪也,从我羊。"这四条训释,虽然没有放在一起,但"羊—美—善—义"从"羊"的理据是一致的,都是因为羊在古代专门作膳食来用,所以从"羊"的字有吉祥、美好之意。"祥—膳—仪"是从"羊"之字再造的字,居于下一个层次,自然也间接与吉善之意相关。这个例子告诉我们:字与字之间的构形和字理具有相互的关系,字可以解字。每个字处在和其他字的关系网中间,也就不能乱解释了。假如有人说,"美"上面的两点是两朵花,那些从"羊"之字都会证明这个讲解是错误的。汉字作为书写汉语的符号,本来就具有这种系统性,但是书写是个人行为,表面看起来很纷乱,如果没有人将这种系统描写出来,一般人是难以看到的。许慎用二十年时间博采通人,将这种构形系统建构起来,使汉字的规律凸显出来,在《说文解字》之后,汉字这种表意文字才能够理性地被理解、被考据、被用来解读文献,汉字学才成了一种科学。

许慎将 9575 个汉字聚合在一起,采用了"建类一首"的办法,创建了汉语独特的"部首"。今天的部首,叫作"查检部首",主要的功用是方便读者在大量的汉字中找出想要查到的那个字。《说文解字》部首我们称之为"结构部首",它的功用首先是把形与义都和部首有关的字类聚在部首之下。哪个字放在哪个部首之下,是要从形义统一的角度来确定的。以"水部"为例。

"水部"是《说文解字》最大的一个部,共有 464 个条目。部内按意义可分成以下 8 段,括弧内是这个小类所有的字数:部首(1),河流名(146),水流声和水流貌(99),水域及泥、沙等与之相关的事物(29),与人生活有关的水利及人在水中的行为(41),雨水及下雨的状态(17),地水状貌(33),饮水与用水以及人的体液(98)。这里可以看作上古关于水的百科全书,而且条分缕析,整理得这样到位。

正因为《说文解字》的部首是结构部首,反映了表意汉字因义构形的特点,所以它的归纳性要低于现代的那些查检部首,分得较细。《康熙字典》的部首从《说文》的 540 部进一步概括为214 部,《新华字典》再概括为 201 部。这一方面说明了现代楷书和简化字由于书写的简化,比起小篆来说,字理有所退化;另一方面也说明在今天,汉字表意特性和构形系统性的理念有所弱化。举例来看《说文解字》的结构部首。

《说文解字》将屮、艸、茻(屮、艸、茻)分成三个部首,这三个字的形体是相互包含的,如果只论形体,本来可以合并为一个。但是这三个部件构造其他字的意图是不一样的:艸就是后来的艹(草字头),它表示草本植物的类别,今天艹部的字,大都在这个部首下。屮是半个艸,但它并不代表艸类,小篆的屯、熏、每(屯、熏、每)都在这个部。"屯"的本义是屯聚,像草苗、树苗初生时聚合力量冲破泥土拱出地面的样子。"熏",《说文》以"火烟上出"来训释;"每",《说文》以"草盛上出"来训释。说明屮带给这些字的构意是向上冒出或生长。而茻部只有莫、莽、葬(莫、莽、葬)三个字,"莫"是"暮"的古字,太阳落在草丛中,说明天晚了。"莽"像一只犬鲁莽地在草丛中奔跑,"葬"像将尸骨埋在草丛中。从这三个字可以归纳出茻在造字时象征草丛、草原。由此可以看出,三个部首的分立不仅仅根据的是字形,同时还要考虑字形中反映出的字理。

《说文解字》的成就和特点还有很多,许慎对收入的每一个字,都将字形和古代书面语确有的词义联系起来,这对继承和还原古代经典会起到多么大的作用! 如果没有《说文解字》,我们对汉字的认识怎能如此深刻! 可知前人对这本书和由它产生的汉字科学的高度评价,并非过诩之词。

《说文解字》在当代的应用

《说文解字》是一部古代的字书,但是因为它在整理汉字、解读汉字、以汉字联系汉语词汇,并且展示汉字的本质特征方面的诸多成就,它在今天还有很重要的应用价值。

这里,我们且不说《说文解字》及《说文》学高端的研究价值,只说它在普及层面上,特别是语文基础教育领域的应用。在小学识字教学里,讲解汉字都要讲解它的结构,老师们需要一种权威的参考书。《说文解字》中蕴藏了丰富的汉字字理的历史资源,对现代汉字的讲解,有着直接的启示,是最好的权威。

《说文解字》的本义解说最具权威性。比如:我们可以从常识判断"转""轮""轨""辐""轴"等字从"车"的意义,因为这些字表示的与车相关的事物今天还存在;但是,"直辖市""管辖"的"辖"字为什么从"车",就需要特别讲解了。《说文解字》告诉我们,"辖"有一个意义是"车键",也就是将轮子固定在车轴两旁的那个装置。这一下让我们了解了两个字的意思——没有辖在外面管着,轮子不可能固定,而车轴两边的固定装置也就决定了整个车的宽度。"辖"因此引申为"管辖"的意思。这个装置也叫"键","关键"的意思也就是因此引申而来。

　　《说文解字》对汉字的训释,可以使我们对词语的意义理解得更深入,不会以今律古,产生偏差。以"除"字为例。它在现代汉语里的常用义是"除去""消除",用这个意思理解数学的"除","除夕"的"除",都很难确切。《说文解字》:"除,殿陛也。"它说明,"除"的本义是宫室前的台阶。台阶每级等高,引申为数学"除法"之意。上下台阶一级一级接替而行,引申而有"更替"的意思。沈括的《梦溪笔谈》说:"以新易旧曰除……阶谓之除者,自下而上,亦更易之义。"所以,"除夕"就是新年、旧年更替的那个晚上。这里还要解释一个特别容易误解的词语,古代人物传记中常有"除官"之说,很多人用今天的词义理解,以为"除官"就是罢官,这就刚好理解反了。《汉书·景帝纪》:"初除之官。"注解说:"凡言除者,除故官,就新官也。"这里的"除"不是"免除",是"更替",也就是换了一个官职,调任新职。

　　《说文解字》既然有解释汉字的实用价值,学习它就很有必要。学习《说文解字》,首先要熟悉它的体例。前面说过,《说文解字》不是一般意义上的字典,没有全面阅读,碰见哪个字查哪个字，查着哪个字就看哪个字，是难以真正读通、用好这部书的。

清代有《说文》四大家，他们各有代表作：桂馥的《说文义证》、段玉裁的《说文解字注》、王筠的《说文示例》、朱骏声的《说文通训定声》，对学习《说文》都有参考作用；但对一般读者来说，参考段玉裁的《说文解字注》就够了。今人介绍《说文解字》较全面易理解的书，可参考中华书局出版的陆宗达先生《说文解字通论》。

《说文解字》一书不是万能的，更不是十全的，古文字较多发掘后，一方面证明《说文》对汉字解说的正确，另一方面也看出在个别地方，它解说汉字还是牵强的，不具有说服力的。许慎拟定的体例也带有理想主义不切实际的一面，汉字毕竟是人文符号，不是数理符号，不可能那样整齐，那样毫无例外，比如，《说文解字》想让部首凑足 $9 \times 6 \times 10 = 540$ 之数，书中就出现了一些冗余、凑数的部首。这些前人都已经指出过，在学习时都应辨别。

（本文作者为北京师范大学文学院教授）

新儒学"最高之结晶品"

怎样读《四书章句集注》

朱杰人/文

钱穆先生说:"朱子学之有大影响于后代者,当以其所治之四书学为首","朱子乃集宋儒理学与自汉以下经学之大成而绾于一身,而集注则其最高之结晶品也。"(《朱子新学案·朱子之四书学》)清人谓朱子致广大,尽精微,综罗百代。他是一个集大成而开世纪的人物。在他宏富的著作中,《四书章句集注》的地位十分重要,钱穆说是"最高之结晶品",诚不为过。

一

"四书"指《大学》《中庸》《论语》《孟子》四种书。"四书"在宋以前并不受重视,也未被列入儒家的经典。《论语》《孟子》在汉代属于幼学之书,而《大学》《中庸》只是《礼记》的两个章节。到了宋代,《论语》《孟子》的地位开始提高,《中庸》则在南北朝因道教与佛教的广泛传播而受到关注。被关注的原因是因为其性命、心性之说与佛、道有某些相契之处,儒家的学者喜欢用来与佛、道对话或辩论。《大学》则因二程的提倡而被彰显。二程经常以《大学》开示学生以入道学之门。在北宋,张载、二程等学者,对《大学》《中庸》《论语》《孟子》都非常推崇,这四种书成为他们传道与教学的重要读本。但真正确立"四书"之名,并建立四书学体系的还是朱子。南宋淳熙九年(1182年),朱子在婺州(今浙江金华)将《大学章句》《中庸章句》《论语集注》《孟子集注》集为一编,刊刻出版,名为《四书章句集注》,从此,"四书"之名正式成立,也标志着朱子四书学体系的最终完成。

朱子著《四书章句集注》,与他构建理学(新儒学)体系和儒家道统有密切关系。朱子认为,儒家的道统自伏羲、尧、舜、禹直到孔子,孔子以后颜子、曾子继之,曾子以后子思、孟子继之,孟子以后道统就失传了。一直到二程才重新接续上了儒门的道统之传。这中间相隔一千余年。朱子的这一说法虽然有点夸张,但基本揭示出了一个事实:孟子以后,儒家的思想、学说由盛渐衰,慢慢地趋于边缘化。儒家的学说被边缘化,一个重要的原因是外来文化——佛教对本土文化儒学的冲击与阻断。这是一个渐进的过程,但却是一个大有取而代之之势的颠覆性过程。我们看唐、宋二代,不但君王信佛,知识分子也大多是佛教徒。杜牧的诗"南朝四百八十寺,多少楼台烟雨中",就形象地写出了佛教寺院远远多于儒学书院的社会现实。佛教之所以对儒学有如此巨大的冲击力,和儒学本身的体系漏洞有关。孔子的原始儒学,所要解决的问题是修(修身)、齐(齐家)、治(治国)、平(平天下），他的哲学还来不及触及两个重大的哲学命题——人心的本源与宇宙的本源。这就给佛教留下了巨大的空间。一旦佛教进入中土，便迅速地占领了中国人的思想空间，久而久之，儒学就被边缘化了。

儒学被边缘化还有一个儒学体系本身的问题——经典的繁琐与老化。朱子的学生黄榦说："千有余年之间，孔孟之徒，所以推明是道者，既以煨烬残缺，离析穿凿，而微言几绝矣。"离析穿凿，是汉唐以后儒学的最大弊端。离析，就是经典的繁琐化、复杂化、学究化；穿凿，就是解释经典的牵强、附会和泥古不化。唐太宗命孔颖达修《五经正义》，固然有抢救学术之功，但儒家的经典被定于一尊，从此化为国家的意志，被固化、被封闭、被教条，从而失去了活的生命力。另外汉以后的儒学主要的兴趣和关注点在章句训诂之间，所谓"吾道之所寄，不越乎言语文字之间"，而对儒家经典义理的探究与阐释却"晦盲否塞"（《大学章句序》）。这就使儒学的真谛被淹没，儒学的精神就此迷失。

朱子自觉地承担起改造儒学、重建儒学的历史使命，构建了庞大、精密的理学（新儒学）的学术与思想体系。《四书章句集注》则是这一建构工程中的重点项目。

二

朱子作《四书章句集注》沿袭了孔子"述而不作"的传统——不是另起炉灶，另立系统，而是对原有的系统添砖加瓦、拾遗补阙,在添、加、拾、补之中构建起自己的理论体系与学术大厦。

《大学》《中庸》《论语》《孟子》四部书的注释采取了两种不同的方法。《大学》《中庸》叫"章句"。所谓章句,是从汉代就形成的一种著述文体,它以分章析句的方法来解说古书,包括划分段落、分析词义、串讲文句等。这是一种最常见的注释古书的方式。《大学》和《中庸》采用章句的方式,有一个重要原因:这两篇文献原在《礼记》中,朱子认为《礼记》中的这两篇文献有的有错简,有的经文与传文不分,所以它们的分章析句是有问题的,有必要加以重新考订梳理,从而整理出一个可靠的全新的文本。《四库全书总目提要》说:"《大学》古本为一篇,朱子则分别经传,颠倒其旧次,补缀其阙文。《中庸》亦不从郑注分节。故均谓之'章句'。"(《四库全书总目提要》卷三十五《大学章句》条)

《论语》《孟子》则曰"集注"。四库馆臣说:"《论语》《孟子》融会诸家之说,故谓之集注,犹何晏注《论语》,裒八家之说称集解也。"(《四库全书总目提要》卷三十五《大学章句》条)据台湾学者陈逢源统计,《论语集注》引用汉宋诸儒注解九百四十九条,采用当朝学者说法六百八十条;《孟子集注》引用汉宋诸儒注解一千零六十九条,采用当朝学者说法二百五十五条。(《朱熹与四书章句集注》)

朱子认为,学术的发展必须兼取众家之长。所以,他在作集注时就着力于"遍求古今诸儒之说"。(《论语要义目录序》,《朱子文集》卷七十五)朱子在采集众家之说时,择善而从,绝无门户之见。比如,他对王安石父子的学说并不认同,但在"集注"中依然采用了王氏父子一些解说。朱子采用诸家之说，博取而不失原则，他最看重的是二程及其门人朋友的成果。尤其是在阐释义理的时候，唯二程之说为尊更是其不变的原则。

三

为什么"四书"成为朱子新儒学体系的经典？研究"四书"的内容可以找到答案。

朱子曾经对如何读"四书"给出了一个顺序："某要人先读《大学》以定其规模；次读《论语》，以立其根本；次读《孟子》，以观其发越；次读《中庸》，以求古人之微妙处。"（《朱子语类》卷十四）这样排序，当然有一个难易的问题。朱子读书法一向提倡由易而难，由浅入深，读"四书"的顺序恰是朱子这一思想的体现。但是，在难易的背后，还有一个深层次的原因，这和四本书的内容有关。

《大学》一书，有著名的三纲领、八条目之说。所谓"三纲领"，就是"明明德""新民""止于至善"；所谓"八条目"即"格物""致知""诚意""正心""修身""齐家""治国""平天下"。可见，它是一部讲政治哲学与个人身心修养的书。朱子说，读《大学》可以"定其规模"，就是指人的修养与政治意识的格局，也即能否达致"内圣外王"之道。这是一个人能否立足于社会，报效于国家的基础。这个基础打扎实了，然后才有可能说及其他。

《论语》记录了孔子的思想和言行，是一部语录体的著作。

朱子说:"《论语》之言,无所不包。"(《语孟集义序》,《朱子文集》卷七十五)东汉的赵岐说:"《论语》者,五经之錧鎋,六艺之喉衿也。"(《孟子注疏·题辞解》,《十三经注疏》)所以朱子说"次读《论语》以立其根本"。

《孟子》的作者历来说法不一,杨伯峻先生认为司马迁的说法比较靠谱:"退而与万章之徒序《诗》《书》,述仲尼之意,作《孟子》七篇。"(《史记·孟荀列传》)就是说,《孟子》的作者是孟子自己。《孟子》最大的贡献是从心性论、修养论、义利观、政治论等方面发展和丰富了孔子的思想,把儒学推上了一个新的境界。所以朱子说"次读孟子,以观其发越"。

《中庸》是孔子的孙子子思所作。以朱子为代表的理学家们从中开发出心性、道德、伦理、形气、知觉、人心、道心等等哲学问题。朱子说"次读《中庸》以求古人微妙处"。所谓"微妙处",就是指深入到了宇宙、人性等深层次的哲学领域了。自然,这是最难读的,所以要放在最后。

四

读《四书章句集注》还要注意一些方法上的问题。

《四书章句集注》是一种用注释的方法来阐发自己思想的著作。所以在读这一类著作时一定要注意把原文与注文对照、联系起来读。不能只读原文,不读注文;也不能只读注文,不读原文。原文与注文是一个整体,互为表里,互为支撑。我们在读

"四书"时,往往会以自己已有的知识来理解经典,读了原文自以为懂了,就把注文跳过去了。殊不知,这恰恰会把自己的认知局限住。比如,《论语·阳货》:陈亢问于伯鱼曰:"子亦有异闻乎?"对曰:"未也。尝独立,鲤趋而过庭。曰:'学诗乎?'对曰:'未也。''不学诗,无以言。'鲤退而学诗。他日又独立,鲤趋而过庭。曰:'学礼乎?'对曰:'未也。''不学礼,无以立。'鲤退而学礼。闻斯二者。"陈亢退而喜曰:"问一得三,闻诗,闻礼,又闻君子之远其子也。"读了这一段,一般都会以为陈亢所言"君子远其子",是指孔子与儿子也是保持一定距离的。但是,朱子注引"尹氏曰":"孔子之教子,无异于门人,故陈亢以为远其子。"原来,陈亢的理解是错的,朱子说,这是说明孔子对自己儿子的教育和对其他学生是一样的,没有亲疏之分。如果不读朱子注,我们岂不是也要犯和陈亢一样的错误吗?

读《四书章句集注》还要了解朱子注的体例。关于《四书章句集注》的体例,朱子的儿子朱在曾作过详细的说明:"《集注》于正文之下,止解说字训文义与圣经正意。如诸家之说,有切当明白者,即引用,而不没其姓名。如《学而》首章,先尹氏而后程子,亦只是顺正文解下来,非有高下去取也。章末用圈而列诸家之说者,或文外之意,而于正文有所发明,不容略去。或通论一章之意,反复其说切要而不可不知也。"(朱彝尊《经义考》卷二百一十七)在读注释时一定要分清层次,弄清哪些是引文,哪些是朱子的话。

《四书章句集注》毕竟是几百年前的著作,今天一般的读者在阅读时依然会有语言上的障碍。我建议读者可以参阅朱子的其他几种书：《四书或问》《论孟精义》以及《朱子语类》中的有关章节。朱子有一个学生叫陈淳，是朱子晚年最得意的门生。陈淳写过一本书叫《北溪字义》，这本书把《四书章句集注》中有关重要的词语、名词一一加以解释，对读懂"四书"很有帮助。如果有进一步的阅读需求，可以读明人编修的《四书大全》。另外，近人沈知方主编、蒋伯潜注释的《语译广解四书读本》也是一本很不错的辅助读物。

（本文作者为华东师范大学古籍研究所终身教授）

史·高处眼亮

怎样读《国语》

何　晋/文

　　《史记·太史公自序》中说："左丘失明,厥有《国语》。"司马迁认为,《国语》的作者是左丘明。历史上确有左丘明其人,《论语》里记载有孔子谈到左丘明的话："巧言、令色、足恭,左丘明耻之,丘亦耻之。匿怨而友其人,左丘明耻之,丘亦耻之。"(《论语·公冶长》)可见左丘明在历史上还是个大人物。《史记》中还记载,这位鲁国的左丘明担忧弟子们在读《春秋》时出现误解,失了孔子的原意,所以还专门编著了《左传》来解释《春秋》。《史记》的这个说法影响很大,班固在《汉书·司马迁传》中即认同此说:"孔子因鲁史记而作《春秋》,而左丘明论辑其本事以为之《传》,又纂异同为《国语》。"意思是孔子在鲁国史书的基础上作了《春秋》,左丘明为解释《春秋》而编著了《左传》,同时他又把一些或同或异的材料用来编著了《国语》。所以在汉代,《国语》和《左传》曾被看作是记载春秋历史的姊妹著作,称《左传》为《春秋内传》,称《国语》为《春秋外传》。虽然《国语》从来未得到像《左传》那样的重视，不过从东汉开始也有一些大学者为其作注，如当时贾逵、郑众曾为之作注，三国时有虞翻、韦昭、唐固为之作注，只是后来仅韦昭注流传下来。

但宋朝时就有人开始怀疑司马迁的这个说法，宋人陈振孙已发现《国语》与《左传》在内容上存在一些相异之处。例如，齐桓公举兵伐楚，在陈述讨伐原因时，《左传》中记载是斥责楚国不向周王献贡苞茅，而在《国语》中则是让楚国向周王贡丝；晋楚鄢陵之战中，晋国大败楚军，连楚共王眼睛也中了箭，晋军能获胜的一个重要原因，是晋军中有楚国人为晋国提供楚军的详细情报，这位楚国人，《左传》中记载是苗贲皇，《国语》则记载是雍子。齐桓公的那次征楚，以及晋楚之间的鄢陵之战，这两件事都是春秋时期影响重大的历史事件，然而在《国语》《左传》二书中的记载却存在如此差异。近现代以来，中外皆有学者对《国语》的作者为左丘明提出质疑，关于这个人本身的研究也存在着许多争论，问题很多，例如他的名字，有人说他姓左名丘明，也有人说他复姓左丘名明；又如关于他的时代，有人认为他比孔子早，有人认为他和孔子同时，也有人认为他是孔子的学生，时代要晚于孔子。不管怎样，现在看来，实际上并没有确凿的证据，能表明左丘明就是《国语》的作者。此外，二书的写作文体也不太一样，瑞典汉学家高本汉对《左传》文法进行了详细考察，证明《左传》与《国语》二书的语法存在很大的差异，也可见二书并非一人所作。

《国语》中《晋语》的内容最多，差不多占全书一半的篇幅，《齐语》《郑语》《鲁语》各一卷，内容较少；此外书中没有关于秦国的记载,可见编撰者应该不熟悉秦国或得不到秦国的有关资料。近代学者卫聚贤根据《国语》对吴、越历史的详细记载及其他迹象,认为《国语》可能是楚人的作品,其编定时间大约在战国中前期。

《国语》是中国历史上第一部国别体史书,它记载了西周中期到春秋战国之交约五百年间周王朝及诸侯国的历史。"国语"可以理解为"各国之语"。"语"是先秦时期历史记载书籍中的一个类别,其特点是重在记言,而所记之言语大多是关于国事的对话或议论,往往充满政治警句和统治智慧。楚庄王请人教育培养楚国的太子,教授太子的内容中就有"语"这一类书籍:"教之《语》,使明其德,而知先王之务用明德于民也。"(《国语·楚语上》)意思是用《语》教授太子,从而让太子懂得先王们的治国经验,在于以明德治民。文献记载先秦时期君举必书,左史记言,右史记事,可见记"言"在历史叙述中的重要性。比《国语》更早的《尚书》,其中就已有不少君臣之间的政论、谋议、对话如"谟""诰"这类的记言内容,《国语》记各国之语,可以看作是对这一传统的继承和光大。我们不太能确定其中不少那些看起来比较私密的谈话是否真是当时原始的档案记录,或许更多是后人整理加工亦未可知,但显然这些内容是重要的,因为它们当时不仅仅是被看作档案记载或历史事实,更重要的是还被认为可以作为历史借鉴和政治智慧,用于治国治人。由此可见,中国的史书从一开始产生,便有明显的资治目的和功用。前事不忘,后事之师,这就是读《国语》的意义。

　　《国语》全书分八国记事，依次为《周语》《鲁语》《齐语》《晋语》《郑语》《楚语》《吴语》《越语》。除了其中《周语》记载西周、春秋之事，其他各国，则基本都只记春秋之事。总体来说，《国语》全书记载西周的事并不多，所记主要还是春秋时期各国之事。所以，这使得《国语》和另外一本也记载春秋历史的史书《左传》，在内容上便有一些重合的地方。但《左传》是编年体史书，把鲁国及各国历史纳入到鲁国十二公各年之下，按年代先后逐年、逐月记载，融各国为一体；《国语》则把全部所记内容分为二百四十多个条目，分散到八国之中，而各条目前后彼此之间互不连属，在内容上也没有什么紧密必然的联系，若把此书看作是一资料汇编，大概也不为过。此外，《左传》重在记事，往往详述史事的过程；而《国语》则重在记言（但也不完全排除记事），往往通过言论来反映一些史事。《国语》虽然在系统叙事上比《左传》要逊色不少，但它在个别史事的记载上也有比《左传》更详细的地方，可补《左传》的不足。例如春秋五霸之一的晋文公，历经千辛万苦后回到晋国做了国君，尽力于百姓之事，但《左传》只笼统说晋文公"入务利民"，而在《国语》中则详细记载了晋文公"利民"的具体措施："弃责（债）薄敛，施舍分灾，救乏振滞，匡困资无，轻关易道，通贾宽农，务穑劝分，省用足财，利器明德，以厚民性。"

　　不过，《国语》中的绝大部分内容还是以记言为主，正如上所述，记言可能本身不是目的，而是为了从中得到成败得失祸福的借鉴，所以基本句句充满警醒，篇篇都有训诫。我们就来看看《国语》的首卷《周语》中记载的一些篇章。首章记载周穆王将征伐犬戎,周王的卿士祭公上谏阻止,说:"不可。先王耀德不观兵。夫兵戢而时动,动则威;观则玩,玩则无震。"意思是周的先王们昭显的是德,而不是显摆武力,即便召集军队,也是农闲时该出动的时候才出动,而一旦出动就必须威震天下。显摆军队是滥用武力,滥用武力就没有震慑。祭公在谏言中陈述了周先王后稷、不窋、武王的事迹,认为现在不当征伐犬戎。这一整章几乎都是祭公的话,只在章末有简短的一句叙事:"王不听,遂征之,得四白狼、四白鹿以归。自是荒服者不至。"然而这一句,却是全章的点睛之笔,旨意所归。是说周穆王不听劝阻,遂征犬戎,获得犬戎献上的四只白狼、四只白鹿而归,看起来似乎是打了胜仗,实际上却失去了在诸侯那里的威信,从此远方的诸侯就不再来朝了。第二章是个小故事,讲周恭王出游于泾水之上,密国国君密康公随行,有人私自送来三位美女,密康公之母谏言康公:"众以美物归女(汝),而何德以堪之? 王犹不堪,况尔小丑乎? 小丑备物,终必亡。"意思是众人送美女给你,你有何德可以享受? 连周王都可能不能享受,何况你这样在下位的。在下位的人若铺张享受,终归会灭亡。同样,章末缀以简单的一句:"康公不献。一年,王灭密。"最终密康公不听谏言,没把美女献给周王,而是自己留了下来,最终被周王灭国。第三章讲的是中国历史上有名的一件事,周厉王暴虐无道,国民批评厉王,厉王就派人监视,发现有人批评就抓起来杀了,于是"国人莫敢言,道路以目"。周厉王高兴地告诉召公说:我终于能让大家的批评意见消下去了! 但召公说:"是障之也。防民之口,甚于防川。川壅而溃,伤人必多,民亦如之。是故为川者决之使导,为民者宣之使言。"召公说你这不是消下去而是堵住了。想要堵住人民的口,比堵河还难。河堵不住了而溃流,会严重到伤人无数,堵人民的口也是一样的。所以治理河流的人一定是疏而不是堵,管理百姓的统治者也一定要让大家有意见就能表达出来。召公的话远不止这里引用的几句,其他内容读者可自行去翻阅。总之,召公的谏言仍然占据了这一章的主要内容;还有,章末也仍然有这么一句:"王不听,于是国人莫敢出言,三年,乃流王于彘。"周厉王不听召公之谏,从此国民没有人敢发声,三年之后,国民暴动把周厉王驱逐出国都流放到彘地。通过举例的这三章,聪明的读者想必已能从中略微领会到《国语》记言训诫的模式了。

不过,《国语》中也不是所有的篇章都像《周语》这样,大致来说,其中《鲁语》《晋语》《楚语》和《周语》相似,在一国之中,记言均按时间先后,且所记甚多,这是一类。还有另一类比较特别,即《齐语》《郑语》《吴语》《越语》,只专记一国中之一事。如《齐语》,则只记载了管仲辅佐齐桓公称霸一事之始末;如《郑语》,纯粹只记郑桓公与史伯之间的问答;如《吴语》,则基本可视为吴王夫差一人之传记;如《越语上》与《越语下》,虽都记勾践灭吴,但却大有出入,《越语上》只记越王勾践兵败复仇之事,是以勾践为中心,而《越语下》则多记范蠡之事,无疑是以范蠡为中心。我认为,这已是以人物为中心的传记体之滥觞了。

(本文作者为北京大学历史系教授)

贤相的传记
怎样读《晏子春秋》

董文武/文

　　《晏子春秋》是一部记述春秋后期齐国著名政治家、思想家晏婴的言行事迹的古典文献，是研究晏子以及当时社会历史的重要资料。晏子(? —前500年)，名婴，字平仲，夷维(今山东高密)人。春秋末期齐国大夫晏弱之子，先后事灵公、庄公，相景公，前后五十余年。《晏子春秋》记载的事情主要是发生在景公时期。

　　《晏子春秋》共八卷，分为内篇和外篇两个部分，内篇六卷即刘向所谓的"义理可法，皆合《六经》之义"者，有《谏上》《谏下》《问上》《问下》《杂上》《杂下》等；外篇二卷即刘向所谓的"复重，文辞颇异"及"颇不合经术，似非晏子言，疑后世辩士所为者"各一篇(《晏子叙录》)。全书共二百一十五章，各章长者数百字，短者几十字。这些篇章，既有历史上真实的晏子的言论事迹，又杂合了大量民间传说，记载了人们心目中的晏子的思想言行，塑造了晏子这位为政贤明、堪称楷模的杰出政治家形象。

《晏子春秋》的作者争议

唐代以前，一般都认为《晏子春秋》是晏婴自著。从柳宗元开始提出怀疑后，历代学者对于《晏子春秋》作者问题各抒己见，概括起来大致有以下五种意见：

（一）晏子即晏婴。《别录》《七略》《汉书·艺文志》《隋书·经籍志》《通志·艺文略》《旧唐书·经籍志》《新唐书·艺文志》《崇文总目·儒家类》《直斋书录解题·儒家类》等历代目录学著作都持此观点。

（二）齐国墨子之徒。唐代柳宗元说："司马迁读《晏子春秋》，高之，而莫知其所以为书。或曰晏子为之而人接焉，或曰晏子之后为之，皆非也。吾疑其墨子之徒有齐人者为之……盖非齐人不能具其事，非墨子之徒则其言不若是。"（《柳河东集》卷四《议辩·辩晏子春秋》）

（三）齐国或久住齐国的人。今人高亨认为："作者当是齐国人，或久住齐国的人。当时齐国有自己的史书，而民间和士大夫间，有许多关于晏婴的传说。作者大概是根据传说及史书而写成的。"（《〈晏子春秋〉的写作时代》）

（四）秦博士淳于越。今人吴则虞提出："《晏子春秋》的成书，极有可能就是淳于越之类的齐人，在秦国编写的。"（《晏子春秋集释·序言》）董治安的《与吴则虞先生谈〈晏子春秋〉的时代》、谭家健的《〈晏子春秋〉简论——兼评〈晏子春秋集释·前言〉》等论文均已详辩其误。

（五）六朝后人伪造。清代学者管同说："吾谓汉人所言《晏子春秋》不传久矣，世所有者，后人伪为者耳。……其文浅薄过甚，其诸六朝后人为之者与？"(《因寄轩文初集》卷三《读晏子春秋》)山东临沂银雀山汉简的出土已经证明其误。

在此问题上，高亨的观点是中肯的。从《晏子春秋》反映的信息观察，作者熟习齐地情况，我们虽然无法确知该书的作者到底是谁，但可推知作者是西汉初期齐地人或久居齐地的人。大概正因如此，《晏子春秋》撰成后在齐鲁地区广泛传播，山东临沂银雀山西汉墓中《晏子》的出土可以为证。

《晏子春秋》的成书年代

从汉到唐，一直把《晏子春秋》的作者定为晏婴，其成书时间自然也被认为在春秋末期。然而关于《晏子春秋》的成书年代一直存在着分歧，大致有以下四种观点：战国说、秦朝说、汉初说、六朝说。

这四种见解各有所论，综观前人研究，《晏子春秋》成书于西汉初年证据更为充分，被接受程度较广。理由有二：第一，清末学者王先谦在《诗三家义集疏》里把《晏子春秋》的引《诗》说成是《齐诗》学派。今人吴则虞经过考证认为："《晏子春秋》的引《诗》与《齐诗》并不相同，而恰恰和《毛诗》是同一学派。"(《晏子春秋集释·序言》)由此可知，《晏子春秋》的成书当在《毛诗》之后。

第二，西汉贾谊的《新书》、司马迁的《史记·管晏列传》和刘安的《淮南子·要略》等已征引过该书，而刘向的《别录》、刘歆的《七略》和班固的《汉书·艺文志》也都著录过该书，所以《晏子春秋》成书年代应当在此之前，具体来说应在最早成书的《新书》之前。因此《晏子春秋》的成书在西汉初年著作《毛诗》和《新书》之间。

《晏子春秋》的学派归属

《晏子春秋》不仅是一部具有政治思想色彩的古典文学作品，更是研究春秋战国时期历史、哲学、文学的重要文献资料。学术界关于其学派归属的争论，主要有以下四种说法。

（一）儒家说。《别录》《七略》《汉书·艺文志》《隋书·经籍志》《旧唐书·经籍志》等认为《晏子春秋》属于儒家学派。这种说法在唐代以前基本没有异议，刘歆的《七略》与班固的《汉书·艺文志》最早把《晏子春秋》列入"子部书"中，并奉为"儒家者流"的首篇。另有近人吕思勉指出："今观全书，称引孔子之言甚多，引墨子之言者仅两条。诋毁孔子者，惟外篇不合经述者一至四四章耳。陈义亦多同儒家，而与墨异，以入墨家者非也。"（《经子解题·论晏子春秋》）。

（二）墨家说。柳宗元最早提出此种说法："墨好俭，晏子以俭名于世，故墨子之徒尊著其事，以增高为己术者。且其旨多尚同、兼爱、非乐、节用、非厚葬久丧者，是皆出墨子。又非孔子，好言鬼事，非儒、明鬼又出墨子。其言问枣及古冶子等尤怪诞，又往往言墨子闻其道而称之，此甚显白者。……后之录诸子书者，宜列之墨家。非晏子为墨也，为是书者墨之道也。"(《柳河东集》卷四《议辩·辩晏子春秋》)其后，此说风靡一时，流传甚广。宋代晁公武的《郡斋读书志》和马端临的《文献通考·经籍考》均将其列入墨家类。

（三）亦儒亦墨说。近人张纯一提出"综核晏子之行，合儒者十三四，合墨者十六七"，所以认为"其学盖原于墨、儒，兼通名、法、农、道"(《晏子春秋校注·叙》)。但此说提出后只有少数学者支持，影响不大。

（四）非儒非墨说。近人吴则虞认为："儒家学说的建立，一般断自孔子，晏婴年辈在孔子之前，那时并无所谓儒者之业，可见列入儒家学派不一定恰当。墨子尚俭，晏子也尚俭，两书相同之处只此一端，凭此一端划入墨家，也不合事实。"所以主张非儒非墨说，认为其"确是一部古典短篇小说集"(《晏子春秋集释·序言》)。

《晏子春秋》体现的是晏子的思想，不应将其简单地归为哪一家，其思想是齐文化的重要组成部分，读者在阅读此书时可从这一角度更好地去理解它的思想内容与精华。

《晏子春秋》的思想内容

《晏子春秋》是研究晏子思想的重要著作。该书反映出晏子作为一位政治家，提出了一系列关于政治、经济、哲学、法律、军

事、外交等方面的重要主张,形成了较为全面的思想体系和治国方略,其主要思想包括以下三个方面:

(一)重民思想。重民爱民,轻徭薄赋。晏子说"君民者,岂以陵民?社稷是主"(《杂上》),又说"意莫高于爱民,行莫厚于乐民"(《问下》),还说"不以饮食之辟害民之财,不以宫室之侈劳人之力"(《问上》)。

(二)政治思想。第一,举贤任能,反对谗佞。晏子说"举贤官能,则民与若矣"(《问上》),又说"佞人谗夫之在君侧者,好恶良臣,而行与小人,此国之长患也"(《外篇第七》)。第二,廉洁节俭,克己奉公。晏子说"廉者,政之本也;让者,德之主也",又说"廉之谓公正,让之谓保德"(《杂下》)。第三,以礼治国,依法行政。晏子说"夫礼者,民之纪,纪乱则民失,乱纪失民,危道也"(《谏下》),又说"诛不避贵,赏不遗贱","刑罚中于法,废罪顺于民"(《问上》)。

(三)哲学思想。第一,尊重自然,轻视鬼神。春秋时期迷信鬼神盛行,景公出猎时曾遇见虎蛇,以为不祥,晏子则认为:"今上山见虎,虎之室也;下泽见蛇,蛇之穴也。如虎之室,如蛇之穴,而见之,曷为不祥也?"(《谏下》)第二,遵循规律,天人相分。对于盛衰生死,晏子认为这些都是自然界的规律,表现出了朴素的唯物论和辩证法的观点:"夫盛之有衰,生之有死,天之分也。物有必至,事有常然,古之道也。曷为可悲?"(《外篇第七》)

《晏子春秋》中的晏子爱民、任贤、尚俭、重礼等形象,基本符合历史的真实。晏子主张爱护百姓、廉洁节俭、减赋省刑,反对穷奢极欲、横征暴敛、滥施酷刑，这些观点既具有儒家思想，又含有墨家思想。晏子从齐国国情出发，制定了一系列的内外施政方针，其保国安民的政治主张在当时无疑是有其进步意义的。

《晏子春秋》的版本选择

《晏子春秋》一书在历史流传中，篇数主要有七卷、十二卷和八卷本之说。第一，唐代通行七卷本，张守节的《史记正义》曰："《七略》云《晏子春秋》七篇。"司马贞的《史记索隐》也称："婴所著书名《晏子春秋》。今其书有七篇。"(《史记 · 管晏列传》)《隋书 · 经籍志》《旧唐书 · 经籍志》均著录为七卷。"盖后人以篇为卷，又合杂上下为一篇。"(吕思勉《经子解题 · 晏子春秋》)第二，宋代通行十二卷本，如《崇文总目》《直斋书录解题》《郡斋读书志》和《文献通考 · 经籍考》等均著录为十二卷。第三，元明清以八卷本为主，元刻本(吴方山藏书)，明成化间刊本(怀仙楼藏)、明活字本，清《四库全书》本均为八卷本。现在流传于世的多系明緜眇阁刻本八卷。

《晏子春秋》的校注本，清人主要有钱熙祚校《晏子春秋》七卷、卢文弨《晏子春秋校正》一卷。近人主要有吴则虞的《晏子春秋集释》(中华书局 1962 年版)、骈宇骞的《晏子春秋校释》(书目文献出版社 1988 年版)、张纯一的《晏子春秋校注》(中华书局 2014 年版)，这几个版本适合研究者使用。

《晏子春秋》的译注本，主要有孙彦林的《晏子春秋译注》(齐鲁书社 1991 年版)、李万寿的《晏子春秋全译》(贵州人民出版社 1993 年版)、石磊的《晏子春秋译注》(黑龙江人民出版社 2003 年版)、卢守助的《晏子春秋译注》(上海古籍出版社 2012 年版) 等,这几个版本适合初学者使用。其中李万寿的《晏子春秋全译》,每篇按原文、注释和译文依次排版,原文以吴则虞的《晏子春秋集释》作底本,注释参考了张纯一的《晏子春秋校注》,同时以骈宇骞整理出来的银雀山汉墓出土的《晏子》十六章对校吴本的有关章节,译文以直译为主,个别地方采用意译,方便兴趣爱好者阅读。

(本文作者为河北师范大学历史文化学院教授)

纵横策士的风采史

怎样读《战国策》

郭　丹/文

《战国策》，又称《国策》，是先秦时期一部重要的经典著作。中国历史上的"春秋"之称，是从当时鲁国编年史《春秋》一书而得名的。"战国"一词，虽然在战国时代已有，但只是用来指称当时的七大强国。不过汉人也有称战国的，如刘向。又因为《战国策》经过西汉刘向的整理命名之后，"战国"作为继春秋之后一个时代的名称，遂为后代学者所共认。《战国策》在未经整理校定之前，有《国策》《国事》《短长》《事语》《长书》《修书》等名称。整理校定之前，《战国策》卷帙颇为混乱，文字错讹甚多。西汉刘向就中秘所藏之书，以国分别，以时相次，去其重复，校成定本，分东周、西周、秦、楚、齐、赵、魏、韩、燕、宋、卫、中山十二国，合为三十三篇，定名为《战国策》。

《战国策》是一部史书，但却不是一部信史。它虽是分国记事，但不像《左传》那样按照编年的次序记载历史，与其说它是一部国别史，毋宁说它是一部记录战国时代纵横家游说各国的活动和说辞及其权谋智变斗争故事的汇编。不过,尽管《战国策》非信史,这部奇书却为我们描绘出战国时代纵横捭阖的时代风貌与瑰丽恣肆的人文精神。

与《左传》以儒家思想为主导完全不同的是,《战国策》展现了全新的、"独创的"纵横策士的思想,洋溢着鲜明的时代气息。

《战国策》里首先高唱的是重士贵士的思想,在《齐策四》的《齐宣王见颜斶》章里,颜斶公开亮出了"士贵耳,王者不贵"的口号,对于传统的"王者贵而士人贱"的观念给予极大的冲击。同样的,策士王斗要见齐宣王,竟要齐宣王亲自来迎接。(《齐策四》)"趋势"还是"趋士",成为检验士人与君王态度的标准。贵士、重士的思想观念,不但是策士阶层本身的存在与追求,也为一些思想敏锐的国君所接受。秦昭王见范雎,又是"屏左右",又是"虚无人",一而再地"跪而请",礼节隆重,态度恳切,完全丧失了君王至高无上的尊严和威风(《秦策三》)。至于燕昭王,则筑黄金台大规模地求士了。作者刻意突出士的重要作用,宣扬贵士重士的思想,体现了战国时期对知识和士人的尊重。

其次是赤裸裸地宣扬重利轻义的价值观与鄙视传统的行为准则。战国时期的纵横策士,并非有始终如一的政治主张,当然更谈不上信仰。纵横之术,不过是他们猎取富贵功名的工具。苏秦始将连横说秦惠王,虽使出浑身解数而惠王不用。在秦国碰了一鼻子灰,苏秦回到家里又受到家里人的冷落,此时他说的一句话,颇能揭示当时的心态:"安有说人主,不能出其金玉锦绣,取卿相之尊者乎?"(《秦策一》)"取卿相之尊",就是他的精神支柱,也是他顽强进取的力量。苏秦感叹:"贫穷则父母不子,富贵则亲戚畏惧。人生世上,势位富贵,盍可忽乎哉?""势位富贵"是他的最高理想。同样的像张仪,尽管不断受挫,但"舌在足矣",支持他的也是要猎取"势位富贵"。纵横策士以追求富贵作为自己的理想,以有利可图作为自己行动的准则,公开打出"争名者于朝,争利者于市"的旗帜。吕不韦以商人贾利的算计立秦异人,秦宣太后甚至以"髀加妾之身""少有利焉"这样粗俗的比喻决定是否出兵救韩。这与儒家的"君子不言利"的价值取向相去甚远。

与追逐功利思想紧密相联的,是对礼义诚信的否定。《左传》有浓厚的崇礼倾向,然而在《战国策》中,作者鼓吹的是不择手段追逐功利的人生哲学,什么礼义诚信,忠孝廉耻,都被摧毁得七零八落,丝毫无法规范士人们的行为。在战国时代,礼义诚信受到冷落与鄙弃,已是很普遍的情况。苏秦说秦失败与说赵成功之后家人对他截然不同的态度,已足以说明在当时的一般家庭当中,维系家庭成员之间关系的,已不再是"虚伪"的孝悌礼义,而是功名富贵。战国策士否定礼义,鄙弃传统的价值观与行为准则,崇尚的是权谋,是对背信弃义的无所谓。正如刘向所说是"捐礼让而贵战争,弃仁义而用诈谲"(《战国策序录》)。张仪以六百里地骗楚怀王之事,大家最为熟悉。同类的例子还不少。真正代表《战国策》一书的主要倾向的,是以苏秦、张仪等人为代表的纵横家的思想。纵横家的思想,表现出强烈的反传统精神。无怪乎后人惊呼:"《战国策》,叛经离道之书也。"(李梦阳《刻战

国策序》)

　　战国的时代,是众士如云唱大风的时代。《战国策》真实地展现纵横策士的风采。其中最具代表性的人物是苏秦和张仪。苏秦起于"草根",不过"穷巷掘门,桑户棬枢之士耳",他曾自称为"东周之鄙人"。张仪也经历过失败的痛苦,和苏秦一样,有着坚忍不拔、顽强进取的精神。他们都是由失败走向成功的纵横家英雄。多智善谋,或者说擅于"长短纵横之术",是战国策士们最大的本领。智慧的运用,又转化为具体的谋略与计策。范雎的"远交近攻"的策略,冯谖为孟尝君经营三窟,邹忌讽齐威王纳谏,不能不说是策士智谋的成功。甚至一位女子齐君王后,也能以"引椎击破玉连环"的智慧击碎秦王的挑衅。智慧的运用,在于深刻地把握种种矛盾的复杂关系,充分利用诸矛盾之间的交叉点与空隙,把握矛盾冲突中所产生的有利机制,利用矛盾,制裁他人。策士游说诸侯,要洞悉天下大势,熟知各国的历史和现状,把握列国之间错综复杂的关系与恩恩怨怨,还要准确掌握此时此地人主的心态,投其所好,才能成功。战国是一个崇尚智慧的时代。智谋策略是策士的资本,反映了知识阶层的智能与价值。作者大力崇尚智谋策略,与其重士贵士的思想倾向是相一致的,同样也是一种历史的进步。作者描绘了众多奇智异策的诡谲多变与成功,无疑为策士这一人物群像增添了异彩。

　　再者,《战国策》大量地展示了纵横策士们铺张扬厉的游说之词,所谓"其辞敷张而扬厉,变其本而加恢奇焉"(清人章学诚语),其词或披肝沥胆、剖露心迹,或激扬磊落、感人肺腑,或侈陈厉害、危言耸听,"沉而快,雄而隽",气势充沛,如江河直下;文笔流丽酣畅,美妙动人,具有很强的文学色彩。策士们还好以寓言说事,所以《战国策》多寓言故事,所谓"利口者以寓言为主"(《史通·言语》),这与诸子文章一样,也是游说的需要。读策士们的说辞,好像是专以口舌辞说取得成功。其实,他们都是通晓各国政治历史,具有战略眼光的政治家和军事家。虽然主张不同,但是只要迎合君王的需要,他们是足以充当"智库"的。这就是在七雄纷争的时代,纵横捭阖的政治斗争的需要和机遇,造就了他们的成功。

战国的时代精神,还体现在另两种人身上。一个是当时眼光敏锐的君王,一个是出身草根的行侠之士。在七国争雄的背景下,君王们需要"智库",寻找"智库",纳士是明智之举。前面说的齐宣王、秦昭王、燕昭王,迎合了时代的要求。战国又是一个变革的时代。赵武灵王的"胡服骑射",表面上看是一次军事改革,本质上也是一场重大的政治改革,是一场移风易俗的大变革。赵武灵王改革的目的非常清楚,就是为了富国强兵、抵御外国外族的入侵。虽然遭到保守势力的反对,但他用"时移则势易"的辩证观点,批判了那些因循守旧的保守派,向传统习惯和保守思想宣战。行侠之士的代表有荆轲、聂政、豫让。这些人的共同特点,就是见义勇为,不畏强暴,重然诺,轻死生,敢于为反抗强暴而赴汤蹈火、壮烈牺牲。荆轲是一位反抗暴秦的英雄。在当时崇尚行侠的文化背景之中,荆轲是这些侠士的典型代表之一。聂政,出于感恩报德的动机,为严遂刺杀韩相国韩傀。豫让则更为惨烈，漆身为厉，灭须去眉，自刑以变其容，又吞炭为哑，变其音，忍辱负重，行刺赵襄子。今天，我们并不提倡这些侠士"士为知己者死"的冒险行刺作风，但这就是战国侠士的风神，这种为了正义为了报恩而献身的壮举，激励着一代又一代的士人，成为传统文化的一种精神。

《战国策》的"叛经离道"，背离了儒家的价值观和价值取向，一直为儒家正统观念所鄙弃。宋代的曾巩重校刊刻《战国策》，并非为了弘扬这部名著，而是为了作为批判的箭靶。他认为战国策士只知"论诈""言战"，驰骋辩说，其所作所为完全有悖于先王之道与孔、孟之意，所以终至亡身灭国，"为世之祸"。刊刻是为了"放而绝之"，目的在于"明其说于天下"，"知其说之不可从"。明末清初的陆陇其，一方面认为"其文章之奇，足以悦人耳目"，又认为"其机变之巧，足以坏人心术"，此书有大毒，要"去毒"。另一方面，《战国策》作为"史料"而言，也的确存在着真赝杂糅、真伪参半而又年代不详等问题，掺入不少"增饰非实"之辞，影响了后人史著的写作，包括司马迁的《史记》，也将错就错地引用《战国策》史料的许多错误，因此为后代考文者所诟病。今人缪文远《战国策考辨》(中华书局出版)称，今本《战国策》中属于拟托之作，竟有九十八篇之多。缪文远之作，萃集众家之说，分析判断，旁通曲证，求其本真，堪称辨伪的集大成著作，可以让我们了解今本《战国策》的真伪。今天读者阅读，可选上海古籍出版社的《战国策》(其后附有马王堆出土帛书)。此外，缪文远的《战国策新校注》(巴蜀书社出版)，何建章的《战国策注释》(中华书局出版),在细致考辨的基础上重新校注,都是值得细读的著作。另外,1973 年在长沙马王堆汉墓中,出土了一种类似《战国策》的帛书,共二十七章,一万一千多字,这就是后来人们所称的《战国纵横家书》。在这部《战国纵横家书》中,有十章见于《战国策》,八章见于《史记》,有十六章不见于《战国策》和《史记》。据考证,这大概是秦汉之际编辑的一种纵横家言的选本,尤其保存了大量已经散佚的苏秦游说资料,可以纠正有关苏秦历史的许多错误,也可以补充战国时代的一些史料。拿它与《战国策》对照而读,是非常重要的史料补充。

(本文作者为福建师范大学文学院教授)

是正史，是文学，更是问学门径

怎样读《史记》

韩兆琦/文

　　司马迁的《史记》是我国古代最杰出的纪传体史书，是历朝"正史"的第一部；同时，《史记》也是我国古代最杰出的文学著作之一，是我国写人文学的开创者，是我国传记文学与文言小说的始祖；此外，《史记》集先秦与西汉文化之大成，还具有某种古代百科全书的性质，因此要想探讨任何一种文化、一门学问的历史渊源，往往就要通过《史记》这个门径、这个台阶，由此入手可以事半功倍。

《史记》对于中国古代历史研究的贡献

　　首先是司马迁对先秦的历史资料广泛地进行了收集、汇总，并将其谱列成一个完整的体系，使中国第一次有了科学、系统、完整的古代历史书。司马迁依据《尚书》《逸周书》《国语》等整理了远古"五帝"的传说，整理了夏、商、西周古代历史的轮廓；他依据《春秋》《左传》《战国策》等比较细致地整理了春秋、战国的历史，尤其是有关春秋时期的历史，相当清晰。《史记》写战国时期的历史错乱较多，这是由于战国时期东方六国的史书，都被秦始皇烧了，司马迁在没有更多材料的情况下，能够给我们理出现在我们所能看到的这么一个线索，给后来人研究战国史提供了方便，对的让大家吸收，不对的让大家纠正、补充。总之，这是司马迁研究古代历史所做的第一方面的工作。

其次是司马迁整理、谱写了秦朝统一以来，以及秦末农民起义、楚汉战争和刘邦建国以后的西汉王朝前期的历史。这一部分完全出于司马迁的独创。

当代人写当代专制王朝的历史麻烦很多，如果你一概歌功颂德，那当然没有问题；如果你发表不同意见，或是揭露它的黑暗面，那恐怕就要倒霉了。但司马迁居然也能够把秦朝统一、秦朝末年以来一直到汉武帝这一百多年的历史，写成了今天《史记》中的这种面貌，就像班固说的"其文直，其事核，不虚美，不隐恶"；司马迁把汉武帝的功劳写了，把他认为汉武帝该受批判的种种问题也都写了，这可不容易。唐朝的刘知几曾说，作为一个好的历史家，要有"史学""史才""史识"；到了清朝，章学诚又提出一项"史德"。也就是说，作为一个杰出的历史家，要有杰出历史家的品格，要能够实事求是，要能坚持把真实的情况告诉后代。人们认为司马迁在这方面的确是高标独树，中国历史上能够做到像司马迁这样的很少很少。

《史记》的文学性与抒情性

　　《史记》中有相当一部分作品的写法类似今天的小说,如《项羽本纪》《高祖本纪》《廉颇蔺相如列传》《田单列传》《荆轲列传》《淮阴侯列传》等等,它们都是详细地叙述故事、生动地描写情节场面、绘声绘色地为作品人物设计个性化的语言。从某种意义上可以说,《史记》是一道悲剧英雄人物的画廊。尤其是司马迁的主观情感有时又偏偏不在胜利者的一方,如楚汉战争的胜利者是刘邦,但司马迁的同情却在失败的项羽一方;又如汉武帝伐匈奴,真正为汉王朝建立丰功伟业的是卫青与霍去病,而司马迁感情所凝注的却是从来没有打过什么胜仗的李广。胜利者的业绩自然是伟大的,而"失败者"的表现也决不渺小。我们细读一下项羽失败后的东城之战与垓下自刎,读读李广失败被俘后的匹马逃回,凭着这些细节,我们称项羽为"战神",称李广为"飞将军",谁能说不合适? 这就是司马迁如椽大笔的描写功夫,是《史记》文学艺术的巨大成功。

　　《史记》文章充满抒情性,如《伯夷列传》《屈原列传》《游侠列传》,几乎通篇就像一首抒情诗。又如《李将军列传》《张释之冯唐列传》《外戚世家》等那种夹叙夹议,那种或悲悼或愤激或迷惘的悠游唱叹,何等动人。鲁迅称《史记》为"无韵之《离骚》",真是一点也不错。《史记》中如《伯夷列传》《日者列传》《滑稽列传》等等,其"人物""故事"是否真的存在,我们似乎难以考查。范淑《题直侯所评红楼梦传奇》有所谓"说部可怜谁敢伍，庄骚左史同千古"；刘鹗《〈老残游记〉序》有所谓"《庄子》为蒙叟之哭泣，《史记》为太史公之哭泣"。《庄子》十之八九是寓言，《史记》中的一部分人物故事也恰恰就是寓言。在这里我们要思考、体会的是它的说理是否深刻，而不必去穿凿它所使用的"人物"与"故事"是否属实。《史记》对我国后代写人文学的影响是巨大的。吴曰法说："小说家之神品得力于《史记》者为多。"（《小说家言》）丘炜萲说："千古小说祖庭，应归司马。"（《客云庐小说话》）

由于《史记》是传记体的史书，又由于《史记》具有很强的文学性，于是研究传记文学的人们很自然地就把《史记》称作中国"传记文学"的开山之作。过去西方人以欧洲为中心，他们称古希腊的普鲁塔克为"世界传记之王"，但普鲁塔克若和司马迁相比，则要晚生一百九十一年。司马迁的《史记》要比普鲁塔克的《希腊罗马名人传》早产生几乎两个世纪。

《史记》在今天的思想意义

其一是表现了进步的民族观，认为中国境内各民族都是黄帝的子孙，是兄弟。这种观点大体是起源于战国时期，是司马迁的《史记》全面表述出来的。这个口号已经被现在中国境内、境外，以及世界各地的华人所普遍接受。这个口号本身不一定很科学，但是作为团结华人的一个纽带，一种理论，一种思想，两千多年来，它已经形成为一种心理定式被普遍接受，于是就变成了一种伟大的精神力量。

其二是司马迁认为经济是一个国家强大的基础。秦国为什么能够统一六国？因为它兴修水利、发展农业。管仲为什么能把齐国壮大起来，能使得齐桓公成为"五霸"的第一霸？就是因为齐国能够发展工商业。司马迁主张工、农、商、虞四者并重，反对片面地"重农抑商"。司马迁的这种主张被压制了两千多年，一直到改革开放以后人们再读《史记》，才发现司马迁的经济思想原来如此进步。司马迁在《货殖列传》里为杰出的工商业者树碑立传，表彰他们对社会做出的杰出贡献，这种眼光是很难得的。其中特别写了孔子的学生子贡在经商方面的才能。他说子贡建立了很多"跨国公司"，无论他到哪个国家，那个国家的诸侯都得恭恭敬敬地出来招待他。他说孔子当时周游到一些国家，之所以能受到这些国家诸侯的优礼相待，完全是因为有子贡，那是子贡花钱打点的结果。这虽然有点像是开玩笑，但司马迁重视工商业是无疑的。

其三是《史记》对先秦与汉代所流行的儒家与法家两个重要学派都有所批判，也都有所继承。儒家所宣传的"禅让"，所倡导的"德治""仁政"与"大公无私""身体力行"等等，都被司马迁所接受，并在《史记》中构成了自己所梦想的模范政治与模范人格，诸如尧、舜、禹、文王、周公等等。但司马迁又重视法制，他描写了吴起、商鞅、赵武灵王、晁错等一批勇于推行变法，甚至为推行变法而付出了生命的人物。《史记》中有《循吏列传》，特别歌颂了秉公执法的李离,由于他在执法过程中因误判而错杀了人,于是坚定地将自己判为死刑,引咎自杀;又歌颂了坚持原则的石奢,石奢出于为国执法,不得不照章判定了自己的父亲有罪,而他又从亲情上感到对不起父亲而毅然自杀了。《史记》中这些有关治国平天下的思想与实践,对后代的思想家与政治家都有极为重要的影响。

其四是《史记》里歌颂、赞扬了一种积极而又奋发有为的生死观和价值观。《史记》所歌颂的英雄人物一般都有积极上进,勇于为国家、为社会做贡献,想要轰轰烈烈干一番事业的特点。这些人也可能是为了某种道德观念,或是为了个人的某种利益或扬名,对此我们不必过多追究,关键是看他们客观实践的效果。不光是司马迁喜欢的英雄,像管仲、晏婴、陈涉、项羽、李广、郭解是如此;即使是他比较讨厌的人,比如像李斯、主父偃等也有这种抓紧机会干一番事业的特点。

推荐几种注本

《史记》问世已经两千一百年了,生活在现代的读者要想比较准确地读懂《史记》,就得有个合适的注本。在这里我提出几种供大家参考。首先是"三家注"。所谓"三家注"是刘宋裴骃《史记集解》、唐司马贞《史记索隐》、唐张守节《史记正义》三种注本的合称。这是我们今天所能见到的最早的《史记》注本。这三种注本原来都是各自成书,到了北宋,开始有人将三种注本打散,统一地穿插、编排于《史记》的正文之下。今天我们所使用的中华书局组织点校的《史记》,就是这样的一种合刻本。"三家注"对《史记》原文的校勘,对文章史实的考辨,对地理、名物的注释等等,都做了筚路蓝缕的开拓,其贡献是很大的。其二是明代后期凌稚隆编撰的《史记评林》。此书以《史记》三家注为基础,通过眉批、篇后评语等方式,对上起汉代下至明代有关司马迁与《史记》的评论资料广泛地搜罗汇总外,还对《史记》原文的校勘、词意的解释、资料的来源,以及对《史记》文章写作方面的评论都广为收集,从而很有助于读者触类旁通,开心益智,对研究工作与撰写文章很有裨益。其三是今人张大可的《史记全本新注》。本书的第一个特点是早而全,这是新中国成立以来对《史记》全书进行简明注释的较早的一种,1990 年由三秦出版社初版,其后又由其他出版社出版过多次。本书的第二个特点是简明,它以简洁明快的语言疏通原文语意,以及解释音、义、人物、地理、职官、典章制度等,一般不作引证,歧义只注一说。本书的第三个特点是创新,它以中华书局点校本为底本,将《史记》原文、褚少孙补文、附记太初以后的大事均用不同字体区分排版。在行文中又用"序论""题解""简论"为导语,以导出编写者的个人见解、或评或论等。其四是韩兆琦编著的《史记笺证》。本书的特点之一是注释格外详尽,内容包括原文校勘、读音释义、资料来源、史实辨正,以及文章写法、作者寓意等等。特点之二是本书汇集了大量古今中外的评论资料,特别是汇集了地面上的古迹遗存与近几十年来的考古发掘等。此外还收有相关的历史地图

与文物图片二百多张。本书是对《史记评林》编写方法的进一步
扩充与发展。全书 500 多万字,2004 年由江西人民出版社初
版,2010 年再版。

（本文作者为北京师范大学文学院教授）

怎样读《汉书》

汪桂海/文

《汉书》是我国第一部纪传体断代史,主要记载了自汉高祖元年(前206年)至王莽地皇四年(23年)二百三十年间的史事。《汉书》是继《史记》之后问世的又一部史学巨著,与《史记》齐名,并称"《史》《汉》",又与《史记》《后汉书》《三国志》并称为"前四史"。在古代典籍中,《汉书》具有与经书同等的地位。

作者身世与成书经过

《汉书》之成,历经数人,其中最主要的作者是班固(32—92年)。固字孟坚,扶风安陵(今陕西咸阳市东北)人,出身于世代显贵之家,父班彪。班彪专心史学,认为《史记》记事止于太初年间,而之前众人所作续篇"多鄙俗,不足以踵继其书",遂采集前代遗事轶闻,作《后传》数十篇,为《汉书》的编纂奠定了基础。《后传》原书已佚，其内容应多为《汉书》采纳，只不过后人已经无法辨认出来，今《汉书》中《元帝纪》《成帝纪》《韦贤传》《翟方进传》《元后传》的"赞"是少数可以确认来自班彪《后传》的史论文字。建武三十年(54年)，班彪去世，班固秉承父志，在《后传》的基础上编撰《汉书》。不久，有人上书汉明帝，告发说班固私改国史，诏令右扶风抓捕班固入狱。其弟班超担心他被刑讯，不能申明情由，冤死狱中，遂赶赴洛阳上书，申诉班固著述《汉书》的真实用意，此时，《汉书》已经完成的篇卷已被官府自家中取走并上呈朝廷。汉明帝了解情况后，欣赏班固才学，召他到校书部，任职兰台令史，后迁为郎，典校秘书。自任兰台令史始，班固参与《东观汉记》的编纂，先是与人合撰《世祖本纪》，后又撰写功臣、平林、新市、公孙述等列传、载记二十八篇。永平年间，明帝令班固继续《汉书》的撰写。建初四年(79年)，汉章帝于洛阳北宫白虎观召集诸儒讲论五经异同，由章帝亲自裁断，命班固将讨论结果纂辑成《白虎通德论》(又称《白虎通义》)，该书使封建纲常伦理系统化、绝对化，儒学与谶纬之学进一步结合起来，对《汉书》的思想影响很深。汉和帝永元四年(92年)，外戚窦宪败亡，班固受牵连入狱，死于洛阳狱中。其时，《汉书》尚有《八表》和《天文志》未完成。汉和帝令班固之妹班昭就东观藏书阁续写。班昭续成《八表》，《天文志》则由马续完成。《汉书》经班彪、班固、班昭、马续四人之手，前后历时三四十年，足见著书之不易。

《汉书》的体例与基本内容

在现存的史籍中,《汉书》保存西汉历史资料最为完备。《汉书》体例严整,叙事详明。"纪"撮记大事,钩玄提要;"表"谱列人物,补"传"所不及;"志"述典章,明体制之变迁;"传"详人事,阐史实之原委。纪传表志功能各异,互为补充。

《汉书》包括纪十二篇,以编年体记载西汉十二位帝王(含吕后)在位时期的大事,为全书之纲领,对西汉兴衰的全过程作了基本勾勒。

表八篇,前六篇分别记录西汉时期异姓、同姓、外戚、功臣等各类王侯的功绩、封邑和世系。《百官公卿表》记载秦汉时期公卿将相等职官的设置变迁、职掌、级别,以及属官的员额、职能等,并以表格形式,按照十四级三十五官格,详细谱列西汉公卿将相等朝廷重要官员的任免迁转,皆系以年月,是研究秦汉官制的重要资料。末篇《古今人表》则收录汉以前的历史人物,从传说中的太昊帝到秦末吴广,依其品行、事功等分为九个等次,以示褒贬评价。表的优点是补充了纪和传受体裁所限而无法记录的很多重要史实。

志十篇,专述古代至西汉的礼乐、刑法、天文、历法、灾异、经济、地理、水利、典籍学术等。《汉书》志有六篇与《史记》八书有渊源,但与《史记》多有不同,内容更为丰富。至于《刑法志》《五行志》《地理志》《艺文志》四篇则为《汉书》首创。《刑法志》系统地记载了古代至西汉法律制度的沿革，又兼述了古今兵制。《五行志》专载五行灾异，是研究汉代天人感应思想的直接材料，对水旱、雨雹、地震等自然灾害和日月食等天文异常现象的记录又是研究中国古代自然科学史的重要参考资料。《地理志》记录了西汉的郡国县道等行政区划、历史沿革、户口数字以及各地物产、风俗等，是历史地理研究的必备资料。《艺文志》根据刘向、刘歆父子整理西汉宫廷藏书的成果《七略》，著录西汉宫廷藏书，总结诸子百家学术派别和源流，确立了中国传统目录学"辨章学术，考镜源流"的优良传统。《汉书》志规模宏大，内容丰富，每篇志都可以说是一部典章制度通史。欲了解上古至西汉的有关制度，《汉书》志是不能不读的。

传七十篇，包括人物传和中原之外诸民族传，分别记载西汉各领域重要人物的生平以及周边民族的历史等。一些历史大事在帝纪中因体例所限，寥寥数语，传则可以作详细记载。《汉书》人物传又有类传，如《儒林》《循吏》《酷吏》《货殖》《游侠》《佞幸》《外戚》等传；有数个生平遭遇、事迹等相似的历史人物的合传，如《陈胜项籍传》《韩彭英卢吴传》《卫青霍去病传》等；有世代为高官的家族传记，如《楚元王传》《张汤传》《杜周传》《萧望之传》《冯奉世传》等分别为刘交、张汤、杜周、萧望之、冯奉世等人及其子孙的传记；有思想文化方面的重要历史人物的单传，如《贾谊传》《董仲舒传》《司马相如传》《扬雄传》；另有一些参与重大历史事件的次要人物不足以立专传，也不足以与人合传，其简短的传文以附传的形式附于其他人物传末，如《卫青霍去病传》末的李息、公孙敖等传。人物传的编排皆以时代先后为序,类传在专传、合传之后,次则诸民族传,再次则外戚、元后、王莽传,最末为《叙传》。《叙传》如《史记》之《太史公自序》。

《汉书》在我国文学史上的地位也很突出。它文风谨严,对社会各阶层人物的描写于平实中见生动,堪称后世传记文学的典范,例如《霍光传》《苏武传》《外戚传》《朱买臣传》等。《汉书》保存了不少乐府歌辞、书疏文赋,例如《礼乐志》收录《安世房中歌》十七章、《郊祀歌》十九章,《司马相如传》收录《子虚赋》《大人赋》,《司马迁传》收录《报任少卿书》,《东方朔传》收录《答客难》《非有先生之论》,《杨恽传》收录《答孙会宗书》,《扬雄传》收录《反离骚》《校猎赋》《长杨赋》等等,都是文学史上的重要作品。

《汉书》原共计百篇,今本一百二十卷,缘于后人析分了其中的部分篇卷。

《汉书》与《史记》的关系

首先,《汉书》是断代史,《史记》是通史,这是二者的一个突出差异。班固之所以采用断代史的编纂方式,缘于他认为"汉绍尧运,以建帝业",应该如唐虞三代,有典谟之篇扬名后世,冠德百王。他批评《史记》把汉朝编于百王之末,厕于秦项之列,坚信"大汉当可独立一史",因此,班固摒弃众人为《史记》作续篇之旧轨,开辟断代为史之新途。他的这一创举对后世影响极大,正如刘知几所说,"自尔迄今,无改斯道"。《汉书》之名亦仿自《尚书》，意在表明汉朝所创立之功业与唐虞三代齐等。为了贯彻"宣汉"思想，班固将《史记》中的《项羽本纪》降格为传，将原本为一个独立朝代的新莽朝的历史，亦以《王莽传》的形式附在西汉全部传记的后面。一言以蔽之，班固编撰《汉书》的主旨是颂扬汉朝，这是读《汉书》时应该注意的。

其次，纪传体史书创始于司马迁《史记》，《汉书》继承了这一编纂体裁而略有调整，将《史记》之"本纪"省称"纪"，"列传"省称"传"，"书"改曰"志"，取消了"世家"，汉代勋臣世家一律编入传。经过班固改动之后的纪传体，成为后世正史之范式。

再次，《汉书》记载汉武帝中期以前的西汉史事，与《史记》多有重叠。同一个人物的纪传，因为司马迁在史料采择和文字叙述等方面已经做得很好了，没有必要故意另起炉灶，所以《汉书》常常移用《史记》的文字，这反映了班固实事求是的史学编纂思想。后人或有讥班固剽窃史迁者，所论未免偏激，失之公正。更何况班固与司马迁在史学思想以及材料取舍标准上不同，《汉书》移用《史记》时并非原封不动挪用，而是常有增删改易。

第四，为了更完整地反映汉武帝中期之前的历史，《汉书》在《史记》所立该时期的纪传之外，还新增了一些纪传，例如《惠帝纪》，吴芮、王陵、蒯通、伍被、贾山、李陵、苏建、苏武、张骞等人的传。

汉武帝中期以后的西汉历史，班固以《后传》为基础，博采典籍、档案，斟酌去取，缀集成篇。

《汉书》一问世，即广为流布，"当世甚重其书，学者莫不讽诵焉"。后人更是赞誉《汉书》"文赡而事详",序事"不激诡,不抑抗,赡而不秽,详而有体,使读之者亹亹而不厌"。这是符合实际情况的评论。

推荐《汉书》的几种读本

（一）旧注本

《汉书》多用古字古训,文字艰深难懂。历代注释者很多,较具代表性的注本有二,唐颜师古《汉书注》和清末王先谦《汉书补注》是集大成之作。前者以中华书局点校本最为通行,后者以上海古籍出版社出版的上海师范大学古籍整理研究所点校本最便于使用。

（二）今注今译本

古人的注释对今天的读者而言同样存在理解上的困难,因此,今注今译是不错的选择。张烈主编《汉书注译》(海南国际新闻出版中心,1997 年)、吴荣曾主编《新译汉书》(台北三民书局,2013 年)都是注解准确明晰,译文切合本义的注译本。

（三）选注本

《汉书》篇幅很大,很多人可能做不到通读全书,那么可以选择好的选注本。这方面的选本也有不少,推荐三种:一是冉昭德、陈直主编《汉书选》(该书是中华书局出版"中国史学名著选"丛书中的一种,1962 年初版,之后多次重印);二是顾廷龙、王煦华《汉书选》(中华书局,1962 年);三是汪受宽《〈汉书〉选评》(上海古籍出版社,2003年)。

（四）白文简体字本

有注文的本子,读起来不连贯。有的读者不喜欢正文中间有大量注文,追求阅读连贯、方便,可以选择白文本。中华书局、岳麓书社等都出版过简体字排版的《汉书》,删去了颜师古注和缺乏可读性的《八表》的表格部分。

（本文作者为国家图书馆研究院研究馆员）

写皇后录列女,一本东汉的精彩总结

怎样读《后汉书》

汪桂海/文

　　《后汉书》是南朝刘宋时范晔撰写的一部纪传体断代史书,纪、传九十卷。现在通行的《后汉书》版本都收入晋司马彪撰《续汉书志》三十卷,填补了范书无志的缺憾。《后汉书》记载了自光武至献帝一百九十五年的史事。这部史书规模宏大,编次周密,记事简明扼要,疏而不漏,议论深刻,词采壮丽,将史学与文学融为一体,历来受到人们的称赞和重视,与《史记》《汉书》《三国志》并称为"前四史"。

范晔其人

　　范晔字蔚宗,出身于世族之家。范晔"少好学,博涉经史,善为文章,能隶书"。宋文帝元嘉九年(432 年)冬,彭城王刘义康之母病故,出葬的前一夜,范晔在王府值宿人员所住室内饮酒,开窗听挽歌以取乐。刘义康大怒,范晔被贬为宣城太守,时年三十五岁。他在宣城太守任内,组织人员编纂了《后汉书》。数年,迁他职。后被召回任左卫将军、太子詹事,参与机要。元嘉二十二年(445年)十一月,因参与拥戴刘义康为帝的活动,入狱,十二月,以首谋之罪被处死,终年四十八岁。其子范蔼、范遥、范叔蒌,外甥谢综、谢约等皆被株连。

范晔是一个很有个性的人,他恃才傲物,敢于"称情狂言",曾撰《和香方》,借陈述各种香料、药物的性能与特征,对朝中权贵遍加讽刺。

范晔编纂《后汉书》的目的和史源

司马迁撰写《史记》,班固撰写《汉书》,都是通过史书证明汉朝的建立是符合天命的,以此来崇扬汉朝,使汉朝的功德"扬名后世,冠德百王"。范晔所处时代的史学思想已经发生了变化,东汉之后诸王朝的短命与频繁更替,使天命论贬值,史学家撰写史书的目的更多的是要总结过去的经验教训。范晔《狱中与诸甥侄书》说自己撰写《后汉书》"欲因事就卷内发论,以正一代得失",总结东汉衰亡的原因,为人们提供历史的借鉴。

范晔撰写《后汉书》时,上距东汉建国有四百多年,距东汉亡国(220年)也已有二百多年。这数百年中,记载东汉历史的著作出现了很多,体裁多样,不乏名作。其中,最基本的史书是东汉官修纪传体《东观汉记》。该书具有国史的性质,其材料来源十分丰富,可视为东汉史料的总汇。魏晋以后出现的许多东汉史书，如三国吴谢承《后汉书》、薛莹《后汉记》，晋司马彪《续汉书》、华峤《汉后书》、谢沈《后汉书》、张莹《后汉南记》、张璠《后汉记》、袁宏《后汉纪》、袁山松《后汉书》等，大都取材于《东观汉记》。范晔《后汉书》在史料方面也主要依据《东观汉记》。范晔对其中的材料做了大量剪裁、订正、润色工作。在诸家后汉书中，华峤《汉后书》是出类拔萃的，"文质事核，有迁、固之规，实录之风"。范晔对此书十分欣赏，在撰写《后汉书》时，较多利用了华峤《汉后书》残存的三十余卷。范晔对其他诸家史书也多取其长，后来居上，以至于除袁宏《后汉纪》外，诸家《后汉书》相继散亡。

《后汉书》的编纂体例和方法

范晔作《后汉书》时曾制定过凡例。《狱中与诸甥侄书》中说："《纪传例》为举其大略耳，诸细意甚多。"《纪传例》又称《序例》。隋唐时，《序例》还在，李贤注《后汉书》，三次引用《序例》。后来亡佚。刘知几称范晔《序例》"定其臧否，惩其善恶"，"理切而多功"，"序例之美者"。确定了好的著史凡例，是范晔《后汉书》成功的基本前提。

《后汉书》的体例继承了《史》《汉》，采用纪传体。范晔《后汉书》原本计划编纂十纪、十志、八十列传，合为百篇，以与《汉书》篇数相应，但实际完成的只有本纪、列传，从这两部分看，其编纂方法别具匠心。

（一）改《外戚传》为《皇后纪》

自从司马迁创立纪传体以来，皇后在史书中通常入外戚传。但东汉的情形较为特殊。《皇后纪》序说：东汉"皇统屡绝，权归女主。外立者四帝，临朝者六后"。二百年内先后有六位皇后或皇太后临朝听政，这个现象在历史上确实是少有的，皇后在东汉政治活动中的地位和作用自然不同于以往。因此，在《后汉书》中专立《皇后纪》是合乎这段历史实际的。

（二）类传新增七种

类传的设立，始于《史记》，有刺客、循吏等列传。《汉书》里也有类传。范晔沿用了这种编纂方法，于《后汉书》立类传，分别叙述同属某一类的人物事迹。《后汉书》的类传比较多，除循吏、酷吏、儒林三列传与《史》《汉》名目相同外，另有七个为《史》《汉》所无，它们是党锢、宦者、文苑、独行、方术、逸民、列女。七个类传的设立完全是根据东汉社会历史发展的特点，不是凭空虚造。范晔在《后汉书》增入《列女传》，记载才行高秀的妇女，这在正史中是第一次出现，应给予较高的评价。

（三）运用合传

合传是把时代未必相同而性情行事很相近的较为重要的人物，采取以类相从的方法，合为一个列传。这也是仿效《史》《汉》的做法。例如郭伋、杜诗、孔奋、张堪、廉范皆东汉初人，王堂、苏章皆安帝时人，羊续、贾琮、陆康皆桓、灵时人，而合为一传，因为他们都是品行卓著的人。《后汉书》列传人物仅见于目录者就有五百人左右，很多采用了合传的方法叙述，全书编次雁行有序，避免杂乱。

（四）运用类叙法

东汉历史上有许多名位不很显著的人物，不能每个人或几个人单立一传，但他们的人品值得称道，他们的某一两件事迹值得记载流传，《后汉书》对这一类的人物采用类叙法来编次，把他们附录在同事的一个重要人物的传内。这样叙事可有简洁周密的效果。

（五）一事不两载

在史料的剪裁运用上，《后汉书》处理得详略得宜，当同一件史实涉及不同列传里的传主时，绝不用大量篇幅重复叙述，而是有所侧重，见于此则不见于彼，疏而不漏。例如《吴汉传》叙其破公孙述之功，《公孙述传》则不详细记载；张俭奏劾中常侍侯览之家，事见《侯览传》，而《张俭传》不复记载……这种情况很多，可见作者经过悉心核订，避免繁复。

《后汉书》的优点

（一）体例方面沿袭《史》《汉》，吸取了其他史书的一些创新，有不少改进，编次更加周密。

（二）包举一代，首尾完整，文赡事详，史料丰富。《后汉书》对东汉人重要的文章、奏章和诗赋，大多直接选录，东汉的许多重要政论和文学作品，赖以保存下来。

（三）是非分明，不以成败论人。清王鸣盛《十七史商榷》

说："今读其书,贵德义,抑势利,进处士,黜奸雄。论儒学,则深美康成,褒党锢,则推崇李杜。宰相多无述,而特表逸民,公卿不见采,而惟尊独行。"《后汉书》中对鱼肉人民的外戚、宦官等豪强恶势力,表示了极端的厌恶,而对不畏强暴、刚直不阿、敢于同阉宦等恶势力斗争的党锢人士和太学生,表示了强烈的同情,对他们极力表彰、歌颂。马融是一代学者,但他阿附外戚梁冀,为梁冀打击正直的李固而起草奏章,又为梁冀作《大将军西第颂》,丧失气节,范晔在书中进行了严正批评。难能可贵的是,《后汉书》不以成败论人,例如隗嚣是和光武帝斗争失败的人,而范晔给予其很高评价。清人赵翼肯定《后汉书》"立论持平,褒贬允当"。

(四)议论精彩。范晔《后汉书》各纪、传大都作序、论、赞,综述所记人物,总结他们的特点,阐明事情的前因后果,大都很精当。例如《党锢列传序》综述说:"自武帝以后,崇尚儒学,怀经协术,所在雾会。至有石渠分争之论,党同伐异之说,守文之徒,盛于时矣。"指明党锢之狱的远因。又说:"逮桓灵之间,主荒政谬,国命委于阉寺,士子羞与为伍,故匹夫抗愤,处士横议,遂乃激扬名声,互相题拂,品核公卿,裁量执政,婞直之风,于斯行矣。"这是党锢之狱的近因。然后叙述党锢之狱的经过。最后论其后果是"朝野崩离,纲纪文章荡然矣"。叙述议论兼备,秩序井然。

范晔《后汉书》贯穿着一个宗旨,即总结东汉由盛而衰、由统一走向分裂的深层原因。他认为,东汉一代的得失,几乎与儒学的盛衰、儒士的荣辱息息相关,故而,他的许多史论,皆意在崇经学、扶名教、进处士、振清议。他专立《儒林列传》，述儒学师承源流。其他如《列女》《循吏》《独行》《逸民》《文苑》等传，也都贯穿这一思想。他还总结认为，东汉的衰亡，一是由于羌戎之患，一是由于宦官之祸，这两个问题没有处理好，直接导致了国家的衰落、灭亡。他还认为，曹操代汉，乃水到渠成，是自然之势，如《荀彧传》论所说："方时运之屯邅，非雄才无以济其溺，功高势强，则皇器自移矣。"这都是他对历史的精彩总结。他的议论每有独创之见，因此而备受后人的重视和欣赏。

（五）有很高的文学成就，后人论及《后汉书》文辞之美，异口同声。

推荐《后汉书》的两种重要注本

（一）李贤注。李贤，字明允，唐高宗第六子，武后所生。初封雍王。上元二年（675年）六月，立为皇太子。永隆元年（680年）八月，废为庶人。文明元年（684年），武则天临朝，逼令自杀。睿宗即位，追谥章怀太子。李贤是从他被立为太子开始组织人注《后汉书》的，到他被废为庶人，注书工作可能还没有结束。协助他作注的有太子左庶子张大安、洗马刘讷言等。李贤注着重于文字音义、名物制度等方面的训诂。除此之外，对史实的补充也不少，当时，东汉以来，各家有关后汉史的著作还都有传本可供检阅，故注文得以多所征引，其中引《东观汉记》和谢承《后汉书》较多。范晔撰史，曾对不少史籍有所借鉴，其文字的继承之处,李贤等人往往在注中加以标明。这一类的注无论对研读范书,还是作古书辑佚工作,都很有帮助。后人对李贤注一直比较重视,王先谦评价说:"详观章怀之注范,不减于颜监之注班。"把这部注和颜师古的《汉书注》同等看待。

现在李贤注本最通行的版本是中华书局出版的点校本。这个本子以商务印书馆影印的百衲本《后汉书》为底本,用汲古阁本和武英殿本来对校,同时参考了前人的校勘考订成果,纠正了许多错误,每一卷后都附录校勘记,说明校改的依据,或补充其他的校改意见,以备参考。这是迄今为止较好的《后汉书》读本。

(二)王先谦《后汉书集解》。清代学者对《后汉书》做了很多考证、注解,其中,以成书于清末的王先谦《后汉书集解》一百二十卷最为完备。王氏在门弟子的协助下,以汲古阁本为底本,广收唐宋以来尤其是清代学者有关《后汉书》的注解考订,排比入注中,校勘异同,纠正讹误,资料丰富,对研究后汉的学者极为方便。不过里面属于王氏自己的心得不多,不如他先出的《汉书补注》功力深。该书较通行的本子是商务印书馆 1940 年排印的"万有文库"本和中华书局据 1915 年虚受堂刊本影印本。

(本文作者为国家图书馆研究院研究馆员)

平视笔走六十卷,写尽三国风云

怎样读《三国志》

沈伯俊/文

　　《三国志》是西晋史学家陈寿撰写的一部纪传体史书。与《史记》《汉书》《后汉书》并称为"前四史"。应该指出的是,《后汉书》尽管所记历史在三国时期之前,却是南朝刘宋时期的范晔所撰,比陈寿撰《三国志》晚一百余年;因此,在二十四史中,《三国志》乃是继《史记》《汉书》之后的第三部。正如《晋书·陈寿传》所论:"丘明既没,班、马迭兴,奋鸿笔于西京,骋直辞于东观。自斯以降,分明竞爽,可以继明先典者,陈寿得之乎?"

陈寿其人其书

　　陈寿(233—297 年),字承祚,巴西郡安汉县(今四川南充)人。其父曾为蜀汉将领,任马谡参军。由于马谡败军街亭,损兵折将,被诸葛亮斩首,陈寿之父也受到惩罚。陈寿本人生活在蜀汉后期和西晋前期。他曾师事著名学者谯周,担任过蜀汉东观秘书郎、散骑黄门侍郎。炎兴元年(263年),蜀汉被曹魏所灭。此时陈寿三十一岁,正是年富力强之时。两年以后,司马炎取代曹魏政权,建立西晋王朝。陈寿居家数年后,因司空张华欣赏其才华,举为孝廉,历任著作郎、平阳侯相、治书侍御史等职。曾于晋武帝泰始十年(274年)编成《诸葛亮集》二十四篇。

太康元年(280年),西晋灭吴,统一全国。四十八岁的陈寿开始系统整理魏、蜀、吴三国史料,并参考在他之前写成的一些史书,如王沈的《魏书》、鱼豢的《魏略》、韦昭的《吴书》等,经过大约十年的努力,撰成《三国志》六十五卷,包括《魏书》三十卷、《蜀书》十五卷、《吴书》二十卷,分述魏、蜀、吴三国事迹。

陈寿仕途坎坷,屡遭挫折,但他好学不倦,尤长史学,先后著有《益部耆旧传》十篇、《古国志》五十篇和《三国志》。仅凭《三国志》这一部书,他就足以跻身中国古代杰出史学家之列而不朽了。

怎样读《三国志》

阅读《三国志》,应该特别注意其以下特点。

第一,平视三国的史识。在篇章规格上,《三国志》是有区别的:书中魏国君主均立为"纪",而刘蜀、孙吴的君主则低一个规格,立为"传"。这是因为陈寿身为晋臣,而西晋政权是由曹魏政权禅代而来,为了维护其合法性,陈寿不得不将魏国置于首要地位。长期以来,很多人据此认为陈寿是以曹魏为"正统",是"帝魏寇蜀"。然而,细加辨析,此说并不确切。首先,从书名来看,陈寿没有为了突出曹魏的"正统"而将全书取名《魏书》,而是称作《三国志》。仅此便可看出,陈寿并未把曹魏视为唯一合法的"正统",而把刘蜀、孙吴视为"僭伪";他实际上是把魏、蜀、吴三国视为平行的并立政权,并未故意抬高曹魏而贬低蜀、吴。其次,对三国的创业之君,陈寿一视同仁,没有片面地褒美颂扬一方,随意贬低甚至丑化另两方。试比较对曹操、刘备的评价。《三国志·魏书·武帝纪》篇末"评曰:汉末天下大乱,雄豪并起,而袁绍虎视四州,强盛莫敌。太祖运筹演谋,鞭挞宇内,揽申、商之法术,该韩、白之奇策,官方授材,各因其器;矫情任算,不念旧恶。终能总御皇机,克成洪业者,惟其明略最优也。抑可谓非常之人,超世之杰矣"。《三国志·蜀书·先主传》篇末"评曰:先主之弘毅宽厚,知人待士,盖有高祖之风,英雄之器焉。及其举国托孤于诸葛亮,而心神无贰,诚君臣之至公,古今之盛轨也。机权干略,不逮魏武,是以基宇亦狭。然折而不挠,终不为下者,抑揆彼之量必不容己,非唯竞利,且以避害云尔"。可以说,曹操才能强于刘备,成就大于刘备,但品格并不高于刘备,他们是两个家世、经历、性格、作风明显不同的杰出英雄;而在感情上,陈寿似乎更欣赏刘备。再次,除了君主以外,三国众多人物,只有刘蜀的诸葛亮、孙吴的陆逊是单独立传;曹魏方面,竟无一人。这一点,也可见出陈寿秉持"天下"眼光,平等看待三国的卓越史识。

第二,公允持平的史德。从总体上看,陈寿记载三国历史,态度比较公允持平，基本上能够秉笔直书。最典型的例证是对诸葛亮的评价。《三国志·蜀书·诸葛亮传》篇末"评曰：诸葛亮之为相国也，抚百姓，示仪轨，约官职，从权制，开诚心，布公道……终于邦域之内，咸畏而爱之，刑政虽峻而无怨者，以其用心平而劝戒明也。可谓识治之良才，管（仲）、萧（何）之亚匹矣。然连年动众，未能成功，盖应变将略，非其所长欤"。过去一些人由于末句中的"应变将略，非其所长"八字，指责陈寿因为诸葛亮惩罚过自己父亲，挟带私嫌，故意贬低诸葛亮。这种指责，实在站不住脚。如上所述，为诸葛亮单独立传，已经把诸葛亮置于三国顶级英杰的地位。而且细读整篇《诸葛亮传》，陈寿满怀仰慕之情，如实记载了诸葛亮一生的显赫功绩和崇高品德，誉之为"识治之良才，管（仲）、萧（何）之亚匹"，可谓推崇备至。至于"应变将略，非其所长"，只是指出客观事实，并非刻意贬低。这种公正求实的态度，在同时史家中，罕有其匹。

第三，严谨简约的史才。《三国志》取材谨严，文笔简洁，以不到四十万字的篇幅，概述汉末三国百年风云、众多人物，表现出很高的驾驭材料、谋篇布局的才能。这一点，也颇得好评。

总之，《三国志》的成就超出同时及以后其他诸家关于三国史事的著作，历来享有"良史"的美名。

当然，《三国志》也有不足之处。从体例来看，全书只有纪、传而没有志，是一个较大的缺陷。从记事来看，其主要缺点是记载过于简略，对一些重要的历史事件和人物事迹，有的语焉不详，有的甚至遗漏。例如，对三国历史影响极大的赤壁之战，陈寿的记载就显然够不上完整全面,有关材料分散于《魏书·武帝纪》《蜀书·先主传》《诸葛亮传》《吴书·吴主传》《周瑜传》《鲁肃传》等不同人物的纪、传中,每一篇的记载都相当简略。从曹、刘、孙三方领袖的本传来看,不仅记载过于简略,而且存在明显的矛盾。其一,在这场战役中,曹操的主要对手是谁?《魏书·武帝纪》说是"公自江陵征备……至赤壁,与备战",竟完全不提孙权方面;《蜀书·先主传》和《吴书·吴主传》则说是孙刘联军。其二,曹操失败的主要原因是什么?《武帝纪》说是"与备战,不利。于是大疫,吏士多死者,乃引军还",根本不提"火烧"二字;《先主传》则说是孙刘联军"与曹公战于赤壁,大破之,焚其舟船";《吴主传》记载相近,却漏掉"焚其舟船"一语。仅凭这三篇纪传,读者很难看出一场规模宏大、影响深远的战役的全貌。相对而言,《蜀书·诸葛亮传》记载了诸葛亮出使江东,智激孙权,促成孙刘联盟建立的过程;《吴书·鲁肃传》记载了鲁肃建议孙权联合刘备,共拒曹操,反对投降,建议从鄱阳召回周瑜等事;《周瑜传》则记载了周瑜反对降曹,坚定孙权取胜信心,率军直抵赤壁,采纳黄盖之计,火烧曹军等事;它们比之上述三篇纪传,提供了更多的史料。然而,它们的记载仍有不够一致的缺陷。因此,如果仅看《三国志》正文,整个赤壁之战的过程就显得不够具体,这就给后人留下一些遗憾乃至疑问。

怎样读裴松之注

努力弥补《三国志》之不足的,是南朝刘宋时期的另一位杰出史学家裴松之。

裴松之（372—451年），字世期，河东闻喜（今属山西）人。宋文帝因为《三国志》过于简略，命他作注。他广泛搜集资料，于元嘉六年（429年）写成《三国志注》（简称"裴注"）。文帝对此十分赏识，称赞道："此为不朽矣。"

裴松之注《三国志》，不重名物训诂，而主要致力于史实的订补与考辨。裴注引书多达二百余种，主要是补充缺漏，记载异说，矫正谬误，辨明是非，并对有关史家和著作予以评论，极大地弥补了《三国志》之不足，表现了史实的丰富性、生动性和多样性，往往能够以事见人，情趣盎然。例如《三国志·魏书·武帝纪》说曹操"少机警，有权数，而任侠放荡，不治行业"，却没有具体事例；裴松之在注中便引《曹瞒传》中关于曹操"装病诬叔"的记载予以补充，使曹操的"有权数""放荡"得到生动形象的表现。《武帝纪》记曹操年轻时，太尉桥玄很赏识他，对他说："天下将乱，非命世之才不能济也，能安之者，其在君乎！"这是对曹操的正面肯定和极高期望；裴松之注中又引孙盛《异同杂语》的记载："尝问许子将（即许劭）：'我何如人？'子将不答。固问之，子将曰：'子治世之能臣，乱世之奸雄。'太祖大笑。"这又是对曹操的能力和品格的更深刻的评价，有助于人们更全面地认识曹操。前面提到的赤壁之战，裴注引用《江表传》等有关记载，大大丰富了史料，为后来《资治通鉴》排比取舍，顺次叙述这一重大战役提供了良好的基础。由于裴注所引之书绝大部分都已亡佚，这些注文更是弥足珍贵。

因此,《三国志》与裴注形成了一个不可分割的整体,成为后人了解三国历史的最重要的依据。

这里指出两个值得注意的问题:

其一,裴松之注中引述的材料,并非都是史实,更非他都赞同;其中一部分,"若乃纰谬显然,言不附理,则随违矫正,以惩其妄"。例如,在《三国志·蜀书·诸葛亮传》记载"三顾茅庐"和"隆中对策"后,裴注引鱼豢所撰《魏略》,说刘备屯驻樊城时,诸葛亮主动"北行见备",向其献策,"备由此知亮有英略,乃以上客礼之"。对此,裴松之辩驳道:"臣松之以为亮表云'先帝不以臣卑鄙,猥自枉屈,三顾臣于草庐之中,谘臣以当世之事',则非亮先诣备,明矣。虽闻见异辞,各生彼此,然乖背至是,亦良为可怪。"这里说得非常清楚:"三顾茅庐"是明明白白的史实,决非诸葛亮"北行见备","登门自荐",《魏略》的记载是错误的。如果不注意裴注的体例和原则,就可能断章取义,导致错误的结论。

其二,长期以来,很多人,包括许多专家学者,都误以为裴注比陈寿原书的字数多得多。甚至权威的中华书局排印本《三国志》(陈乃乾点校)的"出版说明"也说:"裴注多过陈寿本书数倍。"其实,这是宋代以来的无稽之谈,相沿已久,积非成是。据吴金华教授统计,陈寿《三国志》共三十六万六千余字,裴松之《三国志注》共三十二万二千余字,陈《志》比裴《注》多出四万余字。希望大家纠正这个错误印象,不要再以讹传讹了。

(本文作者为四川省社会科学院研究员)

宇宙奇书水道记，可不只是地理学

怎样读《水经注》

李晓杰/文

北魏郦道元撰写的《水经注》，是我国古代以水道为纲记载区域地理信息最为著名的典籍。它以西汉王朝的版图为基础（若干地区兼及域外），对许多重要河流及其流域进行综合性的描述，所涉及的内容包括自然地理与人文地理两大部分。英国著名的中国科技史专家李约瑟（Joseph Needham）在其代表作《中国科技史》中称《水经注》是"地理学的广泛描述"。同时，不少至今已经散佚的书籍，由于《水经注》的征引而得以部分保存。因而，《水经注》一书在研究中国古代的历史、地理及文学等诸多方面都有极高的参考价值。

然而，自宋代开始，《水经注》在传抄刊刻过程中出现了较多的散佚，原本四十卷的内容，有五卷不复得见。现在我们看到的《水经注》虽然依旧为四十卷本，但已是后人离析所存原三十五卷内容而得的结果。由于《水经注》在具体内容与版本流传方面所存在的复杂性，想要真正读懂《水经注》绝非一件易事，下面即就如何阅读《水经注》这一话题做一概略性的介绍。

郦道元生平简介

郦道元,字善长,北魏著名地理学家,家乡在今河北省涿州市一个被称为郦亭的村庄。他出身官宦人家,父亲郦范曾为北魏朝廷的要员,出任青州刺史等职。其父去世后,郦道元承继了父亲的爵位,历任一系列要职。他耿介正直、执法清刻严峻,最后在关右大使任上遇害,被追封为吏部尚书、冀州刺史。

郦道元一生好学,历览奇书,生前著述本不限于地理,但流传后世的,唯有《水经注》一种。《水经注》共有四十卷,三十余万字,是郦道元在为官戎马之暇,利用他所搜集到的各种地方文献与他的部分实地考察所得而撰就的一部“宇宙未有之奇书”(刘继庄《广阳杂记》卷四)。其后虽然有明末黄宗羲《今水经》、清齐召南《水道提纲》等相类似的著述出现,但其价值都无法与《水经注》相提并论。在我国古代记载河流水道的著述中,《水经注》一直是“不可无一,不容有二”(沈德潜《沈炳巽〈水经注集释订讹〉序》)的杰作。

《水经》与《水经注》

中国是农业文明古国,自古即对水的利用与治理十分重视,因而很早就有关于水的记载的典籍出现。在成书于春秋战国之交的《尚书·禹贡》与战国秦代之际的《山经》中,即出现了有关水道分布的记载。其后,在班固所撰《汉书》的《地理志》中用极简的文字,将西汉时期的三〇四条水道的情况做了勾勒。东汉许慎《说文解字》虽说是一部按汉字部首进行编排的字典,但在其《水部》中也留下了一〇九条单名水道的简略记载。可以想见其时应该有一类关于水道记载的书籍出现。

郦道元所注释的《水经》,本亦系单独流传,大体成书于东汉末三国时期,一万余字,记载了一三七条水道(《唐六典》卷七)的发源、流程及归宿。郦道元有感于这部《水经》"粗缀津绪,又阙旁通"(郦道元《水经注》原序),于是以之为纲,主要利用他所搜集到的各种相关资料,重做编排与注释,"因水以证地,即地以存古"(王先谦《合校水经注》序),完成了超过《水经》原文近三十万字的《水经注》,涉及的大小河流、湖泊、陂、泽、泉、渠、池等各种水体多至三千余条(赵永复《〈水经注〉究竟记述多少条水》,《历史地理》第二辑,1982 年;传统观点认为《水经注》记载的水道有一二五二条,见《唐六典》卷七),真正做到了他所希望的"旁通",构筑了一个完整的中古时期的地理系统。《水经注》撰成后,《水经》的独立性便逐渐丧失,人们对其文本的重视程度亦几乎为《水经注》所取代。

《水经注》的主要内容与价值

郦道元《水经注》所记载的内容十分丰富。书中对每条水道的发源、流向、二三级支流的汇入、最终归宿等,一一做了详细而有条不紊的描述。对水道所流经的大小城邑及其建置沿革、战争遗址等,也做了比较详尽的记录。不仅如此,还对许多水道流域内的自然环境(山脉、溪谷、川原、气候、土壤、植被等)与人文景观(包括宫殿、苑囿、园圃、寺庙、桥梁、碑刻等)进行了细致的描写。对当地的水利工程、风土人情、神话传说、物产资源、民歌谣谚也不遗余力地进行了记载。在某种程度上,《水经注》可谓一部北魏以前的百科全书。

《水经注》文本的宏丰,为我们从事相关的研究提供了可能。例如,我们利用《水经注》所载水道的资料,并结合相关史料,可以将其时的水道及其支流的流域情况大体复原,从而展现当时的河流水文地貌状况。又如,《水经注》中载有丰富的秦汉至北魏时期的政区地理信息,我们在区分不同时代政区资料的前提下,可以对所记载城邑地望、县级政区边界,以及州、郡级政区的设置情况分别做出合理的、精确的时代还原,从而使断代政区地理的研究最大限度地细化。另外,郦道元为撰写《水经注》,曾涉猎了大量的图书,注文中征引的书籍多达四三六种(郑德坤《〈水经注引书考〉自序》),同时还记录了汉魏时期的许多碑刻,而这些书籍与碑刻,后来大多亡佚,我们现在通过《水经注》中的引用,可以管窥其中的一二,甚至进行辑佚整理。

《水经注》的流传及版本系统

《水经注》成书后的五百多年间,靠写(钞)本得以流传,最早见于官方记载的是《隋书·经籍志》。在隋至北宋的一些类书（如隋代的《北堂书钞》、唐代的《初学记》、北宋的《太平御览》）与地理总志（如唐代的《元和郡县图志》、北宋的《太平寰宇记》）中，可以见到《水经注》被征引的文字。至北宋景祐年间（1034—1038 年），原本四十卷本的《水经注》出现了散佚，仅存三十五卷（后复析分为四十卷）。

在雕版印刷出现之后，《水经注》也有刊刻本流行。迄今已知最早的刻本，是北宋中期的成都府学宫刊本。而现存最早的刻本，则是人们习称的"残宋本"（今藏中国国家图书馆），大约刊于南宋初期，仅存十一卷半（没有一页是完整的），字数尚不及全书的三分之一。虽然如此，书中所反映的版式、行款，可以使我们得知宋刻《水经注》的原貌，仅从此点上来说，已弥足珍贵。

降至明代，在《水经注》版本流传方面形成了两大系统，一为古本系统，一为今本系统。所谓古本，即刊刻、抄写时以保留宋本（或影宋本）行款与文本原貌为准则，即使底本有明显讹误，亦不作改动，尚不涉及校勘研究的版本。如前所述的残宋本与明《永乐大典》本《水经注》及现存的五部明钞本《水经注》即属古本系统。所谓今本，即已经对底本进行研究、校改的版本。自明代最早的刊刻本《水经注》黄省曾刊本以降的诸明、清刻本，皆属今本系统。现今我们一般所能读到的《水经注》版本，也皆为今本系统之列。

《水经注》的研究

对《水经注》的系统研究肇兴于明代，并逐渐蔚为一门专门的学问——"郦学"。真正在《水经注》研究的思路和方法上有所突破的，则是万历四十三年(1615年)李长庚刊刻的朱谋㙔撰《水经注笺》。自宋代起，《水经注》不仅出现了散佚，而且在保留下来的文本中还出了《水经》的《经》文与郦道元的《注》文相混淆的情况。《注笺》本在《经》《注》区分、调整错简、试补脱文等方面做了许多工作，可以说是第一次对《水经注》做了"大手术"。此外，受当时治学风气的影响，明代还出现了以谭元春为代表的点评《水经注》中精彩文句的词章学派，与郦《注》关注历史与地理的本意已经相去甚远。

至清代康熙年间，对《水经注》的考证研究重新占据了主导地位，并影响了乾隆年间研治"郦学"的四大名家：沈炳巽、全祖望、赵一清及戴震。沈炳巽治《水经注》前后数十年，曾携带自己的定本(《水经注集释订讹》)与全祖望讨论，其书中见解大多得到后者肯定，并最终被赵一清收入《水经注释》中。全祖望有关《水经注》的研究，则集中体现在他的《五校水经注》稿本与《七校水经注》钞本之中。赵一清撰《水经注释》，得益于其家小山堂丰富的藏书，以及同全祖望的相互讨论，故其书最终在《经》《注》厘定上取得突破，建树颇丰。此后由戴震主持官修的武英殿聚珍本《水经注》，也有着参阅各种郦书和众人互相讨论的优势，因此殿本在整体的语义通顺、《经》《注》区分及调整错简等方面有着更多的进步。赵、戴二人在《水经注》方面的研究(赵一清后人所刊与戴震所校《水经注》大体相同),还引发了郦学史上著名的"戴、赵相袭"案,经相关学者的长期论战,在 20 世纪 80 年代最终将这一公案画上了句号。

除关注版本校勘之外,清代郦学研究还向舆地方面进行了拓展。咸丰年间的汪士铎撰《水经注释文》,在地望考证和河流流路的梳理上都有所贡献,并在此基础上,他还绘制了相关舆图。其后,杨守敬、熊会贞绘制的《水经注图》则代表了其时舆地制图类《水经注》的一个巅峰。在编绘这套图集时,杨、熊二氏发现,依照制图的需要,必须对殿本《水经注》文字不断查证和修订。在此过程中,《水经注疏》的雏形开始形成,并历经数十年的努力,最终完成了这部郦学传统研究的集大成之作。

此后,王国维、胡适等学者对《水经注》的研究都用力甚多。当代之中,陈桥驿是治郦名家,有多种相关研究的著述刊布。

几部可以延伸阅读的《水经注》著述

1.《水经注》,戴震校,《四部丛刊初编》影印本,商务印书馆,1919 年;陈桥驿点校本,上海古籍出版社,1990 年。

2.《合校水经注》,王先谦校,中华书局影印本,2009 年。

3.《水经注疏》,杨守敬、熊会贞疏,段熙仲点校,陈桥驿复校,江苏古籍出版社,1989年。

4.《水经注校证》,陈桥驿校证,中华书局,2007年。

（本文作者为复旦大学历史地理研究中心教授）

超过 1400 年的叙事，你要如何读它？

怎样读《资治通鉴》

《资治通鉴》的编撰

《宋史·司马光传》里面记载过司马光两个童年故事，除了妇孺皆知的"司马光砸缸"之外，还有一个不太受人注意的故事。然而正是这个不为一般人重视的童年故事，和司马光的终身成就有着更为直接的联系。司马光六岁就学，七岁开始就迷恋上了《左传》这部书，"自是手不释书，至不知饥渴寒暑"（苏轼《司马温公行状》）。司马光编撰《资治通鉴》，与幼年嗜读《左传》，应该有着密切的联系。这从《资治通鉴》的体裁选择和时代断限上，都能得到佐证。首先，在体裁上，《资治通鉴》选择的是和《左传》一致的编年体；其次，在断限上，《资治通鉴》始于"三家分晋"，是接着《左传》往下写的。

《左传》叙事结束于鲁悼公四年（前 464 年）知伯荀瑶率晋师

伐郑,及悼公十四年(前454年)晋国赵、魏、韩三家灭知伯。关于三家灭知伯,《左传》只简单地交代了下结果,并未就整个过程展开具体叙述。《资治通鉴》开篇第一句话:"初命晋大夫魏斯、赵籍、韩虔为诸侯。"这是"三家分晋"的正式完成,发生在周威烈王二十三年,即公元前403年。司马光根据书中的纪年标识,在《进〈资治通鉴〉表》中说,这部书囊括了1362年的历史(《资治通鉴》结束于公元959年,陈桥兵变的前一年)。后人一般也沿用这一说法。事实上,从叙事角度看,《资治通鉴》涵盖的历史跨度并不止1362年。司马光把"初命晋大夫魏斯、赵籍、韩虔为诸侯"放在全书第一句,是为了突出批判意识(诚如胡三省所谓:"此温公书法所由始也。"详参拙著《帝王教科书》第二讲《意蕴深远的开篇》),并非《资治通鉴》叙事的起始年限。在这句话之后,司马光用倒叙手法,详细追述了三家灭知伯的全过程,体现了既接续《左传》,又弥补《左传》的特点。故《资治通鉴》真正的叙事年限应超过了1400年。

司马光很早就开始着手这部书的编撰。最初编成了《历年图》五卷,起于周威烈王二十三年,止于宋朝建立前,是1362年间历朝大事记,提纲挈领。于治平元年(1064年)进呈给宋英宗。很多学者把这份《历年图》看作司马光创作《资治通鉴》的提纲。

之后不久,这项庞大的编年史写作计划的前八卷内容完成,司马光将之命名为《通志》,于治平三年(1066年)进呈给宋英宗,内容包括从三家分晋到秦二世三年(前207年)。宋英宗看了之后,决定将司马光编修史籍的工作转变为官方行为,由政府出资募员,司马光领衔,来完成一部讲述"历代君臣事迹"的史书。司马光和宋英宗沟通后,决定将这项工作放在编撰《通志》的原计划基础上进行。这是这部编年体通史成为官修书之始。很多文献都说《资治通鉴》的编撰,前后历经 19 年(完成于宋神宗元丰七年,即 1084 年),就是把治平三年(1066 年)作为编修的起始年来算的。这个算法其实也不确切。如前所述,这一年只能算这部书成为官修书的开端,事实上司马光的准备工作和早期编写工作早就开始了。

在得到宋英宗的支持之后,司马光开始挑选助手,强化编修程序。司马光将编修程序分为三步。第一步是将所有史料按年月汇集,称作"丛目";第二步是在"丛目"基础上,将无益于治道的内容予以删削,也要对一事多说者进行辨析、提炼,称之为"长编";第三步是在"长编"基础上删定成书。三位助手完成前两步工作,最终司马光亲自笔削定稿。

治平四年(1067 年)春,司马光完成了第一批定稿。这时候宋英宗已经去世了。所以这第一批定稿进呈给了继任的宋神宗,并由司马光在经筵中为宋神宗讲解相关内容。宋神宗为这部书写了篇序言(由当时的翰林学士王珪代笔),并正式将该书赐名为《资治通鉴》,取"鉴于往事,有资于治道"之意。

《资治通鉴》的读本

《资治通鉴》最终于宋哲宗元祐元年(1086 年)校订完毕,并于杭州镂版刊行。同一年,司马光去世。宋哲宗亲政以后,一反司马光与太皇太后高氏领导的元祐政治,立志绍述乃父熙丰新法。反王安石阵营,以及与司马光政治意见接近的朝野人士受到打击。宋徽宗时,定下"元祐党籍"并刻碑。司马光被视为元祐党领袖,《资治通鉴》也差点遭毁版之厄运。幸赖刻版前缀有当初宋神宗所赐的"御制序",这部伟大的著作才得以保存下来。

1086 年镂版于杭州的这个最初版本,已久不见于人间。我们今天能看到的,比较早、比较流行、质量也比较高的本子,是宋高宗绍兴二年至三年(1132—1133 年)两浙东路茶盐司公使库刻本,完成于当时的余姚。民国时代"四部丛刊"和近年"中华再造善本"影印的《资治通鉴》,就是以这个本子为主的。

对于今天的读者来说,《资治通鉴》的最佳读本,当然还是20 世纪 50 年代由中华书局出版的标点本,这也是迄今为止最好的一个整理本。这次整理,选择了清代胡克家翻刻的元刊胡三省音注本《资治通鉴》作为底本。选择这个底本最大的好处是,读者在读到《资治通鉴》原文外,还能读到胡三省的注释。胡三省的注释是古人研究《资治通鉴》最重要的成果之一。

此外,中华书局的整理本还将当初司马光和他的助手们编集的《资治通鉴考异》逐条散布在相关历史事件下。《资治通鉴》是编年体,每个历史事件只能在某一个确定的时间点上出现一次。它不像《史记》这样的纪传体史书,同一件事,比如"鸿门宴",可以在项羽、刘邦的本纪或张良、樊哙的传记中多次出现,每次出现都可以有不同的侧重点,甚至可以有不同的说法。简单说,编年体对于史事的要求是:一件事只能有一种说法。但问题是,很多历史事件都有可能存在不同甚至是相互矛盾的说法。对编年体史书的作者来说,如何判断、取舍这些相互歧异甚至于矛盾的史料,势必成为一个棘手的问题。前文介绍《资治通鉴》编纂的基本步骤时介绍过,有一个从"丛目"到"长编"的过程。司马光要求助手们在编写"长编"的时候,碰到一事多说者,对任何一种不同说法都要详加考察,或取一种比较合理的记载,或吸收不同说法中各自的合理成分,以折衷成一种比较客观的陈述。这对于修史者来说,是一项难度很大的工作,未必能事事折衷,也不能确保编纂者的每次选择都是正确的。碰到这些情况,司马光和助手们并不是简单地将不同说法舍弃,而是另外汇集成一部《资治通鉴考异》,对相关史料进行剖析,说明《资治通鉴》的取舍理由。因此,后人用"长编考异法"来概括《资治通鉴》编纂在学术上的特点。讲得简单点,"长编考异法"也就是尽可能占有史料,尽全力辨析史料。直到今天,这套方法还是历史研究的基础。中华书局整理本将《考异》散在正文之下,有利于读者深入了解《资治通鉴》及相关历史内容。

对于绝大多数非文史专业读者来说,要通读这样一部皇皇巨著,恐怕是很有难度的。文言文以及历史背景知识,都可能成为阅读的障碍。很多读者都希望有一部白话本《资治通鉴》,以辅助阅读。市面上有不少品种的白话本《资治通鉴》,在此想略为讨论一下市面上比较流行也非常有影响的一种,即柏杨版白话《资治通鉴》。编写者在这套书上的确费了不少工夫,内容比较完整,出现得也比较早,在大陆出版后即大受欢迎。但柏杨这套书除了白话翻译外,还加塞了他本人的很多评论。我想提醒大家的是,柏杨在解读中国历史的时候,有自身的意识形态立场。读他的书,借助其白话文来帮助理解《资治通鉴》原文,完全可以,但千万不能被他的个人思想牵着鼻子走。

柏杨是台湾"自由化"运动的积极参与者,他评论中国历史的作品,多数都是以推动台湾"自由化"为目的的,包括这部白话《资治通鉴》,所以他才会在开卷的地方批评司马光缺乏民主思想。站在历史角度来看,柏杨对司马光的这番批评纯属无理取闹。每一代精英只能在历史给予他的条件下努力行事,没有人能超越历史。如果生活在将近一千年前的司马光具有民主思想,那才是咄咄怪事。研究历史、解读历史的前提,是尊重历史。不应该以今人的尺度讥诮古人,更不应该通过对古人的无理攻击来达到自己的目的。否则,无论其试图达到的目的有多正当,其手段都是不正确的,其思想深度也是可疑的。而且,随着人们对传统文化的认识逐步深入,中西方文化比较研究成果的逐步丰富,柏杨这批人所持的批判传统的立场,其本身也是值得怀疑和批判的。

也有很多读者,可能只是想对《资治通鉴》的风貌作些了解,而并不执着于读完整部书。针对这样的读者,我们推荐一些节选本。市面上《资治通鉴》的节选本也有很多。老一辈学者中,瞿蜕园、王仲荦都分别选注过《资治通鉴》。我想重点向大家推荐的,是 1965 年中华书局出版的、由王仲荦编注的《资治通鉴选》。这是郑天挺主编的"中国史学名著选"的一种。

这部《资治通鉴选》辑录的内容虽不多,只涉及"张骞通西域""党锢之祸""黄巾起义""北魏孝文帝变法""唐并东突厥""安禄山之乱""黄巢起义""契丹灭后晋"等八个主题。但编选者的眼光,可以从文本中得到充分体现。

举一个例子。王仲荦对"安禄山之乱"相关内容的节选,是从《资治通鉴》原书第二百十七卷天宝十三载(754年,即叛乱的前一年)安禄山入朝唐玄宗于华清宫开始的。之后《资治通鉴》又记载道:"太清宫奏:'学士李琪见玄元皇帝(按,指老子,据说老子姓李,李唐因认为祖宗)乘紫云,告以国祚延昌'。"此后在叙述安禄山准备谋反的过程中,司马光又频繁插叙唐玄宗往来于长安与华清宫之间。这些看上去很枝蔓,与"安禄山之乱"这个主题没有太多直接关系的内容,王仲荦在编选时,全部予以保留,没有作任何删节。恰是这种看似无所作为的编选方式,体现出了王仲荦这个选本的高明之处。何以见得?

我们来做个对比。袁枢的《通鉴纪事本末》也是史学名著。《通鉴纪事本末》对《资治通鉴》原文做了不少删节。比如对原著第二百一十七卷相关内容的选取,在说完安禄山入朝之后,就介绍安禄山私蓄良马,紧接着又说他如何收拢人心。把李琪见玄元皇帝、唐玄宗往来于华清宫的内容全都删除了,看似剔蠲了旁枝余叶,紧锣密鼓地铺叙反叛预谋。

《资治通鉴》为什么要在这里插叙这些看似与安史之乱无关的内容?看看那条奏报李琪见到"玄元皇帝"的记载,其中说到这位所谓的"玄元皇帝","乘紫云,告以国祚延昌"。多么巨大的讽刺啊！巨奸在侧,大难旋至,一朝君臣仍沉湎在自我制造的太平神话中,宣告国祚延昌,未能欺人,却实实在在欺骗了自己。再看看那些关于上清宫、华清宫的记载,一个荒殆、迷信的唐明皇,不正是安禄山顺利起事的保障吗？看明白这一点,我们就能领悟,《资治通鉴》的叙事其实是非常高明的。这些看似与安禄山叛乱无关的枝枝叶叶,都是在帮助读者绘制一个更加全面的历史图像。在这一重大历史事件中,我们不仅要关注安禄山干了些什么,更要关注唐明皇同时在干什么。

《通鉴》这一手法形成的强烈对比,效果绝不亚于"渔阳鼙鼓动地来,惊破霓裳羽衣曲"的文学性描述。令人遗憾的是,这些内容在《通鉴纪事本末》中都不见了,留给读者的,是一个干枯而残缺的文本。而王仲荦的选本,看似很懒散,没有对原文作修剪。但事实上,这样不妄做改动的选本,恰恰是参透了《资治通鉴》的三昧。

顺便一提,很多老师都非常重视《通鉴纪事本末》。这部书,对于不熟悉历史事件的初学者来说,的确是入门的好把手。但也诚如很多前辈已经指出的那样,袁枢的才、学、识都很一般,改写《资治通鉴》的过程中往往遗失了很多原著的精神。我们还是不能以它来代替《资治通鉴》。

（本文作者为复旦大学历史系副教授）

子

· 心游意骋

怎样读《老子》

章启群/文

　　《老子》又称《道德经》，全文五千余言，是中国道家和道教首屈一指的经典。《老子》还被翻译成多种文字，与《圣经》《伊索寓言》等一样，是全人类阅读最多的书之一。

　　《老子》的作者有李耳、老聃、老莱子等几种说法，《老子》成书的故事也非常神奇。虽然《史记·老子韩非列传》有些记述，但仍然没有确切的时间地点和史料证明。目前所见最早的《老子》文本是郭店出土楚简，约一千七百余字，年代在公元前300年左右。其次是马王堆帛书《老子》，与今本字数大致相等，文字有部分误夺，年代是西汉初年。比较流行的《老子》是河上公本和王弼本。今日一般可读楼宇烈《王弼集校释》、朱谦之《老子校释》，深入阅读可参看高明《帛书老子校注》以及郭店《老子》对校辨析的相关著作。

　　大约从韩非《解老》《喻老》起，"老学"源流几千年，著述不计其数，见仁见智，莫衷一是。而我观《老子》，简而言之，以为所言不外"道"和"术"。论道是哲学；论术则属于其他学科的学问，术就是谋略、战略战术。道与术也有交叉融通，例如"无"是道，"无为"就是术。

一

《老子》哲学，首先是宇宙论，即关于宇宙万物的生成、演进的论述：

> 道生一，一生二，二生三，三生万物。万物负阴而抱阳，冲气以为和。（四十二章）

"道"是宇宙万物的本源。"一""二""三"有各种说法。大多学者认为，"一"是"太一"或气，"二"是阴阳，"三"是气和阴阳交合。孔子和儒家没有论述宇宙万物的生成演化，因此，这是中国最早的哲学宇宙论。

那么，"道"又是什么性状呢？《老子》说："道之为物，惟恍惟惚。"（二十一章）因此，道是难以言说的，"道可道，非常道"（一章）。道的德性是"万物作焉而不辞，生而不有，为而不恃，功成而弗居"（二章）。"辞"意即"始"。道创始万物而不以此自居、自傲，因此，道本身就有至德："生而不有，为而不恃，长而不宰，是谓玄德。"（十章）而得道则为德，故"道生之，德蓄之，物行之，势成之。是以万物莫不尊道而贵德"（五十一章）。

道也是"无":"天下万物生于有,有生于无。"(四十章)"无"不仅是宇宙万物生成之源,也是现实世界所有事物的构成原则和原理:

> 三十辐共一毂,当其无,有车之用。……埏埴以为器,当其无,有器之用。凿户牖以为室,当其无,有室之用。故有之以为利,无之以为用。(十一章)

这是个非常深邃的哲学思想,对20世纪德国哲学家海德格尔有深刻影响。道所遵循的法则是自然:

> 人法地,地法天,天法道,道法自然。(二十五章)

自然就是自然而然。自然本身是否具有伦理上善的性质?《老子》的说法颇有矛盾。一方面说:"天道无亲,常与善人。"(七十九章)"天之道,其犹张弓与!高者抑之,下者举之;……天之道,损有余而补不足。人之道则不然,损不足以奉有余。"(七十七章)"天之道,利而不害。"(八十一章)另一方面又说:"天地不仁,以万物为刍狗;圣人不仁,以百姓为刍狗。"(五章)无论怎样,道也是宇宙万物的主宰,是令人畏惧的东西:

> 天得一以清,地得一以宁,神得一以灵,谷得一以盈,万物得一以生,王侯得一以为天下贞。其致之。天无以清将

恐裂,地无以宁将恐发,神无以灵将恐歇,谷无以盈将恐竭,万物无以生将恐灭,侯王无以高贵将恐蹶。(三十九章)

天之道,不争而善胜,不言而善应,不召而自来,繟然而善谋。天网恢恢,疏而不失。(七十三章)

"一"也是指道。因此,对待道要敬畏、顺从。故"上士闻道,勤而行之;中士闻道,若存若亡;下士闻道,大笑之,不笑不足以为道"(四十一章)。由于道既不能明确地说,也不能用知识传授,"明道若昧,进道若退,夷道若颣"(四十一章)。无为是悟道的最好方式:"为学日益,为道日损。损之又损,以至于无为,无为而无不为。"(四十八章)

《老子》的哲学没有论证,是独断论。这是人类早期哲学的普遍特征。

二

《老子》的另一个独特之处,是有四位帝王为《老子》作注,即唐玄宗李隆基、宋徽宗赵佶、明太祖朱元璋、清世祖爱新觉罗·福临。更令人称奇的是,梁元帝萧绎不仅著有《老子讲疏》,还在兵临城下国破家亡之际,给群臣讲《老子》。帝王喜欢《老子》的奥秘,正是有人认为《老子》讲的是"南面之术",即帝王的统治术。

《老子》认为,治国也离不开道:"道常无名,朴虽小,天下莫能臣也。侯王若能守之,万物将自宾。"(三十二章)"朴"也是指道。《老子》的统治术最根本的一条还是无为,或说无为而治。"取天下常以无事,及其有事,不足以取天下。"(四十八章)故圣人云,"我无为而民自化,我好静而民自正"(五十七章),"治大国若烹小鲜"(六十章)。"我无事而民自富,我无欲而民自朴。"(五十七章)在《老子》看来,"民之难治,以其上之有为"(七十五章)。"民之难治,以其智多。故以智治国,国之贼;以不智治国,国之福。"(六十五章)汉初就是采取《老子》这一思想,休养生息。但是,说是无为,还要有所为。帝王的治国妙要在于:"为之于未有,治之于未乱。"(六十四章)

《老子》以为,欲望是罪恶之源,也永远无法满足。若要人们安宁幸福,就要消除欲望。

> 五色令人目盲,五音令人耳聋,五味令人口爽,驰骋畋猎令人心发狂,难得之货令人行妨。(十二章)
> 罪莫大于可欲,祸莫大于不知足,咎莫大于欲得。(四十六章)
> 绝巧弃利,盗贼无有。……见素抱朴,少私寡欲。(十九章)

《老子》认为,统治者对付子民百姓最愚蠢的办法是使用强权和暴力。《老子》的表述非常彻底:"民不畏死,奈何以死惧之!"(七十四章)《老子》也反对用武力处理国际关系:"兵者,不祥之器,非君子之器。不得已而用之,恬淡为上,胜而不美。"(三十一章)"以道佐人主者,不以兵强天下。"(三十章)处理国际关系的准则是谦下,这样最为有利:"故大国以下小国,则取小国;小国以下大国,则取大国。"(六十一章)如果不得已打仗,《老子》的战略思想是:"以正治国,以奇用兵。"(六十章)

《老子》除了有"南面之术",今属政治学,还有关于经商之道的经济学、关于战争的军事学等。从普通人角度看,也有生存之术,即谋生之道。

三

对于所有人来说,《老子》认为身体是最为重要的,这也是道教的根据。

> 故贵以身为天下,若可寄天下;爱以身为天下,若可托天下。(十三章)
>
> 名与身孰亲?身与货孰多?……多藏必厚亡。(四十四章)

不过,《老子》也认为:"死而不亡者寿。"(三十三章)若要保身,则需要智慧:"古之善为士者,微妙玄通,深不可识。"(十五章)关键是有自知之明:"知人者智,自知者明。胜人者有力,自胜者强。"(三十三章)"圣人自知,不自见(现);自爱,不自贵。"(七十二章)"知不知,上;不知知,病。夫唯病病,是以不病。圣人不病,以其病病。"(七十一章)意思是圣人知道自己所短。"知常曰明,不知常,妄作,凶。"(十六章)"常"意指静守。在处世智慧中,《老子》特别强调示弱、不争和退守。

　　金玉满堂,莫之能守。富贵而骄,自遗其咎。功成身退,天之道。(九章)

　　夫唯不争,故无尤(咎)。(八章)

　　夫唯不争,故天下莫能与之争。(二十二章)

　　江海所以能为百谷王者,以其善下之。(六十六章)

　　天下莫柔弱于水,而攻坚强者莫之能胜,其无以易之。(七十八章)

　　上善若水。水善利万物而不争,处众人之所恶,故几于道。(八章)

"几"意类似、接近。因此,对于儒家宣扬的"杀身成仁"等思想,《老子》坚决反对,相反提出:"绝圣弃智,民利百倍;绝仁弃义,民复孝慈"(十九章);"失道而后德,失德而后仁,失仁而后义,失义而后礼"(三十八章)。圣人更是如此:"圣人处无为之事,行不言之教。"(二章)"圣人之道,为而不争。"(八十一章)圣人都是无知无欲的,其状如婴儿:"圣人在天下歙歙,为天下浑其心。圣人皆孩之。"(四十九章)"含德之厚,比于赤子。"(五十五章)"知其雄,守其雌,为天下溪。为天下溪,常德不离,复归于婴儿。"(二十八章)

四

《老子》中还有一些格言警句常常被人们津津乐道。这些格言警句展示出《老子》独特的思维方式。比较突出的是反向思维。例如：

> 曲则全，枉则直，洼则盈，敝则新，少则得，多则惑。（二十二章）
>
> 大成若缺，其用不弊；大盈若冲，其用不穷。大直若屈，大巧若拙，大辩若讷。（四十五章）
>
> 祸兮福之所倚，福兮祸之所伏。（五十七章）

《老子》也把这种思想提升到道的规律和法则：

> 反者，道之动；弱者，道之用。（四十章）
>
> 大曰逝，逝曰远，远曰反。（二十五章）

还有一些则是人们耳熟能详的句子：

> 大方无隅，大器晚成，大音希声，大象无形。（四十一章）
>
> 有无相生，难易相成，长短相较，高下相倾，音声相和，

前后相随。（二章）

　　信言不美，美言不信。（八十一章）

　　马王堆帛书"大器晚成"为"大器免成"，应该更符合上下文的意旨。"无"是指本体，或最高的极致的事物。但是，《老子》中的这些内容很难说是哲学，应该只是具有哲理的思想。正如苏轼的"不识庐山真面目，只缘身在此山中"一样。

　　五千言《老子》是人类智慧瑰宝。拙文以不到四千字言说《老子》，无异于以管窥天。然而，《老子》的魅力也在于永远说不尽。

　　　　　　　　（本文作者为北京大学哲学系教授）

超越 2500 年时空的兵法哲学

怎样读《孙子兵法》

黄朴民/文

　　《孙子兵法》是中国最为杰出的兵学著作,被人们尊奉为"武经冠冕""百世谈兵之祖",自问世以来,对中国古代军事文化的形成和发展产生了极其深远的影响。它的很多合理内核,直到今天仍闪耀着智慧的光芒,不仅对现代军事理论的建设和发展具有重大借鉴意义,还渗透到军事以外的领域,对商业竞争、企业管理、外交谈判、体育竞赛等也有深刻的启迪。从这个意义上来讲,《孙子兵法》具有超越时空的价值。

　　阅读《孙子兵法》要坚持三个原则。首先,是要坚持回归经典自身的整体性原则。《孙子兵法》十三篇是一个完整、有机的思想体系。每篇既是一个独立的整体,篇与篇之间又相互保持密切的联系。前后十三篇逻辑严谨,层层递进,首尾呼应,浑然一体,对战争的平时准备,战略计划的制定,战役程序的组织,战术手段的运用,以及行军、保障、各种地形条件下的作战行动及特殊战法都做了层次分明、前后贯通的阐述。其思维的整体性和思辨的深刻性在先秦诸子中也是罕有其匹的。

全书从战略运筹、战争预测(《计篇》)起步,经战争准备(《作战篇》)、运用谋略(《谋攻篇》)、发展实力(《形篇》)、创造有利态势(《势篇》)、灵活用兵、争夺先机、因敌变化而取胜(《虚实篇》《军争篇》《九变篇》),到解决"处军相敌"(《行军篇》)、利用地形(《地形篇》)、掌握兵要地理(《九地篇》)、实施火攻(《火攻篇》)、搜集情报、以资决策(《用间篇》)等具体的战术问题,始于"知彼知己",又终于"知彼知己",恰好规划了一个完整的战争程序。其篇次结构序列设计,注重按用兵制胜的要领与方法加以逻辑展开,以战争规律性为立足点。曾有人这么认为:"十三篇结构缜密,次序井然,固有不能增减一字,不能颠倒一篇者。"(蒋方震等《孙子浅说·绪言》)在某种程度上说,这话不无道理。

只有从整体性上理解和把握,我们才能避免对《孙子兵法》作片面的解读。例如,许多人推崇《孙子兵法》的讲谋略,甚至认为《孙子兵法》与《三十六计》是同类。这显然是一种偏颇的识见。《孙子兵法》当然讲谋略,提倡"上兵伐谋",以谋制胜。但是《孙子兵法》更是注重实力建设,认为实力是基础,无实力作后盾,则谋略无所施展其作用。"巧妇难为无米之炊",要战胜对手,前提是做强、做大自己,"立于不败之地,而不失敌之败也"。所以,它主张"先为不可胜",强调"胜兵先胜而后求战","胜兵若以镒称铢"。这里,《孙子兵法》所揭示的是主观能动性与客观规律性的辩证统一关系,提倡既要尊重客观实际,遵循客观规律性,又要重视发挥人的主观能动性。这是与光强调谋略,将"瞒天过海""借刀杀人""顺手牵羊""浑水摸鱼""趁火打劫"之类阴谋诡计奉为圭臬的《三十六计》有着云泥之别的。如果仅仅视《孙子兵法》为谋略的渊薮，那显然不是正确的有关《孙子兵法》整体性的认知与把握。

其次，是要坚持认识经典要义的灵活性原则。《孙子兵法》的灵魂，在于强调"兵无常势，水无常形，能因敌变化而取胜者，谓之神"。在孙子看来，兵法的许多基本原则，如"高陵勿向，背丘勿逆""围师必阙，穷寇勿迫"之类，是无数次战争经验与教训的沉淀积累，是千万人用鲜血与生命换取的结晶，自然应该充分尊重，加以借鉴和传承。但是，对这些兵学原则，又不能过于迷信，亦步亦趋，而必须结合新的状况，针对不同的对手，根据不同的条件，灵活机变，出奇制胜。孙子希望人们学习兵法，但他的终极宗旨是期盼人们在学了兵法之后忘掉兵法。在孙子的心目中，没有规则，就是唯一的规则；没有规则，就是最高的规则。所谓"形兵之极，至于无形"。用岳飞的话讲，就是"阵而后战，兵法之常。运用之妙，存乎一心"。

历史上有不少将领由于不懂得这个道理，食古不化，一味迷信兵学教条，不但没能在战场上克敌制胜，建功立业，反而大败亏输，覆军杀身，成为纸上谈兵的典型。像三国时的马谡，他对《孙子兵法》可谓是稔熟于心，其在街亭之役中，行军布阵，处处遵循《孙子兵法》的要求，兵法要求军队屯驻宜"居高向阳"，他就部署军队于高丘之上，声称"居高临下，势如破竹"。别人提醒他山上无水源，若遭敌军包围，就容易陷入不战自乱的困境，他亦拿出《孙子兵法》的话来为自己作支持，"置之死地然后生，投之亡地然后存"。而忘了自己的对手乃号称曹魏五子良将的宿将张郃，人家走过的桥比自己走过的路还长，吃过的盐比自己吃过的米还多。若不玩《孙子兵法》，尚不至于败得如此不堪，而拘泥《孙子兵法》的教条，则输得惨到自己的命都给搭进去了。

由此可见，在今天读《孙子兵法》，不能把兵法原理当作教条，而要结合实际情况来灵活运用这些原理，与时俱进，在原有理论的基础上发明新的理论、新的战法，这才是理解和运用《孙子兵法》的最上层境界，也是现代社会竞争中掌握先机、立足主动的根本前提。

其三，是要坚持理解经典价值的超越性原则。《孙子兵法》是一部成书于 2500 年前的兵学著作，它之所以在今天还为人们热爱、阅读，自是其拥有独特的魅力，具有时空的超越性。更为重要的，它已超越了单纯的军事领域，而具有了哲学意义上的普遍性价值。从本质上讲，《孙子兵法》是一部哲学著作，是一种思想方法论，充满哲学启迪与人生智慧。

像在理想层面的"求全"和在操作层面的"取偏"，就是孙子朴素辩证思维理性的表现之一。

中国文化在某种意义上也可以称为"求全"文化，追求万全，争取圆满，是人们孜孜以求的理想目标。在这样的"求全"文化氛围笼罩之下，孙子同样对"全"情有独钟。《孙子兵法》十三篇中，孙子提到"全"的地方多达十余处，如"知彼知己，胜乃不殆；知天知地，胜乃可全"，"兵不顿而利可全"，"自保而全胜"，等等，可见，"全"在孙子的兵学理论体系中具有十分重要的意义。

但更加了不起的是，孙子同时还是一位清醒的现实主义者。在他的心目中，"求全"只能是一面旗帜，一种理想，一个口号，如果过于拘泥胶着于"全胜"，而忘记了战争厮杀这个残酷的铁血事实，将"理想"同"实际"简单地等同起来，则不免是"迂远而阔于事情"，自欺欺人了。换言之，孙子已清醒地认识到，一味追求万全之策是不现实的，事实上很难有真正的万全，更不应为追求万全、争取圆满而患得患失，瞻前顾后，投鼠忌器，优柔寡断，以至于错失战机，与成功失之交臂。

正因为孙子早已将这层关系明了于胸，所以他在高举"全胜"这杆大旗，理念上汲汲追求万全之策的同时，在具体操作的层面上一直磨砺"战胜"这把尖刀，注重"取偏"的实效，特别强调突出重点，剑走偏锋，主张集中兵力，发挥优势，寻找突破口，各个击破，在此基础上扩大战果，克敌制胜，"故为兵之事，在于顺详敌之意，并敌一向，千里杀将"。孙子指出战略家最大的过错，在于不分主次轻重缓急，眉毛胡子一把抓："故备前则后寡，备后则前寡，备左则右寡，备右则左寡，无所不备，则无所不寡。"

由此可见，在"兵圣"孙子那里，理想上"求全"与操作上"取偏"是高度统一的。孙子真正明白了"舍得"这层道理，得与失是辩证的，舍得舍得，说到底是有舍才有得，所以孙子强调五"不"："途有所不由，地有所不争，城有所不攻，军有所不击，君命有所不受"，决不能为求"全"而大包大揽，决不应为"全胜"而放弃"战胜"，一切要突出重点，抓住关键，牵一发而动全身，"以正合，以奇胜"。应该说,孙子这种剑走偏锋的思维方式充满深邃的哲理精髓。老子说"少则得,多则惑",其所体现的精神旨趣,正与孙子"无所不备,则无所不寡"的理念相吻合。

很显然,孙子有关"求全"与"取偏"平衡统一的辩证思维,反映了理想与实际的统一,终极目标与阶段任务的统一。这在今天也是很有价值的。

可以说,《孙子兵法》的价值集中体现在它的辩证思维上,和《老子》一样,它充满鲜明的超常思维与逆向思维特征,善于在合理中发现不合理,在正常中发现不正常。如既强调健全法制、制定规章的重要性,"修道而保法",又主张超越法纪、超越制度,"施无法之赏,悬无政之令"。既提倡军队统一号令、令行禁止,"令素行""一人之耳目",又推重机断指挥、不唯上令,"君命有所不受"。既肯定爱护民众,关心民众的必要性,"视卒如爱子""唯民是保",又反对无原则的爱民、汲汲于讲求廉洁奉公,认为"廉洁""爱民"会成为军队覆灭、国家危亡的祸因。表面上对立的事物,合在一起恰恰能成为最大的合理,所谓"一阴一阳谓之道""一正一反谓之道"。这种善于反向思考事物利弊得失的思想方法论,无疑是《孙子兵法》一书留给我们的最佳资源。它具有时空的超越性,是《孙子兵法》的精华之所在,也是其具有当代启示意义的象征。读《孙子兵法》的重中之重,就是发掘和借鉴它的思维方式,为提升自己的能力创造条件。

总之,要真正读通这部兵学经典,第一是必须回归原典,真正了解和把握《孙子兵法》近六千字的含义、思想内容、逻辑体系。第二要放开视野,以深厚的历史文化知识作为支撑,避免出现将"伐交"误读为从事外交角逐之类的问题。第三要跟中国漫长的军事史结合起来,看看它的一些原则是怎样运用到军事领域的,是如何帮助将帅在战场上克敌制胜、叱咤风云的。第四要比较地学,跟其他兵书如《司马法》《吴子》《六韬》《黄石公三略》等兵学名著进行综合对比的学习。第五要借鉴西方近现代军事理论,"他山之石,可以攻玉",在中西军事文化交流融通的前提下,前瞻性地学习、研究和弘扬。第六,也是最为重要的,是有重点地学,体认它辩证能动的思维方法,掌握它的超常思维、逆向思维,增强我们的聪明才智,在人生事业中争取主动权,立于不败之地。这六个方面结合起来,读懂《孙子兵法》肯定是瓜熟蒂落、水到渠成,运用《孙子兵法》也必然是炉火纯青、出神入化。

（本文作者为中国人民大学图书馆馆长、国学院教授）

被"冷落"的百科全书

怎样读《墨子》

常　森/文

在我国历史长河中,《墨子》一书的命运和经历相当独特。比如,很多传世先秦典籍至少在唐以前就形成了具有高度稳定性的经典文本,可《墨子》的经典文本至今都没有形成。从秦汉至清中叶,历代统治者均不提倡《墨子》之学,士人也绝少理会,以至于两千多年间几无学者研究或批注该书。今天我们读《墨子》,最好是读孙诒让《墨子间诂》,而以今人吴毓江《墨子校注》作辅助。

《墨子》堪称古代百科全书,其内容涉及哲学、政治、逻辑、科技、军事等各个方面。据学者研究,今本《墨子》之前两篇,即《亲士》和《修身》,应为墨子自己所作,带有学于儒家又脱离儒家的痕迹;接下来五篇,即《所染》《法仪》《七患》《辞过》《三辩》,可视为墨子中年时期讲学的记录,乃墨子去世后其弟子根据记录增益而成,为墨子思想之纲要;第八篇到第三十九篇(中缺八篇),共十一个题目,即《尚贤》《尚同》《兼爱》《非攻》《节用》《节葬》《天志》《明鬼》《非乐》《非命》《非儒》,各题往往分上、中、下,大多数篇章均以"子墨子言曰"开头,殆为墨子去世后墨家三派各据所记而整理的墨子讲学记录,是研究墨子和早期墨家最基本最可靠的材料;第四十篇到四十五篇,即《经上》《经下》《经说上》《经说下》《大取》《小取》,应当是战国后期墨家之作品,非出于一人之手,也非出自一时;第四十六篇到五十篇,即《耕柱》《贵义》《公孟》《鲁问》《公输》,是墨子后学关于墨子及其主要弟子言行的记录,写成时间应当较早,为研究墨子生平事迹的可靠材料;第五十二篇到七十一篇(中缺九篇),即《备城门》等,当是墨子讲授防御战术和守城工具的著作,由禽滑釐及其弟子根据记录整理而成,写于墨子晚年及禽滑釐时代。(参阅孙以楷等《墨子全译》前言)

读《墨子》,首先要了解墨子言说之特点

众所周知,墨子"非乐"。如果把墨子反对之乐看成艺术的代表,可以说在艺术方面,墨子表现了小生产者汲汲于功利的特点,他可能是我国历史上最早的知美却反对求美的学者。无疑,墨子之"非乐"不仅反对音乐活动本身,而且反对社会上层欣赏音乐时衣食住行诸方面的享乐,因为这些不符合兼爱百姓之道。可无论如何,他毕竟是出于功利的考量,摒弃了美好的艺术。《墨子》文章映射了墨家重功利的特点。在先秦诸子中,它可能是最缺乏文采的,无《论语》之简约深远,无《孟子》之雄辩恣肆,

无《荀子》之缜密精细,更无《庄子》之奇诡谬悠。先秦时候就有人说它"不辩"了:"今世之谈也,皆道辩说文辞之言,人主览其文而忘有用。墨子之说,传先王之道,论圣人之言,以宣告人。若辩其辞,则恐人怀其文忘其〔用〕,直以文害用也。……故其言多不辩。"(《韩非子·外储说左上》)实际上,向世人宣传自己的理念和学说乃先秦各家"为文学、出言谈"的一致取向,其用世之追求是一致的。故司马谈谓:"夫阴阳、儒、墨、名、法、道德,此务为治者也,直所从言之异路,有省不省耳。"(《论六家要旨》)在为文学出言谈时,各家往往采用特定手段,以期在听读对象那里得到更好的效果。墨子及其后学则跟其他诸子大异,他们刻意彰显为文学出言谈之"用",而贬抑有可能带来干扰的"文",遂使其文质朴有余而文采不足,成为史上一大憾事。然而换一个角度说,"连林人不觉,独树众乃奇"(陶渊明《饮酒》二十首"青松在东园"),《墨子》一书不仅因为特出之思,而且因为独到之文,强化了先秦诸子的多元性,何尝不是史上的幸事呢?

《墨子》文章有多种类型,具体的读法不能千篇一律

读《非命》等篇,要留意其论证方法即"三表"(或曰"三法")。《墨子·非命上》云:"……言必有三表。何谓三表?子墨子言曰:有本之者,有原之者,有用之者。于何本之?上本之于古者圣王之事。于何原之?下原察百姓耳目之实。于何用之?废(发)以为刑政,观其中国家百姓人民之利。"《非命下》说言有三

法,内容大抵与上引三表相同。《非命中》提及言之三法,表述稍有差异。至于实践方面,《非命》(上、中、下)、《非乐上》、《明鬼下》等篇,都是运用三表法的典型作品,唯有时有所侧重,非平均用力罢了。我们应该高度重视墨家对立言方法极其可贵的探求、总结和实践。从文章写作尤其是议论文写作方面看,围绕某些基本原则来立言,意味着历史前进了一大步,对文章逻辑思维、主体结构及表述方式的成熟有重大意义。作为墨家学派的创始人,墨子在这一方面的贡献超出了开辟儒家的孔子与开辟道家的老子,甚至超出了孟子;在这一方面,就其所为文学所出言谈而言,墨子在荀子以前是罕有其匹的,就其为文学出言谈达到某种自觉而言,即便是荀子以后,墨子也罕有其比。

传世《墨子》五十三篇,"最宏深而最难读者,莫如《经》上下、《经说》上下、《大取》、《小取》之六篇"(梁启超《中国近三百年学术史》)。毕沅称此六篇"讹错独多,不可句读"(毕注《墨子》)。谭戒甫先生治此六篇,断续花了四五十年时间,也才"大概弄清楚"。他这样说:"此六篇书,素号难读。梁任公曾举出'八难',是确实的。我在四十多年前即开始研究此书,因学过电机工程,就在物理、数学、逻辑一些知识的基础上,得到初步门径。随后大感不足,又专习文字音韵有年,专习周秦诸子有年,专习经史要籍有年,专习佛学因明有年,还涉猎旁门杂术,远及于东西洋各种学艺著作又有年。在这断断续续几十年中间,像作战一样,总是紧紧包围着这六篇书,向它发动无数次的进攻;虽吃过很多败仗,只因艰苦奋斗下去,终于拔除了很多要塞和据点。"(《墨辩发微》序)《墨子》此六篇着实令人生畏。而自《备城门》以下十一篇,注重军事技术,讲论抗敌守备之法等等,岑仲勉先生认为其在军事学中,"应该与《孙子兵法》,同当作重要资料,两者不可偏废的"(《墨子城守各篇简注·自序》)。然此十一篇亦称难治。章炳麟《孙诒让传》称:"《墨子》书多古字古言,《经》上、下尤难读,《备城门》以下诸篇,非审曲勿能治。"至少在清中叶以前,《墨子》可称绝学,其《墨辩》及《备城门》部分凡十七篇,约占传世《墨子》三分之一,则可谓绝学中的绝学。谭戒甫、章炳麟诸先生已经提示了研读这类篇章的一些重要方法,各位自可借鉴。

读《墨子》尤须关注它对当下的价值

从某种意义上说,墨家学说原本是儒学的解构性力量(当然,它跟儒学的关联极为复杂)。儒家立于一尊之前孟子竭力排摈墨学,儒家立于一尊之后墨学不兴,这是一个重要原因。但这正显示了它在中华文化构成中不可替代的价值。当下弘扬以儒学为核心的传统,理应重视它对儒学的某种矫正作用。举例言之:第一,墨家勇于实行,对偏重于向内寻求和拓展的儒、道两家都是一种反拨。第二,儒家倾向于将思维限定在政教伦理范域。如荀子称:"礼之中焉能思索,谓之能虑;礼之中焉能勿易,谓之能固。能虑能固,加好者焉,斯圣人矣。"(《荀子·礼论》)又说:"……君子敬其在己者,而不慕其在天者;小人错其在己者,而慕其在天者。"(《荀子·天论》)墨家科学精神对这种偏向是有益的修正。尽管从具体层面上看,墨家之科学早已经被历史超越,但其科学精神却可以作为文化的一种重要根柢,永远不应被遗弃。梁启超尝感慨:"在吾国古籍中,欲求与今世所谓科学精神相悬契者,《墨经》而已,《墨经》而已矣。"(《墨经校释》自序)第三,墨学之兼爱说主张没有等差的爱,从一定程度上超越了儒家张扬的君臣父子秩序,故被孟子归到"无父""无君"之列(《孟子·滕文公下》)。而在当下,用墨子不讲究等差的兼爱思想,来修正孔子不脱离等差的仁爱观念,也许是值得考虑的重要理论和实践要求。

除此以外,墨子"非攻"也有极高的现代价值。这种价值不在于他反对攻打别国,而在于他采取反对立场的如下依据:"亏人自利"即不仁不义,"苟亏人愈多,其不仁兹甚"(《墨子·非攻上》)。墨家既不讳言利,又反对"亏人自利",既不虚廓,又有价值担当,比较适合现代社会的需要。墨子还有利他观念。夏曾佑《中国社会之原》云:"老子为己者也,孔子人己并为,墨子为人者也,其宗旨愈改而愈优。"(《新民丛报》第三十五号)墨子利他观念当有助于矫正现代人对自我的过度沉迷,激发他们对世人的关爱。墨子有平等观念,这体现在礼教政治诸多方面。比如政制方面,他张扬"虽天亦不辨贫富贵贱、远迩亲疏,贤者举而尚之,不肖者抑而废之"(《墨子·尚贤中》)。司马谈评墨家礼制,尝云:"使天下法若此,则尊卑无别也。"(《论六家要旨》)而这显然符合现代社会的需要。

总而言之,《墨子》有待开掘的价值甚多。儒学之所以被西汉迄明清的漫长历史选择,主要因为它是维护、促使秩序正常运转的意识形式。而不被这段历史选择或重视的学说,比如墨学,也不见得没有价值,它只是因为蕴含着对体制的挑战,而受到压抑和摈斥而已。战国时期,儒墨并称显学,墨学必有不同寻常之处。它对民族生存之重要意义,近代以来,已为很多学者肯定。比如梁启超断言:"今举中国皆杨也,有儒其言而杨其行者,有杨其言而杨其行者,甚有墨其言而杨其行者,亦有不知儒不知杨不知墨而杨其行于无意识之间者。呜呼!杨学遂亡中国!杨学遂亡中国!今欲救之,厥惟墨学,惟无学别墨而学真墨……"(《子墨子学说》,《饮冰室合集》专集之三十七)

最后要提醒大家的是,读《墨子》要提防历史上那些板结固化的认知。以一种开放的心态面对经典,你会发现更多的真相。学界总是有人说,要把握墨家批评儒学的立场云云。其实,严守这一立场,会妨碍我们理解先秦墨家与儒家的真实关联。郭店楚墓竹书等出土文献,足以彰显将这段历史简单化的弊病。其实不惟读《墨子》,读其他经典,也应该保持这种开放的心态。

（本文作者为北京大学中文系教授）

是法治，不是流氓政治

怎样读《商君书》

宋洪兵/文

　　《商君书》是先秦时期代表法家学说的一部重要典籍。中国古籍历经秦火及竹简向纸版转换过程，披沙拣金，《商君书》依然能够流传至今，其在中国历史上的思想价值与文化意义值得重视。该书今存二十六篇，其中两篇只存目，内容已亡佚，实存二十四篇。《商君书》之得名，与商鞅有关。商鞅本名公孙鞅，卫国人，故又称卫鞅，战国初期著名政治家、思想家。据《史记·商君列传》记载："商君者，卫之诸庶孽公子也，名鞅，姓公孙氏，其祖本姬姓也。……卫鞅既破魏还，秦封之于商十五邑，号为商君。"商鞅或商君，乃是公孙鞅因其封地"商"而得名。《商君书》至少在战国末期便已成书，《韩非子·五蠹》曾谓："今境内之民皆言治，藏商、管之法者，家有之。"这表明，韩非子身处的战国末期，《商君书》与《管子》便已成书，并广泛流行开来。具体成书时间，则不得而知。司马迁在《史记·商君列传》曾赞曰："余尝读商君《开塞》《耕战》书，与其人行事相类。"他提及的《开塞》《耕战》，即今本《开塞》《农战》，首次断定《商君书》作者应为商鞅本人。《汉书·艺文志》"法家者流"著录"《商君》二十九篇"。至汉魏之际，才出现《商君书》的提法。《三国志·蜀书·先主传》裴松之注引《诸葛亮集》先主遗诏："勿以恶小而为之，勿以善小而不为。惟贤惟德，能服于人。汝父德薄，勿效之。可读《汉书》《礼记》，闲暇历观诸子及《六韬》《商君书》，益人意智。"其后目录学著作沿袭了《商君书》的称谓，有时亦称《商子》。《隋书·经籍志》称："《商君书》五卷，秦相卫鞅撰。"唐代《群书治要》引《商君书》有《六法篇》，为今本所无，可证唐代《商君书》篇目尚比较完整。时至宋代，《商君书》已亡佚了部分篇章。郑樵《通志·艺文略》、晁公武《郡斋读书志》皆谓："今亡三篇。"陈振孙《直斋书录解题》则称："今亡其一。"他可能看到了二十八篇。

关于《商君书》的作者，《史记·商君列传》《淮南子·泰族训》及《隋书·经籍志》均断定为商鞅。宋代黄震始疑其或为后人伪托，《四库全书提要》更据《商君书》称孝公之谥及"孝公卒后，鞅即逃死不暇，安得著书？"质疑商鞅为《商君书》作者的观点。其后，更多学者从《商君书》记载商鞅之后的史实角度进行深入考证，如胡适认为《商君书·徕民篇》称魏襄王谥法及长平之役，断定该书非出商鞅之手。齐思和、钱穆、郭沫若、高亨等著名学者均对商鞅著述《商君书》的观点提出质疑。笔者以为，在此问题上，陈启天的观点是中肯的。他说："凡认定《商君书》是假书的人，多以一二篇的疑点做证据，而忽视了其他尚未发现疑点的各篇，致有以偏概全的流弊，未能使人满意。反之，凡认定

《商君书》非假书的人，又多未能加以详细的分析，举出有力的证据，足使怀疑的人心服。其实，《商君书》只有大部分可视为真的，还有一小部分是假的；不能笼统地说是全真，也不能含浑地说是全假。"(《商鞅评传》，商务印书馆1945年版，第96页)《商君书》并非全部出自商鞅之手，但绝大部分篇章都体现了其治国思想。郑良树用"商鞅学派"来认识《商君书》的思想是很有道理的，如此既可详细考证各篇章与商鞅之间有无关联，又可在统一的学派立场上去研究《商君书》体现的法家思想特质。

　　《商君书》篇幅不算大，内容亦无甚深奥之处。但因时代久远、脱误较多，个别字句依然难读。不过，这些阅读困难借助各种阅读工具书及注本就能相对地克服，代表性的注本如陈启天的《商君书校释》、王心湛的《商君书集解》、朱师辙的《商君书解诂定本》、蒋礼鸿的《商君书锥指》及高亨的《商君书注译》等。真正的阅读困难在于，如何在整体理解《商君书》思想主旨的基础上去理解书中提到的具体观点。例如，《商君书·去强》提到："国以善民治奸民者，必乱至削；国以奸民治善民者，必治至强。"《商君书·说民》也提及："以良民治，必乱至削；以奸民治，必治至强。"(蒙文通认为《说民》《弱民》两篇应为《去强》一篇之注，故文多重出)坊间某文化学者将此解读为"流氓政治"，认定《商君书》主张以奸民去治理善民。如果单纯从字面意思去理解，这样的说法也勉强过得去，再加上法家自古以来就是人们口诛笔伐的对象，"众恶所归"的效应也就顺理成章了。然而，真正懂得法家学说真髓的人，都应该反问一下：法家真的如此明目张胆宣扬邪恶吗？《商君书》真的提倡以"奸民"来治"善民"吗？《商君书·靳令》说："国无奸民，则都无奸市。"这是明确反对"奸民"。《商君书·画策》也说："人之欲贱爵轻禄，不作而食，不战而荣，无爵而尊，无禄而富，无官而长，此之谓奸民。"这同样在表达对"奸民"的厌恶。既然如此，《商君书》怎么可能主张以"奸民"治"善民"？稍具政治学常识的人都知道，休谟曾有著名的"无赖假定"，欲使制度或规则有效，必在理论前提层面预设所有人都是无赖。这在理论上是真理，但在现实生活中却可能是谬误，因为并非所有人都是无赖。《商君书》的"国以善民治奸民"，即是说执政者以百姓皆为善民为理论前提，去面对现实生活中存在的奸民，必然使政治无效，故必乱至削；"国以奸民治善民"则将最坏情况考虑在内，预设治下之民皆为"奸民"，严格以规则去加以防范与约束，如此现实生活中就连奸民亦不得为奸，善民更不可能作奸犯科了。这是一个确保制度或规则的普遍性与有效性的政治原理，如何能够解读出"流氓政治"的意味？

因此，欲准确理解《商君书》的思想内涵，在方法论上最好能自觉做到两个区分。其一，区分先入为主的情绪化解读与同情理解的公正解读。毋庸讳言，法家具有诸多让人难以接受甚至令人厌恶的观点，比如"利出一孔"的思想，出于富国强兵的国家需求，强制限制了人们追求利益的途径和方式，这与现代的自由观念明显冲突；再如，以"斩首"数量作为标准去考核士兵功过，也确实过于血腥与野蛮，所以法家自古以来招致太多批判，批判法家也很容易引起人们的共鸣。然而，如果先入为主地将《商君书》《韩非子》等法家著作视为传播邪恶的经典文献,甚至将读者对现实的某种不满情绪投射到法家批判那里,势必有损对法家思想的公正理解,也难以准确把握法家其实亦有崇高的价值诉求。《商君书·修权》本着公私分明的立场,强调君主应该"为天下位天下""为天下治天下",《商君书·靳令》更提出圣君"述仁义于天下"的政治理想。唯有超越古代儒家的"暴政"批判与现代学者的"专制"批判,站在公允的学术立场,才能给予《商君书》恰当的理解与评价。其二,区分基本政治原理与具体措施。《商君书》最重要的政治原理,就是顺应时代演变特征,制定行之有效的政治措施,而不必拘泥于传统。具体而言,就是确立"法治"的正当性,取代传统的"礼治",以强制性的规则体系或制度体系去治国。这是一个颠扑不破的政治原理,也是章太炎为商鞅正名的基本着眼点。《商君书·去强》与《商君书·弱民》还阐述了一个非常重要的治国道理:"主贵多变,国贵少变。"主贵多变,就是指治国过程中,执政者应该根据客观的实际情况,及时调整治国方略;国贵少变,则是指为百姓排忧解难谋求福利的正当制度与基本原则,不能轻易说变就变,应该具有稳定性。当然,《商君书》成书于列国纷争的大争之世,其思想因应于战国时代富国强兵的现实需求,故带有浓厚的战时主义色彩,诸多具体措施亦难免烙上了战时主义的时代印记,有时往往走向极端。如否定儒家的观念,将其视为"六虱"(《靳令》),又如将民力视为富国强兵的工具,主张抟民力(《农战》),再如过分强调惩罚性的"以刑去刑"措施而走向严酷(《去强》《靳令》《画策》),从而对"为天下位天下""为天下治天下"的政治理想强调不够。今人在阅读《商君书》时,既要关注其特定历史语境下的具体措施,也要留意其基本政治原理及理想诉求,不能以偏概全,以其具体措施完全定性其思想特质。

《商君书》的主旨,在当时特定历史语境之下,在于创建一套制度体系,以赏罚为手段,以功用为目的,排斥各种不切实际的学说,奖励耕战,从而有效聚集民力,最终实现富国强兵。极端甚至残酷的政策措施里面,实则蕴涵着深刻的基本政治原理与价值诉求。今人研读《商君书》,既要给予其同情的理解,又要在批判的视角下深掘其基本政治原理的理论价值。同时,我们对于《商君书》过分强调国家本位、忽视民众权益的思想,亦应保持足够的理论警惕。

《商君书》的思想研究尚有待深入,代表性的研究成果如麦孟华的《商君评传》(梁启超主编《中国六大政治家》第二编,广智书局 1910 年版),陈启天的《商鞅评传》(商务印书馆 1945 年版),杨宽的《商鞅变法》(上海人民出版社 1973 年版),杨鹤皋的《商鞅的法律思想》(群众出版社 1987 年版),郑良树的《商鞅及其学派》(台湾学生书局 1987 年版)、《商鞅评传》(南京大学出版社 1998 年版),等等,均是研究商鞅及《商君书》的重要参考资料。

（本文作者为中国人民大学国学院副教授）

是文学经典，也是哲学经典

怎样读《庄子》

章启群/文

《庄子》有多种读法。首先可以把《庄子》当作文学经典来读。唐宋"古文运动"就是提倡用先秦的诸子散文、史传散文，来扫荡六朝绮靡浮华的文风。《庄子》是诸子散文中之翘楚，也是中国古典文学的瑰宝。其汪洋恣肆的文风和高妙的艺术境界，为历代文人所崇尚不止。唐代作《庄子音义》的学者陆德明云："庄生弘才命世，辞趣华深，正言若反，故莫能畅其弘致。"清代学者王先谦称其文字"奇绝"。《庄子·天下篇》亦称"其辞虽参差而諔诡可观"。

从文学的角度读《庄子》，可推敲、琢磨其中的语言艺术，细细体验其想象力。《庄子》认为语言表达几乎是不可能的："语之所贵者意也，意有所随。意之所随者，不可以言传也。"于是，《庄子》采用"寓言""重言""卮言"来表达其思想。"重言"指强调之意，"寓言"即故事，而"卮言"含义难以断言。《说文解字》曰："卮，圜器也。"又曰："圜，天体也。"朱骏声《通训定声》曰："浑圆为圜,平圆为圆。""卮言"大义即浑圆之言,不可端倪之言,就是所谓"无谓有谓,有谓无谓"。因此,《庄子》的语言吊诡、奇特,妙不可言。例如:

> 子祀子舆子犁子来四人相与语曰:"孰能以无为首,以生为脊,以死为尻,孰知死生存亡之一体者,吾与之友矣。"四人相视而笑,莫逆于心,遂相与为友。
>
> 天下莫大于秋豪之末,而大山为小。

"尻"是脊椎骨末端或臀部。把"无"当作头,"生"当作脊梁,"死"当作屁股,这样的比喻和想象是何等奇特!"秋豪"是秋天大雁的毫毛。一种生物的宇宙比秋天大雁毫毛之末尖还小,那么其中的泰山有多大,我们能够想象这样的世界吗?体味一下,想象力就被拓展到极限。这类文字在《庄子》中俯拾皆是。

还可以把《庄子》当作大思想家的著作来读。《庄子》中的深刻思想和精湛分析令人拍案叫绝。但《庄子》三十三篇,分为内、外、杂篇三部分,各篇思想不同甚至相反。要整体把握《庄子》思想,就必须了解《庄子》的作者和成书的过程。《庄子》在《史记》就有记载,《荀子》《韩非子》《吕氏春秋》中有关于《庄子》的论述或引文,由此可以断定《庄子》文本流行于世不会晚于战国晚期。学界一般认为现存《庄子》是西晋时期郭象编辑而成,并进行注释,内篇代表《庄子》的主要思想。《庄子》的作者为庄周,战国时宋国蒙县人,生活大约在公元前 365—前 290 年之间(钱穆说法）。这正是战国最惨烈的年代。

　　春秋时期的战争带有竞技的性质,因此,宋襄公在敌军渡河的时候不出击,体现了春秋时贵族式的战争遗风。战国时期战争变成了一种野蛮残酷的大厮杀。各国改革的主要内容就是奖励耕战。战争的手段很先进,规模也非常大。例如著名的长平之役,白起大破赵军,坑降卒四十万。据统计,秦统一时全国人口约两千万。这次坑杀的人约占赵国总人口的八分之一,而且全部是青壮年男子！孟子说"争地以战,杀人盈野;争城以战,杀人盈城",是当时社会生活的真实写照。在这样的社会,人们"福轻乎羽,莫之知载;祸重于地,莫之知避"。目睹如此血腥、空前的屠杀,大思想家庄周关注的焦点,就是人们怎样能在乱世中苟全性命。

　　庄子认为,相对于生命来说,一切高官厚禄、名誉地位都是次要的。这些外在东西常常是以付出自由甚至生命为代价的。只要活着,即使像猪一样在淤泥中度日,也比锦衣玉食然后献祭的牛强上百倍。《史记》和《庄子·秋水》记载楚国王派人请庄子做宰相的故事,庄子对使者说:"千金,重利也;卿相,尊位也。子独不见郊祭之牺牛乎？养食之数岁,衣以文绣,以入太庙。当是之时,虽欲为孤豚,其可得乎？子亟去,无污我。我宁游戏污渎之中以自快,无为有国者所羁。"(《史记·老子韩非列传》)从这个视角,我们读《庄子》中的《养生主》《人间世》《德充符》等篇就会有深切的体会,也会理解"厉与西施,道通为一"的说法,即丑女与美女没有什么本质区别;理解庄子告诫我们不要成为有用之材，为才所害，要懂得"无用之用"；理解庄子对于那些长相奇丑的支离疏、瓮㼜大瘿、哀骀它、兀者的赞美，因为他们在乱世皆以残缺免祸。

孟子提出反对征战的"仁政"思想，以及"民为贵、社稷次之，君为轻"的民本思想，其关注点与庄子是相同的。孟子试图通过游说诸侯国君实行"仁政"，以达到消除战争和杀戮的目的；庄子则要求人们回避矛盾，谨慎处世，以苟全性命。他们只是提出了解决时代问题的不同方案。就这一点可以说，孟子是积极的，庄子是退守的。

当然，庄周生活在两千多年前的中国南方，他对于世界的认知受限于当时人们的知识体系，与今日我们的认识有天壤之别。所谓"真人之息以踵，众人之息以喉"，即真人是用脚跟呼吸，就是《庄子》特定的时代意识。

《庄子》亦可以当作与柏拉图著作媲美的哲学经典来读。从伦理学来说，《庄子》把儒家宣扬的仁义、道德统统指斥为锁在人们身上的桎梏、刑罚，称孔子和儒者为"天刑"者，即受到天和自然的惩罚。这是因为《庄子》"全生养身"思想，与儒家的"杀身成仁""知其不可而为之"思想完全相反。《庄子》的这个思想，与儒家思想形成了互补，在中国历史上产生了极为深远的影响。古代文人士大夫所遵循的"达则兼济天下，穷则独善其身"，就是儒道两家思想的集中体现。从知识论来说，以《齐物论》为代表，《庄子》所论及的世界是否可知、语言与事物的关系等问题，极为深邃。《庄子》认为，语言作为能指，是不能与所指之物完全符合的：“以指喻指之非指，不若以非指喻指之非指也；以马喻马之非马，不若以非马喻马之非马也。”因此，从语言与世界的关系上来说，语言是无法把握世界的，世界是不可知的。

首先，《庄子》认为作为宇宙万物本源的“道”，是非常神秘的：“至道之精，窈窈冥冥；至道之极，昏昏默默。”因此，言语不能表达“道”：“道不可闻，闻而非也；道不可见，见而非也；道不可言，言而非也。”其次，《庄子》认为，就具体事物来说，它在发生和生成意义上，我们是不可究其根底的：“有始也者，有未始有始也者，有未始有夫未始有始也者。有有也者，有无也者，有未始有无也者，有未始有夫未始有无也者。俄而有无矣，而未知有无之果孰有孰无也。”就是说，事物生成在时间上不可追溯，同时，“有”与“无”在绝对的意义上也是不能追问的。因此，一般为人们所孜孜以求的所谓知识，尤其是读书人皓首穷经，所得不过是糟粕而已。庄子以轮扁斫轮为例：“斫轮，徐则甘而不固，疾则苦而不入。不徐不疾，得之于手而应于心，口不能言，有数存焉于其间。臣不能以喻臣之子，臣之子亦不能受之于臣，是以行年七十而老斫轮。古之人与其不可传也死矣，然则君之所读者，古人之糟魄已夫。”真知只可意会，不可言传，我们思维的逻辑和理性是不能把握世界的。

在《庄子》看来，当时社会上的儒墨道法诸家都是起于争辩，而这种论辩是永远没有结果的。“既使我与若（你）辩矣，若胜我，我不若胜，若果是也，我果非也邪？我胜若，若不吾胜，我果是也，而果非也邪？其或是也，其或非也邪？其俱是也，其俱非也邪?"由于人们习惯于用知识来把握世界,治理国家,于是就带来很多问题和混乱:"故天下每每大乱,罪在于好知。"这样,《庄子》走上一种极端相对主义的立场:"是亦彼也,彼亦是也。彼亦一是非,此亦一是非。"真知似乎在是与非,无可与无不可之间。《庄子》要人们超脱是非,以不知为知,"堕肢体,黜聪明,离形去知,同于大通"。《庄子》秉持的这种极端相对主义和不可知论,在从古希腊到20世纪叔本华、尼采的西方哲学中没有断绝,是哲学史一条重要的线索。而《庄子》提出的语言与事物的关系问题、最终真理性问题以及真知的可说与不可说的问题等,至今仍然是哲学家们讨论的热点。20世纪法国哲学家德里达认为,语词的能指与所指,并不像一个硬币的两面。实质上,能指永远不能达到所指。能指只能指向下一个能指,永远在能指之中运行。这个理论,打破了语词与事物之间牢不可破的关系,也消解了对于语词意义确定性的信念与幻想。从根本的意义上说,这个结论与《庄子》的语言哲学是一致的。

　　《庄子》还有历史学特别是学术史的价值。例如"六经"之说就是始见于《庄子》。《庄子》描绘的人物有多国诸侯,以及著名的子产、季咸(巫咸)、孔子、老聃、杨朱、列御寇、惠施和孔门弟子等,虽大多属于"寓言",但亦可为学术研究参考。《庄子》还保留了很多名家的命题等等。当然,无论文学的、思想的、哲学的、历史的,这几种读法都不是完全割裂的,而是可以综合的。在欣赏《庄子》绚烂文采的同时,我们也可以为领悟其深湛的思想和哲学而震撼,为意外发现历史人物的踪迹而惊喜。

最后谈谈读《庄子》的误区。一般读者很容易把《庄子》读成"心灵鸡汤",动辄"无奈与逍遥"。其实《庄子》开篇《逍遥游》就告诉我们,现实中的人们要"逍遥"是不可能的。此外,读《庄子》切忌读白话翻译。试看这两者的差异:

> 北冥有鱼,其名为鲲。鲲之大,不知几千里也。化而为鸟,其名为鹏。鹏之背,不知几千里也。怒而飞,其翼若垂天之云。是鸟也,海运则将徙于南冥。南冥者,天池也。

其文意象奇特,语言洒脱而不失警炼,文气充沛盎然,诵读有回肠荡气之感。再看白话翻译:

> 北海有一条鱼,它的名字叫做鲲。鲲的巨大,不知有几千里。化成为鸟,它的名字叫做鹏。鹏的背,不知道有几千里;奋起而飞,它的翅膀就像天边的云。这只鸟,海动风起时就迁往南海。那南海,就是天然的大池。(陈鼓应:《庄子今注今译》,中华书局1983年版)

意趣全无,味同嚼蜡。直接面对《庄子》原文,才能体会和领悟其中之妙。好的《庄子》注释本有王先谦的《庄子集解》、钱穆的《庄子纂笺》等,郭庆藩的《庄子集释》和王叔岷的《庄子校诠》稍嫌繁杂,适合细读、深读。

在日下的中国读者,是否喜欢《庄子》可以说是个门槛。一般人为其文辞奇诡和思想超俗望而生畏,不会碰它。然而,从古至今喜欢《庄子》者难以尽述,关于《庄子》的注释、义解、音训、心得之类亦可谓洋洋大观。《庄子》中有一个故事,说一个匠人可以用斧头把另一个人鼻尖上的白灰削掉。后来这个作配合的副手死了,匠人则永远不能表演了。庄周说他与惠施就如匠人和副手一样,惠施死后,他也无人可以谈话。今日茫茫人海之中,有几人如惠施者存焉?

（本文作者为北京大学哲学系教授）

重礼又论道，但也是法家

怎样读《管子》

白　奚/文

在先秦诸子的著作中，《管子》堪称最为庞杂的一部。汉代刘向校定《管子》八十六篇，今存七十六篇，另有十篇仅保留了题目而内容早已亡佚，可见此书基本保留了汉代以来的面貌。在这部庞杂的古籍中，既有道家、儒家、法家、名家、阴阳家等学派的哲学和政治思想，还包含了天文、历数、舆地、农业、经济等方面的思想和知识，读起来似乎杂乱无章，让人摸不着头绪。对于这部书的性质，学术界也有多种看法，如"齐国稷下先生的论文总集""稷下学宫的学报""齐国管仲一派的法家论丛"等，莫衷一是。

其实，我们只要弄清楚了这部古籍的年代、作者以及成书的时代文化背景，很多问题就可以得到合理的解释了。

战国中期，田氏齐国的君主为招揽天下贤才，创立了稷下学宫，很快就吸引了大批来自列国的饱学之士。齐国君主为他们建起了高门大屋，给他们"列大夫"的待遇，让他们在这里"不任职而论国事"，安心讲学授徒、著书立说、切磋论辩，这些举措使得稷下学宫很快就成为列国的学术文化中心和百家争鸣的重要舞台。这些异国学者来自四面八方，带来了列国的学术与文化，他们在稷下学宫极为活跃，形成了一股很大的势力。他们在促进齐国与列国的思想文化交流，丰富和繁荣齐国文化的同时，必然对齐国固有的思想文化造成极大的冲击。面对如潮水般涌入的异国思想文化，一些齐国本土的学者不甘于这种喧宾夺主的局面，于是，如何接受外来思想文化的挑战，弘扬齐国固有的思想文化，使其始终保持齐国特色，与外来思想文化争夺在稷下学宫中的主导地位和话语权，便成为摆在他们面前的紧迫课题。在这些齐国本土的学者中，除个别自成一派的著名人物如田骈、尹文等人之外，大部分都是佚名学者。他们没有田骈、尹文等人那样大的名气、地位和影响，他们需要一面精神上的旗帜，来号召和团结那些以继承和弘扬本土思想文化为职志的齐人。于是他们自然而然地把目光投向了辅佐齐桓公"九合诸侯、一匡天下"的大英雄管仲，共同创作了齐学的结晶——《管子》一书。他们不仅收集、追记和整理管仲的遗说佚闻，汇集在齐地产生、流传、发展的特色思想文化，同时又依托管仲之名并结合当时的现实来阐发他们自己的学术思想。他们的学术思想各有所主，各有所长，由此形成了《管子》中的不同家派和《管子》内容庞杂的特点。简言之，《管子》一书的主体是战国百家争鸣时期一批尊崇管仲的齐国佚名学者的集体创作，是齐国本土思想文化的汇集与结晶。在刘向校书之前，这些汇集和创作可能一直在持续。

据刘向《管子叙录》，刘向在整理此书时，共收集到"凡中外书五百六十四篇"，这样就难免会掺入战国以后甚至是汉代的作品，例如《轻重》等十六篇讲的是经济理论和理财思想，学术界公认乃是汉代的作品。南宋学者叶适认为《管子》"非一人之笔，亦非一时之书"，堪称确当。

有了这样的认识，我们就可以较好地梳理《管子》一书的内容，较好地解释关于此书的一些疑问和争议了。

《管子》一书虽托名管仲而非管仲亲著，但其中确实保留了一些管仲的遗说和佚事，这些遗说和佚事久已在齐国流传，经过收集和整理而成《大匡》《中匡》《小匡》等追述齐桓公任用管仲事迹的篇章，《牧民》《权修》《形势》《乘马》等篇则是关于管仲治国思想的遗说。

《管子》的内容虽然庞杂，但也并非杂凑，而是有自己的中心思想或主导思想，那就是关于法治的思想，以《任法》《明法》《法法》《君臣》(上下)《立政》《七法》《版法》《法禁》《重令》等篇为主体。这些篇章在全书中所占的比例最大。战国时期，变法图强是列国政治舞台上的主旋律，法治的思想最为流行，《管子》以法治为自己的中心思想，正是反映了时代的主流思潮。此外，《管子》中浓郁的法治思想也与姜太公和管仲所代表的齐文化有注重法治的传统有关。《韩非子·五蠹》说："今境内之民皆言治，藏商、管之法者家有之。"也说明《管子》以法治为中心思想。对于《管子》的法治思想，我们要特别强调几点。第一，《管子》的法治思想不同于以《商君书》《韩非子》为代表的主张专任刑法、排斥道德教化的三晋法家,而是主张礼法并举,在坚持法治为主的同时也吸收儒家倡导的道德教化,这大概是和齐国紧邻鲁国,齐文化很早就受到发源于邹鲁之地的儒家文化的影响有关。正因为此,以《管子》为代表的齐国的法家思想不像三晋法家那样阴森残酷,而是比较温和,学术界通常称之为"齐法家"。第二,《管子》的法治思想不像以《商君书》为代表的早期法家那样缺乏理论深度,它注重对法治进行形而上的哲学论证,特别是用道家的哲理论证法治的合理性、必要性、权威性和可行性,因而《管子》的法治思想显得比较有理论深度和思想高度。这显然是受稷下学宫中盛行的道家哲学的影响。正因为此,道法结合、以道论法的《管子》法治思想也被学者们直呼为"道法家"。第三,从道家学说发展的角度来看,道法结合、以道论法的理论模式把道家的"道论"应用于现实中的法治实践,是对道家学说的一个重大开拓,避免了道家学派因只谈抽象的哲理而在"皆务为治"的百家争鸣中被边缘化。《汉书·艺文志》把《管子》列在道家类,正是着眼于《管子》对道家理论的重大贡献。《管子》在道法结合、以道论法的理论模式上进行的探索最多,贡献也最大。这种理论模式代表了战国中后期学术思想发展的大方向。

《管子》中的《内业》《白心》《心术上》《心术下》四篇,由于提出了极具特色的精气理论,长期以来一直是学术界研究的热点。郭沫若等人曾提出此四篇是"宋尹学派"的作品,后来张岱年等学者提出不同意见,认为这四篇文章的思想与《庄子·天下》等文献记载的宋钘、尹文的思想不合。现在看来,宋、尹二人的思想差异很大,应该分属于不同学派。朱伯崑等人提出这四篇是慎到的著作,张岱年也提出了不同意见。《内业》等四篇的作者认为精气是宇宙万物的本原,精气流行于天地之间,是人的生命、思维和智慧的源泉,当人心排除了私欲等不洁之物,达到了正、定、虚、静的特定状态时,就会吸引和积聚精气,最终成为拥有最高智慧的"得道"之人。《管子》以精气论"道",丰富和深化了"道"论,是道家学说在齐地的新发展。精气论的产生,同齐文化注重行气养生的传统有很大的关系。齐人很早就注重"心"和"气"的密切关系,探讨吐纳、导引等行气养生的方法,通过精气神的治养实现健康长寿、提高智慧。到了战国时期,《内业》等篇的作者把这种齐文化中固有的心气论传统同当时流行于稷下的老子的"道"论结合起来,形成了具有浓郁齐学特色的精气理论,不仅丰富了"道"的哲学,也把中国古代的气论发展到一个新的高度,对后世产生了深远的影响。

　　《管子》中还有一组对中国传统文化产生了深远影响的文章,那就是《四时》《幼官》《五行》《轻重己》四篇。这四篇文章在古代阴阳五行思想发展史上有着特殊的地位。阴阳和五行原本是产生于不同地域并且各自独立发展的两个互不搭界的学说体系,后来实现了合流。合流的原始证据就保留在《管子》中。很显然,以四时教令为主要内容的阴阳学说是偶数系列,而以金木水火土为主要内容的五行学说是奇数系列。这两种学说要实现合流,就必须解决奇数系列和偶数系列如何搭配结合的问题。这个问题是极难解决的,又是必须解决的,《幼官》《四时》《五行》

和《轻重己》就如实地记录了阴阳五行家们为解决这一难题而绞尽脑汁设计出来的几种方案。他们分别配成了以五行为构架，以阴阳消长为动力的不同的宇宙图式，并把所能观察到的各类事物和现象都按照阴阳和五行的分类统统塞进这些框架中，用来解释世界万物的本质和运动变化的规律，并用来指导人类的社会生活特别是政治活动。这些宇宙图式标志着阴阳说与五行说合流的初步实现，也标志着阴阳五行家作为一个独立的学派正式出现。

阴阳说和五行说之所以合流于《管子》，也是由于稷下学宫所带来的历史机遇。稷下学宫创立之后，来自四面八方的学者们汇聚于此，带来了不同地域的思想和文化，来自南方的阴阳说和来自北方的五行说也在这里相遇。它们原本都是试图解释世界的本质、万物的生成和探索宇宙万物变化发展规律的哲学学说，存在着交融合流的可能性。阴阳与五行的合流是先民力求更全面、更精确地认识和把握世界的结果，稷下学宫的长期存在，为这一合流提供了难得的机会和良好的条件。阴阳说与五行说合流于《管子》还有其特殊的政治背景，稷下学宫荟萃百家，推动了齐国的强盛，齐、秦两大强国的君主曾一度酝酿并称"东帝"和"西帝"，这也刺激了稷下的学者们，他们为配合齐国的帝制运动，试图创造出一种包罗天地万物并解释一切现象，能够配得上"东帝"的身份和排场，并为之提供政治上乃至生活起居上的具体指导的宏大学说，阴阳与五行的合流，就是这一理论形成的结果。对齐国的帝制运动最为热衷且为之造舆论的，理应是齐人自己,所以《幼官》《四时》这组文章的作者,最有可能就是当时活跃在稷下学宫的齐国本土的一批佚名学者。

参考阅读版本推荐以下三种:

《管子校正》,(清)戴望,中华书局《诸子集成》本;

《管子集校》,郭沫若、闻一多、许维遹,科学出版社 1956 年版;

《管子注译》,赵守正,广西人民出版社 1987 年版。

(本文作者为首都师范大学哲学系教授)

先秦儒学的总结篇

怎样读《荀子》

东方朔/文

在先秦儒家中，荀子是继孔孟之后的另一位儒学大师，是先秦儒学的集大成者，也被西方学者认为是一位世界级的哲学家。荀子其人，质朴明敏，耿介自信，为正理平治致其思，为济世拯民劳其神；荀子之学，根本六经，枝叶诸子，为迂阔故常求其切，为天下纷纷理其乱。对于《荀子》这样一部经典，我们究竟应该怎么阅读？梁启超曾经这样说过："读《孟子》之益处在发扬志气，读《荀子》之益处在锻炼心能，二者不可偏废。"牟宗三也说过类似的话，意谓"悟道尊孟轲，为学法荀卿"。站在今天的立场，阅读《荀子》一书，我觉得可以从以下几个方面来考虑。

首先是客观理解的问题，用浅白的话来说，就是先要弄清、弄懂《荀子》文本所说的意思。这虽是老生常谈，卑之无甚高论，但却非常重要，因为若文义理解不当，以错指错，舌底翻澜，则所说愈多，去意愈远。这一点对于阅读《荀子》而言似乎尤为重要，因为在先秦儒典中，《荀子》一书，古训尤多；同时，编简烂脱，衍夺篡伪,错杂于文中。相比较于《论语》《孟子》而言,荀书向被认为最为难读。因此,阅读《荀子》时,适当参照相关的注本就显得相当必要。荀子虽为战国时人,但其著作最早则为西汉的刘向所整理,唐代的杨倞第一个为《荀子》书作注。迨至清中叶,《荀子》的校勘、训诂才大盛,相继出现汪中、卢文弨、谢墉、郝懿行、王念孙等校释大家。王先谦集清儒校勘训诂之大成,作《荀子集解》,成为最权威的解本。此后有关《荀子》注释的书数量不少,但较为著名的则有梁启雄的《荀子简释》、北大《荀子》注释组的《荀子新注》、张觉的《荀子译注》、王天海的《荀子校释》以及台湾学者熊公哲的《荀子今注今译》、李涤生的《荀子集释》等。

阅读《荀子》需要适当参考各注释本,但我们也要注意,注释本常常只是一家之言。遇到难点难题,读者若是独沽一味,只参照某一本注释,也难免会出错。尤其当涉及对荀子思想的性质、特点的一些文本段落的理解时,多参照其他的一些注释本,加以比较鉴别,并上升到荀子的思想系统中做一全盘的分析,然后给出自己的判断,当是一个比较妥帖的做法。举例而言,王先谦的注本虽最为权威,但其间亦时有误解或误导之处,如在注释《天论》篇"所志于阴阳者,已其见知(和)之可以治者矣"一句时,引王念孙注"阴阳见其和而圣人法之以为治",如果我们把此处的"阴阳"理解为"天行有常"的一部分,那么,王念孙"圣人法之以为治"的解释就有可能把荀子的主张了解成"法天主义",但荀子明确主张"天"无可取法,关键在于人"应之"的方式,故云"无君子则天地不理"。所以,北大本《荀子新注》便不取王念孙的解释,而谓"对于阴阳变化的认识,是要根据已看到的阴阳和谐的现象进行调理";而李涤生的《集释》也谓"对于阴阳所要知道的,只限于它所显现的寒暑调和变化,这样就可以据以修治人事了"。这两本的注释显然在思想系统上更符合荀子的主张。由此可见,阅读《荀子》,要尽可能地参照各本注释,并从荀子思想的整体中作出判断,以便获得较为客观的理解。

其次,阅读《荀子》,需要将具体问题的研究与对时代共同课题的把握相结合,这一点涉及对《荀子》一书的问题意识的了解。元代刘埙在《隐居通议》中说"古人作文,俱有间架,有枢纽,有脉络,有眼目"。所谓问题意识,即是一本书或一篇文章的"眼目"。那么,荀书的问题意识究竟是什么?说起《荀子》,人们最容易想到其性恶论与孟子性善论的差异,或谓一者重礼,一者重仁等,这种想法当然合乎情理也有理论意义。不过,孟荀皆面对着天下大乱、重建秩序的共同课题,因此,如何将具体论点之"异"与时代课题之"同"结合起来,便更容易读出荀子思想的用心与特色。事实上,孟荀之异虽然表现在各种具体的观点上,但其问题意识却是从如何化解秩序重整的时代课题中引申出来的。换言之,对同一课题的疏解,孟荀之异更多地表现为一种方法之异。如此看来,性善、性恶,言仁、言礼等,并不是孟荀的问题意识,孟荀的问题意识乃是治道的实现问题。例如,孟子对重建政治秩序的思考完全取资于个人自足的内在仁心,所谓"举斯心加诸彼"而天下可运于掌;荀子则着眼于人类社会所存在的"欲多而物寡"及其所必然导致的"争、乱、穷"的特殊状况,所以,他毫不犹豫地拒绝了孟子借道德天性以重建秩序的主张，坚持以客观化的"礼"为架构来整顿政治秩序。孟子言仁，荀子言礼，人们却常常将仁与礼皆作为道德概念来理解，这不是说一点道理都没有。不过，孟子的仁固然是一道德哲学的概念，而荀子的礼首先是一政治哲学的概念，两者在性质上是有差别的；而且就因应所面对的时代课题而言，荀子作为政治哲学概念的"礼"显然在理论上更具合理性，因为荀子言礼的首出意义是为了去乱止争，为了"出于治，合于道"而形成的一套社会政治秩序的制度设计，故云"礼义生而制法度"（《性恶》），又云"隆礼贵义者，其国治"（《议兵》）。在荀子看来，秩序之建立和贞定非徒出于个人内在的恻隐之仁心，而必有赖于安顿社会人群之法式，此法式即是荀子所说的"礼宪"，亦即作为"经国家，定社稷，序民人"的制度或法册，故荀子必云"不道礼宪，以诗书为之，譬之犹以指测河也，以戈春黍也，以锥餐壶也，不可以得之矣"（《劝学》）。翻阅整本书，《荀子》对孟子的批评，无论是《非十二子》的"三无"之说，还是《性恶》篇的"起而不可设，张而不可施行"之论等，大凡皆着眼于重建秩序的方法方面。这样看来，阅读《荀子》，我们既要考究荀书中具体的问题与观点，也要牢牢把握其立言指事的目的与宗旨；既要有细处的分析，也要从大处着眼，抓住其念兹在兹的根本问题。用一句简洁的话来说，就是先要弄清楚他"为何说"，然后再了解他"如何说"，这样我们才能达到对荀子思想的同情的了解，避免只见枝叶，不见森林的毛病。

又次，阅读《荀子》也需要注意到荀子作为先秦儒家的总结者或集大成者所表现出来的思想特点。应该说,在中国儒学史上,真正称得上"总结式"大儒的人其实并不多,而荀子应当是其中的一个。所谓"总结式"大儒,其思想必有明通之识见,有出入百家而又平章百家的气度和气概。事实上,历史发展到荀子,先秦时期有关"古今""礼法"之争,"王霸""义利"之辩,"天人""名实"之论等,皆已经到了一个总结的阶段,而荀子显然恰如其分地承担了此一任务,并对此作了认真的总结。所以,今天我们阅读《荀子》,也应当有与荀子当年相应的心态,那便是批判与吸收。

《荀子》一书,有其确定的儒家立场。在世衰道丧,百家异说之间,或是或非,盈盈而无定准的现实面前,荀子以将圣之资,昭明儒学,通过对诸子百家的辩难与批评表现出强烈的道义担当,这一点与孟子非常相似;但荀书又显然不是一孤独的灵魂闭门造车、冥思苦想的结果,而是对当时的各家各派相互批判、吸收,而后才成的一家之言。荀子"以仁心说,以学心听,以公心辨"表现出学术上智、仁、勇的德慧,而他所主张的"兼听之明""兼覆之厚",贤而能容罢,知而能容愚,博而能容浅,粹而能容杂,乃所以撑起其作为先秦儒学集大成者的根本原因。举例来说,孟荀对于墨子的主张皆有强烈的批评,孟子斥墨子的"兼爱"为无父、为禽兽,言近谩骂;而荀子则更偏向于从学术上指陈墨子理论的不足。不仅如此,《荀子》一书对墨子所说的富国、富民、尚贤、尚同、节用等观念不仅未加一概反对,还多少加以吸收。对其余各派,荀子的态度亦复如此。又如,就儒家一派而言,阅读《孟子》,

我们较难发现其有类似"自然状态"的描写，而荀书对此却有较成型的论述，但荀子之所以有此创发，实与他对墨、道、法诸家之相关理论的批判、吸收与综合密切相关。

最后，我想指出的是，今日阅读《荀子》，我们固然要心怀同情与敬意，但是，我们也应该在与《荀子》的阅读与对话中，保持反省与质疑的态度。没有批判的阅读，其所成者只能是抱残守缺，或食古不化。与《荀子》"保持距离"，便是为理性的批判与反省空出地盘。例如，我们强调《荀子》一书的问题意识和中心主题在于如何在一个崩解离乱的世界中重建"正理平治"的政治秩序，所以，荀子汲汲于"以先王之制为法"，凡言凡事，不合先王之道，即为奸言奸事，皆在打击之列，至是而开以政摄教、以言获罪之流弊。荀子所描绘的先王之治的世界固然"美轮美奂"，但其背后却是以恐怖和绞刑架为后盾的。假如我们不能看到这一点，那么，我们对《荀子》的阅读便不能连接历史，参与现实，通向未来。

综上，我们从"客观理解、问题意识、总结者的思想特点以及敬意与批判"四个方面谈了我们当如何阅读《荀子》，这些方面似乎都是从大处着眼。"大"常常与"无当"相连，但孟子也曾说过"先立乎其大，则小者不能夺"。我想，在面对《荀子》一书时，孟子的说法作为一种阅读方法也是非常合适的。

（本文作者原名林宏星，为复旦大学哲学学院教授）

兼儒墨，合名法，靠的就是一个"杂"

怎样读《吕氏春秋》

汪高鑫/文

　　《吕氏春秋》成书于秦统一中国前夕，由秦相吕不韦组织编纂而成。按照司马迁《史记》的说法，吕不韦曾仿效战国"四公子"的做法招养门客三千，又因荀子等人"著书布天下"，便让这些门客"人人著所闻"，书成后取名《吕氏春秋》。班固《汉书·艺文志》也说该书是"秦相吕不韦辑智略士作"。由此可见，《吕氏春秋》确实是成于众人之手的一部经典。然而，吕不韦对于该书的编纂无疑是起到主导作用的。一是编纂起因于吕不韦有感于荀卿之徒"著书布天下"；二是成书后的《吕氏春秋》是一部体例完整、结构合理的著作，而不是一部简单的众人撰述拼凑；三是编纂上体现了吕不韦"备天地万物古今之事"的撰述宗旨和"上揆之天，下验之地，中审之人"的写作原则。该书的主要注本，古注以东汉高诱《吕氏春秋注》最早，清代有毕沅《吕氏春秋新校正》本，近注以许维遹《吕氏春秋集释》、王利器《吕氏春秋注疏》和陈奇猷《吕氏春秋校释》等为佳。

对《吕氏春秋》无论是编排顺序,还是经典性质,历来都有不同的看法。该书内容包括十二纪、八览、六论三部分,《史记》以八览、六论、十二纪为顺序,最早为《吕氏春秋》做注的东汉学者高诱则以十二纪、八览、六论为顺序,后世注疏此书者皆遵循高诱注的顺序。任继愈认为这种顺序变化,与东汉阴阳灾异说的兴起有关。关于该书的性质,《史记》肯定其属于"删拾《春秋》"叙古今之事的史书,《十二诸侯年表序》直接将其与《左氏春秋》《虞氏春秋》等史书同列并称。《汉书》则明确认为它是杂家著作,《汉志》记曰:"杂家《吕氏春秋》,二十六卷。"今人侯外庐肯定"杂家说",认为该书糅合杂学,没有创新;冯友兰则认可其史书性质,并以《史记》视其为史书,编纂者吕不韦不以《吕子》而以《春秋》称其书为依据;任继愈也认为《吕氏春秋》"以史典自诩,故自号春秋"。

综上所述,《吕氏春秋》从撰述缘起、内容排序到经典性质,由此进一步上升到经典的思想价值等等,历代对此都有不同的认识。今天重新阅读这部经典,我们必须在充分关注前人研究的基础上,本着求真的态度和科学的方法,力图准确把握其思想特点与理论价值。

首先,要结合时代背景,去领会经典的撰述目的。依据《序意》篇所记,《吕氏春秋》成书于秦王嬴政八年,亦即公元前239年,为秦统一全国前夕。此时的秦王嬴政尚未亲政(次年亲政),秦国大权实际掌握在秦相、被尊为"亚父"的吕不韦手中。吕不韦为何要召集门客编纂此书? 按照《史记》的说法,招士是为了比肩六国"四公子",著书是为了效仿荀子等诸子百家的做法立说于天下,似乎有争强好胜与沽名钓誉之嫌。如果我们结合当时的时代背景来看,其实吕不韦主持编纂《吕氏春秋》是寄予着强烈的政治抱负,有着明确的政治目的的,那就是要为即将统一全国的秦制定一部治国大纲,确定一种治国思想。

一方面从当时的大历史来看,东方六国势力已经日益弱小,秦灭六国的战争即将打响,秦统一天下已是指日可待。另一方面,大权在握的秦相吕不韦在谋划统一战争的同时,自然也会考虑统一之后秦国的统治方式。秦国素来推行法治,然而统一全国之后究竟要采取一种怎样的统治思想,商人出身的政治家吕不韦有着自己的思考,《吕氏春秋》正是在这种背景之下问世的。其实在《序意》篇中,吕不韦就已经对该书的著述动机做了说明:其一是为了"纪治乱存亡",也就是总结历史经验教训;其二是提出"上揆之天,下验之地,中审之人"的政治准则;其三是强调治国必须"行其理也"。这个"理"就是天地之理。很显然,《吕氏春秋》的写作完全是出于治国的需要,而非出于个人的荣辱。也正是因为有这种明确的政治目的,在《吕氏春秋》撰成之后,吕不韦急于扩大其政治影响力,竟将该书"布咸阳市门,悬千金其上,延诸侯游士宾客有能增损一字者予千金"(《史记·吕不韦列传》)。之所以有如此举动,倒不是吕不韦对该书的学术成就有多么自信,而是想借此向世人公开自己的政治主张,同时凭借自己的地位和舆论的影响,以迫使嬴政能按照他的政治主张行事。

由上可见,吕不韦不但是一位卓越的政治家,而且也是一位重要的思想家。他主持编纂《吕氏春秋》，绝不仅仅是一种学术活动，而是带有明确的政治意图。我们要在这样一个高度上来看待吕不韦，看待《吕氏春秋》的编纂。

其次，要关注学术走向，去揭示经典的思想特点。关于《吕氏春秋》的思想特点，过往学者有不同的看法，但无外乎史家言与杂家言两种。从流传的《吕氏春秋》篇目及内容来看，虽然冠以"春秋"书名，但显然不能看作是通常意义上的史书。该书虽然重视叙述古今之事，总结治乱存亡与政治成败，但毕竟不是以历史叙述为主要内容，与史书的撰述旨趣并不相同，只能说是一部具有强烈历史意识的著作。从吕不韦的编纂目的来看，既然是要作为一部治国大纲，就不可能仅仅编纂成一部"史典"。

我们只有关注春秋战国时期学术思想发展的走向，才能真正揭示出《吕氏春秋》的思想特点。众所周知，春秋战国是诸子百家学术争鸣的时代。西汉初年司马谈作《论六家要旨》，以阴阳、儒、法、墨、名、道"六家"来指称当时的主要学术家派。随着学术争鸣的持久与深入，各家学术思想明显出现了趋同性特点，在批驳别家学术思想的同时，也在自觉不自觉地汲取着对方的学术思想。《吕氏春秋》诞生于战国末年，《汉志》之所以以"杂家"许之，确实把握住了该书的思想特点。不过这种"杂"，不是一些学者所认为的杂乱无章和无思想主旨。其实班固在《艺文志》中为杂家所下的定义说得很明白："兼儒墨，合名法，知国体之有此，见王治之无不贯。"如果我们将班固对杂家所下的定义与司马谈在《论六家要旨》中对道家所下的定义加以比较便不难看出,其实二者是相一致的。我们认为,班固之所以要以杂家相称,是因为他看到了秦汉道家与先秦老庄道家的区别,故以杂家别之。从家派分类来说,班固的认识较司马谈更进了一步。毋庸置疑,班固所谓杂家,就是司马谈所谓道家,都是指与先秦老庄道家不同的秦汉黄老道家。任继愈先生在肯定《吕氏春秋》"史典"性质的同时,也从哲学史角度肯定其"开启了秦汉之际的道家思潮"。

不过,《吕氏春秋》法天地、重无为的黄老道家思想倾向,与秦始皇的法治思想实难相容,这就决定了《吕氏春秋》在统一后的秦帝国政治实践中不可能发挥作用。当然,秦王朝以法治国的失败,又从反面体现了《吕氏春秋》的思想价值。实际上,汉初所推行的黄老政治,在一定程度上说,就是对《吕氏春秋》的一种政治实践。

最后,要依据文献内容,去理解经典的思想价值。《吕氏春秋》之所以能成为中国学术史上有重要影响的著作,当然取决于其内容所蕴含的思想价值。一是学术思想价值。《吕氏春秋》学术思想的主要价值,便是体现在一个"杂"字。《吕氏春秋》之"杂",是诸子学说争鸣趋同性的必然结果,却又最终完成了对学术门派成见的超越,而成为集众家之长的一代经典。也就是说,《吕氏春秋》的"杂",不是杂乱无章,不是简单拼盘,而是有自己对各家学说思想的理解,有自己通过汲取诸家思想而形成的一以贯之的主旨思想。《不二》篇对诸子百家学说的特点与长处,仅用一个字就做出了准确概括与总结：老耽贵柔、孔子贵仁、墨翟贵兼、关尹贵清、陈骈贵齐、阳生贵己、孙膑贵势、王廖贵先、儿良贵后。该书很重视汲取诸家学说思想的合理因素，如重视汲取老庄"道法自然"的思想，而否定道家消极避世的思想；肯定墨子的兼爱、尚贤等主张，而摒弃墨家的鬼神之论；对儒家的纲常伦理与尊师重教思想有所体现，而其重名思想则主要是汲取了名家的"循名责实"理论；对阴阳家思想作了发挥，《应同》篇详载了邹衍的五德终始学说；赞同法家的变法主张与贵势思想，却反对法家专恃法术势治国的思想。此外，对于农家、兵家等学术思想的一些合理因素也作了汲取。

二是政治思想价值。《吕氏春秋》的政治思想价值，主要表现在无为而治与恪守君道的政治主张上。无为思想主要源自道家的"道法自然"主张，《圜道》篇指出圣王"立上下"必须效仿天地圜方之道。在作者看来，天地万物皆有其理，法天地就是因循天地万物之理。然而，与道家一味无为不同，《吕氏春秋》又积极宣传"天生人成"思想，肯定人可以发挥主观能动性去养成天地所生，所谓"始生者天也，养成之者人也"。《吕氏春秋》所谓成天地之功之人，当然主要是指人君；而人君要全天之生，就必须要恪守君道。如何恪守君道？《吕氏春秋》提出了一系列具体主张，如提出置君为民观点，《贵公》篇认为"天下非一人之天下，天下之天下也"；重视君主修身蓄德，《爱类》《贵信》《上德》等篇肯定君主具有仁爱精神和贵信重义的重要性；强调君主要顺应民心，《务本》篇说"安危荣辱之本在于主，主之本在于宗庙，宗庙之本在于民";推崇用贤使能,《求人》篇说"身定,国安,天下治,必贤人",如此等等。

　　总之,《吕氏春秋》是一部撰述目的明确、学术思想特点鲜明、政治思想丰富而深邃的重要经典。我们要结合时代与学术发展背景,以及吕不韦的政治身份,去正确解读经典原义,揭示经典蕴含的深刻含义与思想价值。

　　　　　　　　　　(本文作者为北京师范大学历史学院教授)

两千年君主专制之奠基

怎样读《韩非子》

邵永海/文

　　《韩非子》成书于战国末年。作者韩非批判性地吸收前代思想家的全部思想成果，构建了以任法、用术、重势为核心的政治思想体系，被后人视为法家之集大成者。秦国君主以韩非学说作为治国的思想理论基础和指导方针，建立了完善的君主政治制度；其后两千多年，韩非的一整套君主专制主义的理论始终为历代统治者所奉行。可以说，《韩非子》一书是理解和研究中国历史特别是政治思想史的必由门径。

　　作为中国古代最重要的君主政治学文献，《韩非子》的主要内容是阐述其哲学基础、社会历史观、人性论和政治思想，从不同角度说明其关于君臣关系、法术势的具体内涵及其对在现实政治中的运用等问题的认识；内容上的理论抽象性决定了这部典籍在阅读上具有一定的难度。同时，《韩非子》一书产生于特定的社会历史背景下，需要结合当时具体的社会状况和历史语境，才能理解韩非论述问题的所指和意旨。另外，韩非的文章多使用高度浓缩的类似于警语性的语言。这些都可能给读者造成阅读的障碍。

一

战国时期,各诸侯国独占一方,割据称雄,春秋时代的争霸战争至此转为兼并战争。同时,战国时代是一个旧的秩序、传统被破坏的时代,各诸侯国内部争权夺利的斗争也非常激烈。这些矛盾斗争,形成战国时期异常错综复杂的形势格局。在战乱频仍的生存环境中,韩国作为战国七雄中最为弱小的一个诸侯国,其地理位置西有强秦,南有楚国,东有齐国,北有赵魏;列强环伺,既是秦国进攻六国一统天下的第一战场,又是六国合纵攻秦的聚兵之地。在这样的形势下,韩国内政却混乱不堪,正如韩非所言,其君主治国"不务修明其法制",不能"执势以御其臣下",无力"富国强兵而以求人任贤","反举浮淫之蠹而加之于功实之上";"宽则宠名誉之人,急则用介胄之士","所养非所用,所用非所养"。韩非生长在祖国内忧外患、濒于危亡的时代背景下,他思考的核心问题始终是如何使祖国免于覆亡的命运,其学说的归结点是解决当时的社会问题,拯救时世。

关于韩非,目前我们所能依据的文献记载主要是《史记·老子韩非列传》,不过该传收录韩非的《说难》一文占了大部分篇幅,关于韩非身世事迹的记载还不足五百字。尽管如此,关键的线索尚比较清晰。司马迁告诉我们的信息足以使我们明白,第一,韩非思想的形成与其特定的生活背景有直接的关系,他对韩国现实政治的深切关心和深入观察,构成他建立自己学术体系的出发点。第二,他曾师从荀子,也像荀子兼采道、名、法、墨等诸家学说一样,努力吸取前代思想家的成果,构建适合现实政治需要的一个综合的理论体系。只是荀子立论的基础是儒家思想,把天下治平的希望寄托在儒家以礼义治国的认识上;韩非则把黄老思想作为自己理论的哲学基础。第三,韩非的学说没有被韩国君主所采用,却受到秦国君主的高度重视;秦王正是以韩非学说作为自己治国的思想理论基础和方针指导,因而建立了相当完善的君主政治制度,由此吞并六国,一统天下。可以说,中国历史由封建政治进入君主政治,并由战国时代进入帝国时代,与《韩非子》这部书提供的君主政治理论和方法有直接的关系。汉代以后,历代统治者均宣称以儒家思想为治理天下之指导思想,实际上韩非的一整套君主专制主义的理论始终是历代君主奉行的策略,从而构成中国政治历史上阴法阳儒的基本政治格局。

由此所述,韩非的历史地位由其立言得以建立,因此,要了解和理解韩非,读其书是最主要的方面;韩非具体的生活经历是次要的方面,但也是不容忽视的方面。春秋时期的政治体制是宗法分封制,官僚系统基本由世卿世禄的贵族组成,君臣是有血缘关系的宗族,可以说,一国即一家,诸国一大家。在这样的统治体系下,社会的利益分配建立在宗族关系之上,贵族有封土,有私人军事力量,通过出任官员掌握议事议制的权力。在田氏代齐、戴氏取宋等历史事件中,篡位者均为公族之后。由此说来,贵族所分享的政治权力很强大,足以对王权形成制约。自春秋至战国的社会变革,在制度上是从宗法分封制转变为郡县制,其本质由家到国的演化,国政与君王的家政明确区分开来。在这一过程中,贵族的政治权力不断被遏制,其经济利益也受到削弱,很多贵族的食邑被剥夺,改由朝廷分发钱财和粮食,因而政治体制走向中央集权和君主专制。韩非出身于韩国贵族,特定的身份决定了他思考问题的角度和立场。他极力主张绝对的王权,一切以君主利益为重,原因在于他意识到,在当时的国际环境中,想要统一国家力量,更有效率地利用国家资源,实现富国强兵,从而避免韩国覆亡,这是一条必由之路。因此,韩非追求的政治目标是维护宗族的整体利益。

二

《韩非子》一书在韩非生前已流布于世,《史记·老子韩非列传》:"人或传其书至秦,秦王见《孤愤》《五蠹》之书曰:'嗟乎,寡人得见此人与之游,死不恨矣。'李斯曰:'此韩非之所著书也。'"韩非死后,李斯及秦二世也曾引用其书(见《史记·李斯列传》《秦本纪》)。司马迁为韩非作传,特录《说难》全文,并称"韩非观往者得失之变,故作《孤愤》《五蠹》《内外储》《说林》《说难》十余万言"。司马迁所举篇目均在今本《韩非子》书中。汉代刘向校录《韩非子》定全书为五十五篇。此后《韩非子》在传抄刊刻的过程中多有讹误,不过具体细节罕有记录。

到明代,《韩非子》在社会上成为热门书籍。万历十年(1582年)赵用贤用当时流行的各种本子改定五十五篇宋刻本,刊行后在明清两代产生了广泛的影响。另外,明代正统道藏本只有五十三篇,是一种缺刻本。这种缺刻本在元代有何犿作过校改,明代门无子据以订正品评,以"韩子迂评"为题刊行。清代学者在《韩非子》版本校勘和文本解释方面做了大量工作。版本整理方面,尤以吴鼒影响最大。吴鼒于嘉庆二十三年(1818年)取李书年家藏宋乾道本影刻之,在充分尊重乾道本的前提下,又对其讹误多所是正,颇为后世称道。顾广圻、卢文弨、王念孙、俞樾、孙诒让、王先谦等都对《韩非子》校释做出了贡献,至王先慎《韩非子集解》总其成,直至今日,此书仍有影响。

近代以来,《韩非子》一直很受重视,无论版本整理,还是文本解释,以及从政治思想、历史文化等方面的研究,都不断有新的成果出现。举其大者,如陶鸿庆、于省吾、高亨、孙楷第、王焕镳、陈启天、梁启雄、陈奇猷、周勋初等诸家的论著,是研究《韩非子》一书需要参考的文献。此外,日本学者太田方、松皋圆等各家的研究也不容忽视。对普通读者来说,梁启雄《韩子浅解》、陈启天《增订韩非子校释》、陈奇猷《韩非子集释》、周勋初等《韩非子校注》、邵增桦《韩非子今注今译》都是比较合适的读本。

三

《韩非子》共有五十五篇,约十一万字。各篇是否出自韩非之手，学界尚存争议。因此，有的注本，如陈启天《增订韩非子校释》、邵增桦《韩非子今注今译》等，依据前人的研究成果和作者的看法，对全书篇目的顺序作了调整，排在前面的篇目公认乃韩非所作；排序上越靠后，出自韩非之手的可靠性就越低。这样做的好处是，一般读者可以直接从研读韩非的文章入手，了解韩非思想的基本内容。如果按照自古以来通行本的篇目排列，这部书也可以有不同读法。在阅读之前，如果能先仔细研究一下全书的目录，以及各篇篇首的题解（梁启雄《韩子浅解》、陈奇猷《韩非子集释》、周勋初等《韩非子校注》等比较流行的校注本均有题解），在此基础上读者就可以自行确立阅读的顺序。比如，首先读《解老》《喻老》，把握韩非思想的哲学出发点；接下来读《五蠹》《显学》，建立起对韩非社会历史观和学术思潮背景的认识；然后读《孤愤》《奸劫弑臣》《诡使》，了解韩非当时所处的政治现实，特别是韩非对各种政治现象的剖析和批判；等等。这样的阅读过程，可以清晰地梳理出《韩非子》全书的内容梗概和思想脉络。

　　韩非生活在战国末年，当时正是纵横家特别活跃的时期。《韩非子》无疑也受到当时社会风气的影响，这表现在其语言风格上，多用排比、对偶等修辞手法；也表现在说理的方式上。战国中期以后，士人在向各国君主大夫等宣传自己的政治主张以求取仕途时，说辞逐渐由以前的以说理议论为主转向以叙事为主。他们从民间或典籍采集大量的历史故事、民间传说、寓言佚闻等，经过加工，附加上一定的社会目的，然后使用这些叙事材料形象生动地向统治者提供可资借鉴的经验教训，并同时表达自己的政治主张和社会理想。韩非在这方面尤其下了很大功夫，收集整理了丰富的叙事材料。在《韩非子》一书中，这些叙事材料称为"说"，包括三种类型。甲、未经整理的原始材料，主要集中在《说林》上、下两篇；个别故事后有简单的点评，指明其中包含的道理。乙、经过初步整理的材料，主要集中在《内储说》《外储说》六篇。韩非设计了"经""传"的形式，以"经"扼要论述思想观点，相对应的"传"则以数则故事从不同角度加以阐明。丙、将故事运用到说理过程，或由故事推论观点，比较集中的篇目如《喻老》《十过》《难一》《难二》《难三》《难四》等。因此，阅读《韩非子》一书，也可以由这些生动形象的故事入手。比如，先读《难一》至《难四》各篇，可以对韩非的逻辑思辨能力有非常直观的了解，同时这四篇也从不同侧面大体呈现出韩非政治思想的基本面貌。

韩非是一位批判现实主义者，他以敏锐的观察力和理解力，对现实进行了深刻清醒的剖析，抓住了当时的主要矛盾；他的批判建立在对社会强烈的责任感和热情的理想追求之上，因而能够针对各种社会问题提出具体的解决方案。与同时代的思想家如孟子比较，韩非同样是一位坚定的救世主义者，只是各自从不同的方面提出治世之道。韩非思想的影响贯穿两千多年的中国历史进程，今天的许多社会政治现象都需要到《韩非子》一书中去寻找根源。这可说是今天应该读此书的重要原因吧。

（本文作者为北京大学中文系教授）

神秘的文本需要朴实的研究

怎样读《山海经》

沈海波/文

《山海经》是一部先秦古籍,内容极为丰富,堪称研究上古中国社会的宝库。由于时隔久远,围绕着《山海经》的各种问题也是扑朔迷离。如关于《山海经》的作者问题,自古及今,说者不一,有禹益作书说、禹鼎遗像说、夷坚作书说、邹衍作书说等。但以上各种说法都缺乏实在的证据。在文献记载缺失的情况下,想要确认其作者,并非易事。现代学者大多致力于考证《山海经》产生的时代,有人认为其产生于远古大禹的时代,这是禹益作书说的延续;有人认为产生于东周,这是根据《山海经》的内容而得出的推断;还有一种比较流行的观点,认为《山海经》非成于一时一地。正因为《山海经》一书充满了各种谜团,也让我们后人在研究时备感乐趣。

今传《山海经》的由来

今传《山海经》为西汉刘歆校定,共有十八卷,分两个部分:

《山经》五卷和《海经》十三卷。《山经》的主要内容是记叙山岳道里、河川源流、矿产草木、鸟兽虫鱼、鬼怪禁忌、祭祀习俗等，类似于地理志、博物志与风俗志的混合体。《海经》的主要内容是以远近方国为经纬，记叙神话人物及传说故事，类似于方志或异域志。

刘歆对校经的情况作过简单的介绍，他说："所校《山海经》凡三十二篇，今定为一十八篇。"（《上〈山海经〉表》）可见他收集到了多种抄本进行对勘。今本《山海经》是刘歆合校的成果，我们可以在书中看到很多此类痕迹，如《海外南经》曰："南山在其东……一曰：南山在结匈东南。"清人毕沅指出："凡'一曰'云云者，是刘秀校此经时附著所见他本异文也。"《海外经》及《海内经》中几乎每条经文后都有"一曰"云云的校记，从中可以一窥西汉时期各种抄本的异同。

《山海经》解题

《山海经》一名何时出现，今已不可考。毕沅、小川琢治、何观洲等人认为先有《山经》，后合《海经》，遂成《山海经》。这种看法很具有普遍性，人们往往因《山海经》的结构，将"山海"理解为山与海。实际上，"山海"应是泛称，指天下之山川河海。

"海"在古时大多借指遥远。《左传·僖公四年》记载了这么一件事，齐王伐楚，楚王于是派使者对齐王说："君处北海，寡人处南海，唯是风马牛不相及也，不虞君之涉吾地也，何故？"齐处山东,楚居荆湘,楚王譬以北海和南海,即指双方相距甚远。《海经》中有《海外经》《海内经》,海外的语义与现代不同,泛指边远之地,海内、海外相当于域内、域外。《尔雅·释地》曰:"九夷、八狄、七戎、六蛮,谓之四海。"又曰:"觚竹、北户、西王母、日下,谓之四荒。"古人以"四海"与"四荒"指称偏远蛮荒之地,所以《海经》中又有《大荒经》。因此,《山海经》恐怕并非仅仅因《山经》与《海经》之合体而得名。

《山海经》之"经",并非经典之谓,学者们认为有经历之义,毕竟《山经》所载山川河流无法凭空杜撰,必须以亲身经历之见闻为依据。因此,很多人依然相信《山海经》是大禹治水遍历九州后所作。江绍原先生甚至认为《山海经》是古代旅行家之指南。

《山海经》或许也是中国现存最早的图经,因为《山海经》最初是有图的。

《山海经》的图

《山海经》古时有图,不过《山经》《海经》与图绘的关系并不相同。《海经》纯系图绘之解说,这一点可以从其内容中反映出来。如"两手各操一鱼"(《海外南经》)、"其人两手操卵食之,两鸟居前导之"(《海外西经》)、"食人从首始,所食被发"(《海内北经》)、"两手操鸟,方食其头"(《大荒东经》),这种叙事方式,无疑是在对图绘进行诠释。因此,《海经》之主体应该是图,而今存的文字内容则只是图的说明。而且,《海经》是先有图后有文字。《海经》由两个部分组成,一是《海外经》四卷和《海内经》四卷,二是《大荒经》以下五卷。这两部分在内容上有着大量的重叠,仅仅在叙事方面各有详略而已,说明这是对同一图绘所作的两种文字解说。顾颉刚先生在《中国上古史讲义》中曾对此进行过考证。

《山经》与图的关系有所不同,由于其内容丰富,所以不能简单视为图绘的说明。根据《周礼》的记载,周代的地图制作已经相当发达,不仅可以周知山林川泽、丘陵道路,还可以辨各地的财用。因此,《山经》的写作或许有本于此类地图。

《山海经》的图不知何时亡佚,刘歆校书时已不见其图。魏晋时期有人补绘了《山海图》,东晋郭璞特地写过《山海经图赞》。陶渊明在浏览了《山海图》之后,创作了十三首《读〈山海经〉》诗。其第一首曰:"泛览周王传,流观山海图。俯仰终宇宙,不乐复何如。"陶渊明所看到的毕竟只是补绘之作,和原图已经相去甚远。其第二首曰:"玉台凌霞秀,王母怡妙颜。"但实际上《山海经》中的西王母有着一副"虎齿善啸,蓬发戴胜"的可怖面目。

南朝张僧繇也为《山海经》作过图,不过这些图都未能流传下来。宋真宗咸平二年(999年),舒雅根据张僧繇的残画重新补绘,共有十卷。欧阳修有《读〈山海经图〉》一诗,他看到的或许就是舒雅所画。舒雅的画后来也失传,明清时期补画之作甚多,但都是书肆俗手所为,难为典据。

《山海经》的版本

刘歆虽定《山海经》为十八卷，但好事者每每改动卷次，所以历代著录的《山海经》篇目颇有出入。宋代的道藏本虽然也是十八卷，但编者为了平衡内容，将原有卷次打乱，《西山经》和《北山经》各分作两卷，《中山经》则分为三卷，而《海经》各卷次则因为内容较少被互相合并。南宋尤袤对此有所不满，所以他经过三十年时间，收集了十多种版本进行参校，于淳熙七年（1180 年）加以刊刻。尤袤刻本是今存最早的《山海经》版本，文献价值毋庸赘言。

传世的第二个版本是元代曹善抄本，成于元顺帝至正二十五年（1365 年）。曹善是书法名家，所以这个抄本不仅具有重要的版本价值，同时也是书法精品。

明代正统年间的道藏本很值得注意。它缺了第十四和第十五卷，按理说要找一个完整的版本很容易，但《道藏》却偏偏把这个残缺了的本子收录，足见这个版本为《道藏》编纂者所重视。这个版本极具文献价值，清人郝懿行对它的参校频率最高。我们似可推测这是一个年代颇古的版本。

此外，还有一些善本可资校勘之用，如明成化元年（1465 年）吴宽抄本、明成化戊子年（1468 年）刻本、清乾隆槐荫草堂刻本等。

历代的注疏

汉代经学盛行，再加上世人视《山海经》多奇怪俶傥之言，故其书乏人问津。魏晋时期学术思想开始活跃，《山海经》才受到学者的关注。最早替《山海经》作注的是东晋郭璞。郭璞是喜好阴阳算历及卜筮之术的学者，他并不以《山海经》之怪为怪，唯恐世人"不怪所可怪而怪所不可怪"（《注〈山海经〉叙》）而致其湮没，于是为之创传。郭璞学问渊博，他的注释也成为后人研究的基础。

郭璞之后，直到明代才有王崇庆和杨慎为《山海经》作注，但其内容略显单薄。清代考据之学大盛，《山海经》开始受到学者的重视，出现了一批水平较高的注疏，如吴任臣《山海经广注》、汪绂《山海经存》、毕沅《山海经新校正》、郝懿行《山海经笺疏》。吴任臣之《广注》收入《四库全书》，但内容较芜杂，为四库馆臣所诟病。毕沅之《新校正》于地理考证颇具功力，影响也极广。清人成就最高者，为郝懿行之《笺疏》。郝懿行是乾嘉学派的代表人物之一，长于名物训诂及考据，其笺疏深受学者之推崇，夏曾佑先生曾将孙诒让《墨子间诂》与之相提并论。

袁珂先生所著《山海经校注》是新中国成立后出版的第一部《山海经》研究著作，该书征引文献相当丰富，对前人的研究成果也多有取鉴，既是现代《山海经》研究的基础之作，也是初学者之津梁。

研究神话所应注意的问题

《山海经》所记载的神话传说非常丰富，而神话又是引发遐想的源泉,这或许就是当代《山海经》研究渐成热潮的原因。很多学者视神话为历史,他们的理由是神话折射历史。神话折射历史是毫无疑问的,但他们似乎未曾区分折射和直射之别。不同的神话内容需要综合不同的社会历史背景,才能揭示其意蕴,而不能笼统地以神话折射历史来代替证据。关于神话传说的研究方法,可以参酌顾颉刚先生的"层累说"。

《山海经》中有大量地理方面的内容,由于古今地名大多不同,再加上古人对方位道里的勘定不甚精确,所以很多内容已经失考,这自然也引起现代学者的研究兴趣。但此类研究也存在不少问题,很多学者宣称《山海经》所涉及的地理范围,东至太平洋、南至南海、西至中亚、北至西伯利亚。有人甚至说,《东山经》记载的是美国西部地区,理由仅仅是《东山经》里的山川和那里的太相似了。这些说法固然可以吸引世人好奇的目光,但在缺乏可靠证据的情况下,就有夸夸其谈之嫌,绝非学术之正道。学术研究需要充足的证据和缜密的逻辑推理,而不能代之以臆测。古人可以通过想象来解释未知的世界,但我们不可以通过想象来解释古人的世界。

今天,《山海经》之所以仍然充满神秘,是因为我们对古人的世界还缺乏了解。惟有朴实的研究,才能揭开其神秘的面纱。

(本文作者为上海政法学院文学与传媒学院教授)

除了天道和人性，它还讲神话

怎样读《淮南子》

马庆洲/文

　　与论孟老庄等先秦著作相比，汉初出现的《淮南子》，在认知度及影响力等方面要逊色一些。但作为一部"结古代思想之总帐者"（胡适《淮南鸿烈集解序》）的巨制，《淮南子》以其兼包百家的综合性，具有先秦子书所没有的多元色彩。它与《吕氏春秋》并列为"杂家"的标志性著作，代表了诸子发展的一个新阶段，是了解秦汉之际社会思想最重要的典籍之一，具有无可替代的价值。

　　《淮南子》的作者问题及创作动因等，由于刘安诸侯王的身份，以及身负的"谋反"罪名，而致众说不一。所有这些，直接影响到对此书的评价，褒之者赞其"煮天载地""无所不载"（高诱《淮南鸿烈解叙》），而贬之者则视其为拼凑之作。因此，在研读之前，有必要先了解一下《淮南子》到底是一部怎样的书。

　　《淮南子》初名《鸿烈》，"淮南"之名为刘向校书时确定；而称"子"始见于《西京杂记》。《隋书·经籍志》以《淮南子》之名著录此书,且称是"汉淮南王刘安撰"。对于淮南王著书一事,《汉书·淮南王传》有较详细的记述:"淮南王安为人好书,鼓琴,不喜弋猎狗马驰骋,亦欲以行阴德拊循百姓,流名誉。招致宾客方术之士数千人,作为《内书》二十一篇,《外书》甚众,又有《中篇》八卷,言神仙黄白之术,亦二十余万言。"一般认为,这段文字中所称的《内书》也就是后世流传的《淮南子》;也正是由于《汉书》"招致宾客方术之士数千人"的记载,使得《淮南子》的作者成为一个有争议的问题。或认为是刘安所著,或认为是刘安及其门客合著,是集体创作的成果。而笔者研究认为,从全书结构、文气等诸多方面分析,刘安之于《淮南子》远不只是一个组织者,大部分内容当出于他本人之手;即使个别篇章假手门客,也必经过他细致地加工、润色,能够系统反映其思想,展现其文采。《淮南子》各篇既独立成文,又有内在联系,并围绕一个中心,是自成体系的完整之作。这一点,是认识《淮南子》的基础之一。

要正确认识《淮南子》一书,还有必要了解其创作动机。秦汉之际,社会剧烈变革,"五年之间,号令三嬗,自生民以来未有受命若斯之亟也"(《史记·秦楚之际月表》)。汉代立国以后,如何认识"天人关系""古今之变",成为朝野有识之士共同关心的重大课题。汉初,由反思秦朝前车之鉴开始,自觉不自觉中关注、思考这一问题的大有人在,陆贾、贾谊是开其端者。《淮南子》在《要略》中明确表示,其著书立说的目的,就在于"纪纲道德,经纬人事""观天地之象,通古今之事",即上考天文,下度地理,中通人间各种事理。一句话,就是研究天、地、人三者的大道理。《淮南子》全书二十篇，无论是整体上的安排，还是各篇章的论述，都没有游离这一主题。而刘安之后，董仲舒上《天人三策》言"天人之徵，古今之道"，司马迁作《史记》以"究天人之际，通古今之变"。汉代思想者对"天人"问题的思考，有一个不断深化的过程，其轨迹清晰可辨。

刘安身为诸侯王，有条件接触到各种典籍，马王堆汉墓及新近发掘的海昏侯墓所出土竹书之丰，可以证实这一点。此人又喜读书，有对前代思想遗产进行全面吸收并加以融合的主客观基础，这是一般学者所不具备的。正如司马迁能够写出《史记》，除了本人天赋之外，身为太史公的他，能够看到朝廷所收藏的各种历史档案，也是决定性的前提。仅从文献渊源上看，《淮南子》引用到的先秦文献就多达四十余种，其中有"六艺略"中的《易》《诗》《书》《礼》《春秋》《论语》及《尔雅》，有"诸子略"中的儒家、道家、阴阳家、墨家、法家、名家、纵横家、杂家、农家等，有"诗赋略"中的《楚辞》，还有"兵书略""数术略"及"方技略"中的某些典籍。在《淮南子》中，既有明显的道家思想，也有不少儒家的东西，其他各家的影子也无处不在，《汉书·艺文志》将其归入"杂家"，就是对其不拘一家、兼有各派的恰当总结，而非高下之评判。《四库全书总目》亦云，"杂之义广，无所不包，班固所谓'合儒墨，兼名法'也"，不失公允。

任何思想从来都不是单纯的，以《汉书·艺文志》为代表的所谓"九流十派"说法，更多是一种便于言说的人为区分而已，今日要阅读典籍，似乎不必再胶着于此。因此，在读《淮南子》之前,完全不必被"杂家"的标签误导,知晓这是一部内容宏富、文笔优美,具有深刻哲理意味的子书,是了解汉初思想无可替代的典籍,可也。

《淮南子》全书各篇章的设置,很明显是有精心考虑的。全书共二十一篇,其中《要略》是序言,其余诸篇基本上按照天、地、人这一顺序贯穿下来,每篇又围绕一个主题展开。全书二十篇,从内容上看,大致可以分为几大板块:《原道训》《俶真训》是全书的总纲,着重讲"道",实则是对书的一些基本观念作了概括;《天文训》《地形训》《时则训》,表达的是《淮南子》对天、地、四时等的看法,包含着对天与地及人的关系的思考;《览冥训》《精神训》《本经训》,讲述宇宙的一般原则如何与人的精神相通;《主术训》《缪称训》《齐俗训》《道应训》《氾论训》《诠言训》《兵略训》,是关于社会、政治、军事等具体问题的讨论;《说山训》《说林训》两篇,与《韩非子》中的《内储说》《外储说》相似,汇集格言性质的佳言隽语,无明确主题;《人间训》《修务训》《泰族训》重在讨论个体的人,关注的是人间万事。这二十篇上究天文,下探地理,中间思考古今万事,对先秦以来诸家的思想,既有继承,也有融合发展,不乏新见,反映了汉初思想者在新形势下的思考。正如蒙文通先生所说:"先秦以往之思想毕萃于汉,而岂特汇儒者一家之说使结晶于是哉!"(《论经学三篇》)要之,《淮南子》中大部分篇章都可视为独立的专题论文,读者可根据自己的兴趣和需要,进行有选择的阅读。

《淮南子》一书的思想内容有些驳杂,但核心的一点,就是它强调时时处处要敬畏和尊重自然规律。书中反复强调，无论是治国还是养生，都要遵循"道"的要求，按照"天道"行事，不可违逆。这一点全书一以贯之，在诸家之中十分突出，有学者因之将其称为"新道家"，良有以也。《淮南子》以"原道"开篇，提出了"循道""无为""持后""贵柔""守静""重生""养性"等一系列观点，为全书奠定了基本论调。《淮南子》中"道"的最重要含义，就是指治理天下（书中称"主术"）、为人处世等所必须遵循的自然规律。《氾论训》有言："故圣人所由曰道，所为曰事。道犹金石，一调不更；事犹琴瑟，每终改调。""道"可以说是《淮南子》的体，而"无为"则是其用。所谓"无为"，是"不先物为"，顺应自然之势，而非无所事事。治理国家，第一要务是顺应天道，"无为"而治，尊重民意，因势利导，抛却严刑峻法，以达到长治久安。为政宜简，不得多事扰民，"上多故则下多诈，上多事则下多态，上烦扰则下不定，上多求则下交争"（《主术训》）。这是老庄"无为"思想的进一步发展，是较为可贵且具有恒久价值的思想资源，值得珍视。

对于个体生命而言，同样也应"循道""持静"。《淮南子》认为，人性本是恬静的，因受外物的影响，产生了爱憎、好恶等情感，而这些情感一旦形成，天性就会泯灭，无法返回本真。万物至众，只有保持天性，不与万物争先，才能立于不败之地，莫与能争。个人的幸福感，需要求之与内，而不是借助于外在的东西，只有内心的充实，才能有精神上的真正满足。《原道训》云："夫建钟鼓，列管弦，席旄茵，傅旄象，耳听朝歌北鄙靡靡之乐，齐靡曼之色,陈酒行觞,夜以继日,强弩弋高鸟,走犬逐狡兔,此其为乐也,炎炎赫赫,怃然若有所诱慕。解车休马,罢酒彻乐,而心忽然若有所丧,怅然若有所亡也。是何则?不以内乐外,而以外乐内,乐作而喜,曲终而悲,悲喜转而相生,精神乱营,不得须臾平。"声色犬马之类外在的浮华,难以给人持续的精神满足,内在的修为、内心的平静才更重要。这些论述,蕴涵着深刻的哲理,当是刘安这位"好书鼓琴"的诸侯王的切身体悟,对高居庙堂之上者,抑或身在浮世之中的芸芸众生,都不无警示和启发。

作为子部书,《淮南子》还有一点独特之处,就是它保存了很多神话故事,因之被视为中国古代神话的渊薮之一,如广为人知的"女娲补天""共工怒触不周山""嫦娥奔月""后羿射日"等。由于"子不语乱力怪神"(《论语·述而》),中国早期神话散失严重,《淮南子》保存的虽多是一些片断,但与《山海经》《楚辞》等其他先秦典籍结合起来考察,还可大致还原不少神话一个基本的面貌。

《淮南子》因其内容包罗万象,文章又具有汉大赋般的铺排之风,用辞繁复,骈俪色彩浓重,故向来号称难读。东汉时,就有许慎和高诱为之作注,两家注流传至今(均非完篇),成为后人阅读《淮南子》最为基本的参考。魏晋之后,诸子学沉寂,直到清代,才重新复兴。清人中较早治《淮南子》者是庄逵吉,他所整理的本子,刻于乾隆四十九年(1784 年),流传较广。乾嘉学派大家王念孙所作《读淮南子杂志》,解决了许多前人未解决的问题,成为继高、许二家注后,研究《淮南子》的重要参考。民国以降,较有代表性的校勘、注释之作,有刘文典《淮南鸿烈集解》、张双棣《淮南子校释》、何宁《淮南子集释》、陈广忠《淮南子斠诠》等。这些汇校、汇注性质的本子,为研究《淮南子》提供了较大的便利。笔者所撰《淮南子今注》等,则意在普及,较便于初学者使用。

（本文作者为清华大学出版社编审）

这是历史上一场大型的辩论会

怎样读《盐铁论》

杨　勇/文

　　汉武帝去世七年后,汉昭帝始元六年(前81年)二月,汉廷召集前一年下诏察举的贤良、文学六十余人,以"问民所疾苦"为主题进行了一场策论。汉代举贤良,一般都要皇帝亲自"受策察问"(《汉书·武帝纪》)。然而此时昭帝尚年幼,权力都在霍光手中。而霍光以大司马大将军辅政,名义上主内而不主外,也不便出面。遂由当朝公卿田千秋、御史大夫桑弘羊带领其下属丞相史、御史出面主持。结果这次策问发展成了围绕武帝以来政治得失及其未来政策走向的大辩论。由于盐铁国营存废问题在论辩会开始就被贤良、文学提出来,是较醒目的主题之一,会后人们遂冠以"盐铁之议"或"盐铁会议"之名。会议当时有较为详细的会议记录(《汉书·公孙刘田王杨蔡陈郑传赞》"颇有其议文")。至宣帝时,庐江太守丞桓宽对这些记录加以推衍、增广,写成《盐铁论》一书,共六十篇。此书非常幸运地完整流传到今天,较为完整地还原了论辩详情,是"后人了解这段历史华章的第一手资料"(孙家洲语)。

阅读《盐铁论》,首先要破除一种根深蒂固的误解,即认为其所论主要是以盐铁国营为主的财经问题。这大概受《盐铁论》书名的影响。清初黄虞稷《千顷堂书目》即将此书列史部食货类中。多年来学界对其关注也主要在经济史范畴内。然而台湾学者赖建诚统计后指出,全书"谈论经济问题的篇数只占 12％,在各类问题中比例最低"。事实上,盐铁会议召开于武帝"多欲"之治导致社会各种矛盾尖锐之际,"总论政治得失"(颜师古语),广泛涉及当时经济、司法、民族关系、民生吏治、社会风俗、学术思想等问题,是一场大百科全书式的论辩。因此我们应该以更为开阔的历史视野去看待《盐铁论》。

《盐铁论》对于武帝政治,是从"奋击之士""兴利之臣""憯急之臣"三者为主要线索的。《刺复》篇文学说:

> 当公孙弘之时,人主方设谋垂意于四夷,故权谲之谋进,荆、楚之士用,将帅或至封侯食邑,而克获者咸蒙厚赏,是以奋击之士由此兴。其后,干戈不休,军旅相望,甲士糜弊,县官用不足,故设险兴利之臣起,磻溪熊罴之士隐。泾、渭造渠以通漕运,东郭咸阳、孔仅建盐、铁,策诸利,富者买爵贩官,免刑除罪,公用弥多而为者徇私,上下兼求,百姓不堪,抚弊而从法,故憯急之臣进,而见知、废格之法起。杜周、咸宣之属,以峻文决理贵,而王温舒之徒以鹰隼击杀显。其欲据仁义以道事君者寡,偷合取容者众。

　　这段话可以说是整本《盐铁论》的总纲。武帝时代内外政策,以对外开边征伐为第一原动力。接连用兵四夷尤其远征匈奴,逐渐导致汉廷财政亏空。到元狩四年(前 119 年)卫霍绝幕远征后,已陷入"财匮,战士颇不得禄"(《史记·平准书》)的尴尬境地。在此紧急状况下,汉廷遂开展了一系列兴利活动,如盐铁酒国营、均输平准、算缗告缗、货币改革等项,逐步改善了财政。然而外事征伐、内兴聚敛的政策,给民间带来了极大困苦,民生骚动不安,大量人群陷于法网。于是只有以兴严刑峻法的酷吏政治弹压。这三者构成了武帝政治前后相继的整体。武帝时代,是一个军人、兴利之臣、酷吏占据政治舞台的时代。

　　因此武帝去世以后政治的中心,是如何对待上述旧政。盐铁会议就是在这种背景下召开的。以桑弘羊为首的官方(田千秋虽居相位,但在会上括囊不言明哲保身),力主上述三项不废,继续盐铁酒专卖、均输平准作为臣服以至消灭匈奴的政治保障,并维持对民众的高压态势。而贤良、文学一方则以民间疾苦为据历数三者之不便,必欲除之而后快。这种针锋相对,正如王充《论衡·案书篇》指出,乃是"两刃相割,二论相订",成为整本《盐铁论》的主干。相关其详在此不罗列,读者循着这条线索稍读《盐铁论》即可知。

　　明了了《盐铁论》的主线后,我们分别从各个专门史的视角再来谈一谈读《盐铁论》应该注意的要点。

　　从政治史的视角看,盐铁会议有两重意义。第一,贤良、文学是汉武帝"尊儒"的结果。武帝即位初期有尊崇儒术之意,罢所举贤良治申、商、韩非、苏秦、张仪之言者,又立五经博士,并为博士置弟子,以经术为出仕的凭借。"尊儒"可谓有其具。但现实的政治层面,则因上述三项政策的渐次展开而离儒家政治渐行渐远。桑弘羊一方依据韩非之言立论,一定程度上显示法家学说尚有其空间。这些来自民间的儒者在儒家政治长期蛰伏后,借武帝去世之机集体发力,对桑弘羊一方主张做了全面批评,并提出"夫为君者法三王,为相者法周公,为术者法孔子,此百世不易之道也"(《盐铁论·刑德篇》)的根本政治主张,与董仲舒《天人三策》中"臣愚以为诸不在六艺之科孔子之术者,皆绝其道,勿使并进。邪辟之说灭息,然后统纪可一而法度可明,民知所从矣"的主张,可谓前后呼应,在政治儒学化的进程中是浓墨重彩的一笔。经过此次会议后,法家思想在政治领域就不能大行其道而逐渐衰微了。

第二,除了上述儒法之争的会议态势外,也应注意到会议背后复杂的各方政治博弈。这次会议主要是霍光、桑弘羊二人矛盾尖锐化的结果,霍光利用这些儒生达到了攻击桑弘羊的目的,间接促使桑在第二年的败亡。正如徐复观指出,贤良、文学"只有在矛盾对立、相持不下的夹缝中,才有机会反映出一点政治的真实"(《两汉思想史》第三卷)。但同时也要看到,贤良、文学与霍光间也有根本的矛盾。霍光本人对儒者的态度,正如霍山指出"诸儒生多窭人子,远客饥寒,喜妄说狂言,不避忌讳,大将军常仇之"(《汉书·霍光传》)。这就导致虽桑弘羊下台,但政治领域的全面儒家化在整个霍光主政时代迟迟得不到落实。

从经济史的角度看,《盐铁论》第一次为我们展示了中国历史上不同所有制之间利弊的争论。以盐铁国营、均输平准为代表的国营经济,以国家做保障,可以集中更多的人力、资本,运用更先进的技术进行生产,但运行过程中却带来产地集中售卖不便、农具规格单一不能适应各地土质、价格不能随市场波动而偏高等等问题,尤其麻烦的是随之产生的弥漫于上上下下无处不在的贪污腐败,所谓"自利害之设,三业之起,贵人之家,云行于途,毂击于道,攘公法,申私利,跨山泽,擅官市"(《盐铁论·刺权》),使其优势大打折扣;而富商豪强生产制则带来垄断,以及国家财政收入的削弱,并且他们常常过分剥削一般民众,更有因大量人口集中偏远地从事生产而缺乏管理带来的政治不稳定;至于家庭小作坊式的生产,虽有亲民便民之利,价格也不贵,却往往不能达到质量要求。上述不同所有制的利弊在《盐铁论》中得到了充分讨论。显然,两千多年前提出的这些问题,在今日全球化的经济世界中仍然不同程度地存在着。

从学术史的角度看,有几点值得特别注意。第一,无论尊孔与否,双方都对"五经"表示了极大的认同,双方发言中均大量引用"五经"之文。这说明汉武帝"罢黜百家,表章'六经'"(《汉书·武帝纪》)确实收到了很好的效果。第二,孟子思想得到贤良、文学高度重视。据学者龙文玲近年考证,《孟子》在会议中被引用72次,在所有典籍的引用中仅次于《论语》。贤良、文学本孟子"仁政""王道"思想批评武帝内外政治,第一次将孟子放到与孔子并驾齐驱的地位。这是孟子在中国思想史上地位上升的一个标志性节点，具有重大历史意义。而透过贤良、文学，也可见当时民间已逐渐产生一批精于"六艺"与孔孟之学的知识分子。他们正是中国历史进入一统以后产生的所谓"士"阶层。这批人将陆续走上政治舞台，以学术引领政治，深刻影响中国历史进程。

从社会史的角度看，《盐铁论》给我们提供了大量了解汉代下层社会风俗的史料。最重要的莫过于《散不足》篇。这一篇中贤良历数社会风俗在武帝以前与武帝以来由俭入奢之变迁，广泛涉及衣食住行、婚丧嫁娶各个领域。如论食时说"今富者逐驱歼罔罝，掩捕麑鷇，耽湎沈酒铺百川。鲜羔挑，几胎肩，皮黄口。春鹅秋鸰，冬葵温韭浚，茈蓼苏，丰莪耳菜，毛果虫貉""今民间酒食，殽旅重叠，燔炙满案，臑鳖脍鲤，麑卵鹑鷃橙枸，鲐鳢醢醢，众物杂味""今熟食遍列，殽施成市，作业堕怠，食必趣时，杨豚韭卵……羊淹鸡寒，捐马酪酒，蹇捕胃脯，胹羔豆赐，殽膹雁羹，臭鲍甘瓠，熟梁貊炙"。涉及食物之复杂令人叹为观止，可见当时饮食之丰富多样。孔子曾说"食不厌精，脍不厌细"，看来这一原则在汉代即已被发挥到登峰造极的地步。众所周知，《史》《汉》等正史是以"大传统"为主要核心的，对风俗、特产等等下层"小传统"专注不够。将《散不足》篇的这些社会史资料结合近年出土的各种汉代文献，或更能窥探汉代社会之生动面貌。

文章最后，为了自学的便利，向各位读者推荐几种《盐铁论》的注本。马非百《盐铁论简注》(中华书局1984年版)，注释简明扼要，是《盐铁论》目前最佳的白话注本，对初学者来讲较为适合。当然，如果想要进一步深入研读，则应读王利器《盐铁论校注》(中华书局 1992 年版)。此书无论校勘、训释，皆可谓《盐铁论》研究的集大成之作。而将两书参而观之，或更能见其全体。此外，杨树达《盐铁论要释》(上海古籍出版社 2006 年版)，也可随时参考查阅。

（本文作者为郑州大学历史学院讲师）

怎样抵御虚假和荒诞？

怎样读《论衡》

董文武/文

　　《论衡》在中国文化史上占有举足轻重的地位，其所体现的批判精神、唯物思想和科学见解等，迄今仍有现实价值。《论衡》共八十五篇，因《招致》一篇有录无文，实际上只有八十四篇，是东汉会稽上虞（今属浙江）人王充（27—约97年）用了三十年心血写成的一部哲学经典著作。

　　关于这部书的名字，王充认为他的著作"折衷以圣道，析理于通材，如衡之平，如鉴之开"（《自纪》），又说"《论衡》者，所以铨轻重之言，立真伪之平也"（《对作》）。关于这部书的写作宗旨，用王充自己的话说就是："《诗》三百，一言以蔽之，曰：思无邪。《论衡》篇以十数，亦一言也，曰：疾虚妄。"（《对作》）疾虚妄用今天的话说就是憎恶虚假荒诞的言论。

　　然而历史上对这部书的评价却是毁誉参半，从汉到唐大都认为其是一代伟著，宋朝学者带着道学的习气认为其是一部离经叛道的书。明清学者对其褒贬不一：一部分学者沿宋人成见，骂它是非圣无法；另一部分学者取其辩博，极力表彰此书。现当代学者对其大多持肯定态度，章太炎说"王充《论衡》可称为卓异的著述"（《国学概论·国学的派别》），梁启超称"王充《论衡》实汉代批评哲学第一奇书"（《中国近三百年学术史》），冯友兰将王充誉为"两汉时代最大的无神论者和唯物主义哲学家"（《中国哲学史新编》），周桂钿更是称其为"一个具有近代实验科学精神的超前的思想家"（《虚实之辨——王充哲学的宗旨》）。

了解作者的身世背景

王充与王符、仲长统并称为"汉世三杰"，其中王充的年辈最长，著作最早，在许多观点上对后二家的影响也是明显的，然而范晔的《后汉书》将三人立为合传时，对后二家分别给予四千到六千字的长篇记述，而对王充只有二百多字的简短介绍，对《论衡》更是没有只言片语的转录。究其原因，是由于王充在书中立有《儒增》《书虚》《问孔》《刺孟》等专篇，公然讥讽俗儒，向孔孟发难，向经典挑战。所以读者在阅读前有必要先了解一下王充的身世经历和《论衡》的成书背景。

王充祖籍是魏郡元城（今河北大名一带），祖上"尝从军有功，封会稽阳亭"，后家道中落，沦为"以农桑为业"的普通人家，到祖父王汛时为躲避怨仇举家迁到钱唐（今浙江杭州），到父亲王诵时又因与当地土豪结怨徙往上虞，到王充时则更加衰败，已经是"细族孤门"了。王充自幼勤奋好学，曾经到京城洛阳求学，师从班彪,先后做过列掾、功曹、从事之类的小吏,因谏争得罪权豪,被迫去职还家,转以教授和著书为业。晚年的生活更为惨淡:"发白齿落,日月逾迈。俦伦弥索,鲜所恃赖。贫无供养,志不娱快。"(《自纪》)

王充家世的任侠传统、寒门家族的出身、仕途的失意和生活的困顿,自然而然地造就了他愤世嫉俗的性格和对世俗不屈的反抗精神。他自己也说写作《论衡》"其本皆起于人间有非,故尽心极思,以讥世俗"(《对作》),并在编定目次时把《逢遇》作为开宗明义第一篇,把去世前的绝笔《自纪》定为最晚一篇。

王充所处的时代,是儒学思想神学化、宗教化的时期。王充的思想批判活动和政治活动,主要是在明帝、章帝两个朝代,当时意识形态领域里的正统哲学是以天人感应论为基础的儒家思想和谶纬神学,王充的唯物主义哲学就是在和这种思想的对立与抗争中形成和发展起来的。

一方面,自汉武帝"罢黜百家,表章'六经'"(《汉书·武帝纪》)政策实施以来,在没有其他学术与之抗衡后,儒家思想逐步衰微和僵化。到了西汉末年以后,儒家思想成了没有活力的章句之学。王充六岁开始识字,八岁学习儒家经典。后游学于洛阳,入太学,访名儒,阅百家,开阔了眼界,增长了学识,逐步形成了对儒学的独特见解,这必定会与儒学僵化的现实产生冲突,因此他撰写《论衡》是为了阐释自己对儒学思想的认识。

另一方面,西汉末年儒家谶纬之学大行于世,光武帝刘秀曾以符瑞图谶起兵,即位后又"宣布图谶于天下"(《后汉书·光武帝纪》），谶纬之学于是成为用人施政的治国思想。汉章帝时，召群儒会集白虎观讨论经义，由班固撰成《白虎通德论》一书，进一步强化了官方的儒学思想统治。王充师承的班彪等人，着重于对儒家经典的背诵和解释，与谶纬之学格格不入，这对于《论衡》中表现出的批判主义精神具有深刻影响。

把握作者的思想渊源

唐代史学评论家刘知几因《论衡》书中记载了王充父祖横行乡里的不光彩行径，不合乎子为父隐的纲常名教，说王充"实三千之罪人"（《史通·序传》）。清代学者章学诚也因王充非难儒学，对他的儒家身份提出质疑，"王充以儒者而拒儒者乎"（《文史通义·匡谬》）。所以读者在阅读《论衡》时要把握王充的思想渊源，其主要来自三个方面。

一是先秦诸子百家的影响。王充一生勤奋好学，"好博览而不守章句。家贫无书，常游洛阳市肆，阅所卖书，一见辄能诵忆，遂博通众流百家之言"（《后汉书·王充传》）。所以能够在《论衡》中对先秦各家各派的思想旁征博引、批判吸收，并涉及农医、算术、天文等诸多方面的自然科学知识。

二是汉代进步思想家的影响。王充对批判今文经学弊端的扬雄、刘歆、桓谭评价很高，而受反对谶纬神学的桓谭影响最为直接。他推崇桓谭《新论》"论世间事，辩照然否，虚妄之言，伪饰之辞，莫不证定"（《超奇篇》）。其"火灭光消而烛在，人死精亡而形存"(《论死》)的形神论述,明显是吸收了桓谭"精神居形体,犹火之然烛矣"(《新辑本桓谭新论·启寤篇》)烛火形神的比喻。二者在唯物主义世界观和无神论思想上,以及方法论上存有承继关系。

三是汉代科技发展的影响。在哲学上,王充对当时自然科学成就的哲学概括和总结,表现出我国唯物主义哲学初步克服直观性,并和科学紧密结合的色彩。在天文学上,王充在天体理论上沿用了盖天说,他说:"天体也,与地无异"(《变虚》),"天,体,非气也"(《谈天》)。在医学上,王充"人死无知不为鬼"的无神论思想,"形须气而成,气须形而知。天下无独燃之火,世间安得有无体独知之精"(《论死篇》),正是在汉代医学科学发展的基础上建立起来的。

清楚作者的写作风格

《论衡》主旨明显,谈古论今,议论驰骋,援喻取譬,语言通俗,深入浅出,行文流畅,口语性较强,大量使用了选择问句、反复问句和设问句,经常采用类比的方式,用逻辑推理的方法,揭示深刻的道理,具有鲜明的时代性,给读者耳目一新的感觉,所以读者在阅读时要清楚作者的写作风格。

汉朝是经学时代,治经者注重师法,崇尚复古模拟,为文追求艰深古奥。对此,王充在《论衡》中突破儒家经学思想,提出一系列观点加以纠正。

一是经世致用。他说："文人之笔,劝善惩恶也。"(《佚文》)又说："为世用者,百篇无害;不为世用者,一章无补。"(《自纪》)

二是言简意赅。他说："言奸辞简,指趋妙远。"又说："论贵是而不务华,事尚然而不高合。"(《自纪》)还说："情见于辞,意验于言。"(《超奇》)

三是文质相称。他说："外内表里,自相副称。"又说："文由胸中而出,心以文为表。"(《超奇》)

四是不务深奥。他说："口则务在明言,笔则务在露文。"又说："夫笔著者,欲其易晓而难为,不贵难知而易造;口论务解分而可听,不务深迁而难睹。"(《自纪》)

掌握内容的分类特点

《论衡》计二十余万言,内容涉及天文、物理、史地、文学、艺术等各个方面。由于篇目较多,为了节省阅读时间,就需要掌握该书内容的分类特点。

根据《论衡》各篇主旨及作者的思想体系,可分为以下六类:

一是性命论,有《逢遇》《累害》等十四篇。

二是驳天人感应论,有《奇怪》《书虚》等十八篇。

三是明鬼神禁忌论,有《论死》《死伪》等十六篇。

四是天人关系论,有《寒温》《谴告》等二十一篇。

五是程量才知论,有《答佞》《程材》等八篇。

六是正说自辩论,有《实知》《知实》等八篇。

注意版本注释的选择

《论衡》最初由蔡邕、王朗二人传世，见于著录较晚，《隋书·经籍志·杂家》："《论衡》二十九卷。"《旧唐书·经籍志·杂家》："《论衡》三十卷。"二者相差一卷，当是从二十九卷中分出《自纪》篇单为一卷的结果。此后见于著录多为三十卷，大体成为定型。北宋庆历五年(1045年)，进士杨文昌用当时的通行本和馆藏本对校，改正一万多字，作序刊印，号称完善，为目前所知的最早刻本。南宋乾道三年(1167年)，会稽太守洪适据杨刻本复加校正，重新刻印。这二种宋本目前仅存残卷。现藏于国家图书馆的珍贵刻本有两种，但均未流行于世：一种是宋本《论衡》，经元明两代不断修补，是最早刊印的全本；另有《新刊王充论衡》十五卷本，俗称"元小字本"，是明初坊间宋文瓒据宋乾道三年本刻印的。流行较广的是明嘉靖十四年(1535年)吴郡苏献可刻印的"通津草堂"本，后来版本多据此本刻印。

近现代以来，关于《论衡》的注释主要有以下几个版本：1. 北京大学历史系编的《论衡注释》，中华书局1979年版。2. 刘盼遂的《论衡集解》，古籍出版社1957年版。3. 黄晖的《论衡校释》，中华书局1990年版。4. 张宗祥校注、郑绍昌标点的《论衡校注》，上海古籍出版社2010年版。5. 马宗霍的《论衡校读笺识》，中华书局2010年版。这几个版本仅供学者进行研究使用，并需要读者有相当的文言文功底。对于初学者来说，可以阅读袁华忠、方家常的《论衡全译》,贵州人民出版社 1993 年版。该书以通津草堂本为底本,横排简体排写,每篇前面都有一个短小精悍的题解,便于读者了解本篇的主旨;原文下面分段注释和翻译,注释简明扼要博采众长,并对疑难字注上了汉语拼音,译文忠实原文、通达流畅、文字优雅,读者读之既可以提高阅读的速度,又可以提高古汉语水平。

（本文作者为河北师范大学历史文化学院教授）

统合儒道以抵玄虚

怎样读《抱朴子》

卢国龙 / 文

　　《抱朴子》分内外两篇,分别属于儒道二家,但作者是同一个人,即东晋时的葛洪。将《内篇》归属道家,将《外篇》归属儒家,是由葛洪自己首先提出来的,可见于《外篇》的《自叙》,"其《内篇》言神仙……却祸之事,属道家;其《外篇》言人间得失,世事臧否,属儒家"。这表明先后为儒道两家立论,在葛洪这里是主观故意或者说主体自觉的。属儒家的《外篇》讲经世致用,关注的是社会问题;属道家的《内篇》讲修炼的"玄道",关注的是生命及形而上问题。由此儒道兼综,就构成一个相对为内外的双轨体系。

　　同一个人,先后为儒道两家立论,这在历史上大概是前无古人的。葛洪之前,有王弼、郭象等人,既注解儒家的《周易》《论语》,也注解道家的《老子》《庄子》,通过重新诠释《易》《老》《庄》"三玄",也就形成了玄学融合儒道的学术格局,只是在体例上,这些著作都属于章句注疏之学,义理发挥的意图和事实固然都蕴涵在其中，但表现形式却是踵事增华，踏着前人的脚印走。葛洪的《抱朴子》则属于"子论"，自创立意，自成一家之言，因此在体系建构方面，就少了些因袭前贤的便利，多了份率性创作的自由。于是《内篇》论题二十，《外篇》论题五十二，全都是葛洪自己挑选、自行设置的，框架体系既不受传统经典的拘束，叙事风格也可以随物赋形，根据论题的需要自由塑造。

要大致不谬地了解葛洪的思想和学术，大概需要率先了解一下从西晋到东晋的玄学风尚：虽然世道艰难，但士风远旷，文风虚玄，就连本应感叹世道的诗赋，也都成了《老子》《庄子》的注疏。而与文思崇尚老庄相对的，则是政事上不得不服膺周公、孔子，也就是必须用传统的礼法治理社会。于是在那个说起来英才辈出的时代，知识精英们却只能在周孔与老庄之间盘旋纠结，以至在名教与自然、崇有与贵无之间，找不到一个整合儒道因而具有建设性的社会文化方略。如何摆脱这种精神上的困境？能否从清谈误国的危局中蓦然回首？东晋时日益兴盛的佛教和道教示意出两条不同道路。佛教的即色游玄、心无、本无等六家七宗，与玄学风尚更合拍，所以指引出排解名教与自然、崇有与贵无相冲突的道路，是朝着更彻底甚至是终极的虚无境界一路挺进，按照"缘起性空"的逻辑，将种种纠结一起放下，走向至无空豁的妙境。而以葛洪为代表的道教，则试图走向求真务实的另一条道路，不沉湎于玄虚空无之浮谈，而是以开放的态度获取新知，以躬行实践的精神探索出路。如果着眼于晋南北朝道教的宏观整体来看，这条道路可以说是道教的方向性选择，不单葛洪，南梁时的陶弘景也同样很典型，追求"一事不知，深以为耻"的真知实学。历史地看，晋南北朝道教这种求真务实的基本格调，正由葛洪的《抱朴子》启其端绪，所以尽管《抱朴子》的内容极其丰富，可以作为现代的人文社科以及医药、化学等诸多领域的研究对象，但其学术思想的大旨，却要因应两晋的玄学风尚来定位。

如果我们试图从《抱朴子》中摘录出针砭玄学风尚的议论，那差不多就是要按照我们的叙述偏好对这两部书进行重编了，在这篇短文里显然做不到。所以，我们只能知趣地选择一些话题，作为研读《抱朴子》的话题引子。好在《抱朴子》本身的修辞很典雅，逻辑能致思深远，例证也妙趣横生，不难读。而且有王明先生的《抱朴子内篇校释》、杨明照先生的《抱朴子外篇校笺》先后出版，对其中的术语和典故，疏证解释得很详尽，可以省却许多查阅文献的麻烦，读起来很便利。

我们想挑出的第一个话题，是《抱朴子》的立言大旨，也就是为什么要写作这样两部书。因为这两部书，葛洪付出了很大的代价，既放弃了出将入相的追求，也备受同时人非议，所以立言大旨问题对于我们理解《抱朴子》甚至葛洪本人都很重要。葛洪曾经这样自辩："拥经著述，可以全真成名，有补末化。……虽无立朝之勋，即戎之劳，然切磋后生，弘道养政，殊途一致，非狷介之民也。"（《外篇·嘉遁第一》）葛洪曾有过应征出战的经历，所谓勋劳，并非一点都没有，但那属于迫而后起，并非志趣之所在。葛洪的志趣，是著述以"弘道养政"，引导后生不再重蹈前辈的覆辙。前辈当然就是玄风播染下的清谈者流。葛洪说:"世道多难,儒教沦丧,文武之轨,将遂凋坠。或沉溺于声色之中,或驱驰于竞逐之路。"(《外篇·勖学第三》)因为崇尚玄虚的风气中,既没有真知识,更缺乏真担当,遇问题就对之以玄言高远,讲责任则应之以旷达清虚,所以治理社会无效,修养身心无益。面对这种士林颓风,葛洪想不出其他的办法去矫时正俗,就只能寄希望于后代,而自己所能做的,是隐逸以著述,为后代从颓风中振拔出来做些准备。

想挑出的第二个话题,是葛洪如何解决儒道不能兼容,名教与自然相互冲突的问题。这个问题自"竹林玄学"延绵而来,一直伴随着两晋名士的生活和思考。更多的人不像稽康那样激越,非要"越名教而任自然"不可,而是试图在儒道互补的模式下,找到名教与自然的妥协方案,但实际上,如果没有一条摆脱"竹林玄学""元康玄学"的理论新思路,这样的妥协就只是迫于生活现实而在名教与自然之间游离。其结果,就是东晋初的放逸行为日益炽盛,而为葛洪所目睹。葛洪所提出的解决问题的方略,简言之就是既统合儒道又不即儒道。如说,"所以贵儒者,以其移风而易俗,不惟揖让与盘旋也。所以尊道者,以其不言而化行,匪独养生之一事也。若儒道果有先后,则仲尼未可专信,而老氏未可孤用"(《内篇·塞难第七》)。如果单从诸如此类的议论来看,那么葛洪的思路显然具有功能主义的特质,而且注重事功也确实是葛洪的基本立场,他时常会抒发议论,"夫托之于空言,不如著之于行事之有征"(《内篇·祛惑第二十》)。但同时我们也应该注意到,葛洪所推崇的,是一种大功能主义,所以特别强调儒道的价值,不在于礼仪修饰或者养生以自适,而在于二者都是社会教化的大系统,可以发挥社会教化的大功能。也正是在发挥大功能的意义上,儒道可以统合而且也必须统合。在葛洪的思想体系中,这个用其大还是用其小的分别是个大问题,如果只是将本来很大的儒道用在很小的个人安顿上,不能拓展为建构社会公共秩序的公共资源,那就会因为儒道的诸多抵触而身心难安。为了排解这种用其小的局碍,葛洪列举出许多有趣的例证,"震雷不能细其音以协金石之和,日月不能私其耀以就曲照之惠,大川不能促其涯以适速济之情,五岳不能削其峻以副陟者之欲"(《外篇·广譬第三十九》)。儒道的恢弘大体,也不能只用于个人的私情小调。如果能从个人的小我中走出来,放开大眼界,着眼于社会,那么就不难发现,儒道本来就是统合在一起的。

想要挑出的第三个话题,与前文的"不即儒道"相关,也就是本着求真务实的基本精神,必然要突破儒道二家分别以周孔和老庄的著述为经典的知识体系,以开放的态度获取新知。葛洪在医药、化学等多方面受到科技史研究广泛关注的成就,即由此得来;葛洪摆脱名教与自然不能两全的儒道纠结,提出"玄道"的理论新思路,也由此发端。

如何看待周孔的经典著述,在现代是个问题,在古代也同样是个问题,只是问题的性质似乎相反。现代的问题,是如何从这些经典著述中"发现"传统的价值;而古代的问题,是能否"发现"

这些经典著述的局限。葛洪说:"书不出周公之门,事不经仲尼之手,世人终于不信。"(《内篇·论仙第二》)不信周孔未曾说过的,就只能在一个封闭的知识体系里盘旋,于是,服膺周孔则不见无穷变化的自然之妙,崇尚老庄又无视错综复杂的社会真相,两晋名士的现实困扰,大概正根源于这样的精神局碍。而葛洪发现,"虽有禹、益、齐谐之智,而所尝识者,未若所不识之众也"(《内篇·论仙第二》)。这是个简单的事实,不管什么人,也不管拥有什么样的智慧,"全知全能"都只是一个概念化的假设,事实是其所已知的永远都小于所未知的,而已经用语言文字表述的又必然在事实上小于其所已知的,所以,一切著述,无论如何经典,都必然有其局限性,葛洪由此断言:"五经所不载者无限矣,周孔所不言者不少矣。"(《内篇·释滞第八》)以弥纶天地阴阳的《易经》为例,葛洪追问:周天的度数是多少?四海的广狭如何?宇宙之大有几万里?推引其转动的又是谁?彗星从哪里出来?北斗星为什么不动?日月循环有何迟疾的差异?潮汐大小的变化又如何形成?所有这些问题,专攻《易经》的行家都回答不上来,《易经》本身的知识局限也因此不证自明。见识到《易经》等经典的局限性,是放开眼量获取新知的关键,如此则"能立素王之业者,不必东鲁之丘;能洽掩枯之仁者,不必西邻之昌"(《外篇·博喻第三十八》),无须等待孔子、周文王那样的圣人,人人都可以开物成务,成就自己的事功。

周孔的经典有局限性,老庄的著述同样也有。葛洪说:"《五千文》虽出老子,然皆泛论较略耳。其中了不肯首尾全举其事,有可按据者也。……至于文子、庄子、关令尹喜之徒，其属文笔虽祖述黄老，宪章玄虚，但演其大旨，永无至言。"（《内篇·释滞第八》）这类评论有两层意思，第一是老庄道家虽然有一个"道法自然"的很好的理念，但言无具体，不及技术，局限于空泛；第二是"道法自然"的理念不能与人类的目的对立起来，"法自然"只能作为获取知识的手段，服务于建构人类知识体系的最终目的。举例来说，"鸡知将旦，不能究阴阳之历数；鹤识夜半，不能极晷景之道度；山鸠知晴雨于将来，不能明天文；蛇蚁知潜泉之所居，不能达地理"（《外篇·博喻第三十八》）。天文、地理、时间、历法，都是人类所特有的知识体系，而自然习性各不相同的动植万类，都只是人类观察自然的对象，服务于建构人类知识体系之目的，所以，所谓"道法自然"，绝不可理解为对于自然状态的简单模仿。

最后就葛洪的"玄道"做些简介。因为"玄道"既是葛洪学术思想的最高概念，很重要；内容又涉及方方面面，很复杂，非一篇短文所能尽意。所以我们只特别强调一点，即葛洪的"玄道"是"自然之始祖"，"万殊之大宗"（《内篇·畅玄第一》），在理论特质上是一个含括万有的概念，所反映出的思想路线，是追求万物大全之有，既不同于玄学所追求的虚无，更不同于佛教所追求的空无。掌握"玄道"的这个理论特质，可以为解读《抱朴子》时的方向正确提供保障。

（本文作者为中国社会科学院世界宗教研究所研究员）

风流是它,清朗也是它

怎样读《世说新语》

龚　斌/文

　　《世说新语》(以下省称《世说》)是中国古代最著名的经典之一。这是一部真正的奇书,全幅记录了汉末至晋宋之交士族名士的言行与精神风貌,涉及政治、军事、经济、哲学、宗教、文学、美学等几乎所有的领域,加上"记言则玄远冷峻,记事则高简瑰奇"(鲁迅语),故具有很高的历史价值和文学价值,备受历代读者的喜爱。有些书可以陪伴一时,有些书则能陪伴一生。《世说》就是一部能陪伴你一生的书。

　　《世说》初看有趣好读,多数故事也不难懂,其实,要弄清故事的来龙去脉,了解人物之间的关系,理解他们的言行举止、风度韵致的审美意义,并不很容易。更有一些只言片语,不成故事,不知背景,十分难解。可以肯定,《世说》简略语言的背后,还有不少未发之覆。对于一般读者而言,《世说》的字词训诂、职官、天文、术数、名物方面的知识,借助目前流行的《世说》通俗读物就可解决,不必过多注意。但《世说》的主要内容,它的经典意义何在,是必须要理解的。古今《世说》研究者一般认为,《世说》之名源于汉代刘向的《世说》。刘义庆《世说》既然很早就称为"新语"或"新说",那么,它与旧《世说》相比,必定是一部新经典,有新内容、新思想、新精神。显而易见,理解《世说》之"新"在何处,是读懂《世说》的关键。

约略言之,《世说》之"新",首先是记录、刻画了一群新人物。记录汉末之后的名士言行,刻画并赞赏他们的风韵神貌,是这部新经典的核心内容。《世说》全书三十六门,其中《德行》《言语》《政事》《文学》《方正》《雅量》《识鉴》《赏誉》《品藻》《夙惠》《豪爽》《容止》《伤逝》《栖逸》《任诞》《简傲》等重要篇目,都与人物品题及鉴赏有关。追溯人物品题的风气,古已有之,至汉末大为流行。两汉儒学占统治地位,选拔人才采用察举和征辟,道德操守和学问高明,是评价人物的全部标准。在《后汉书》中,道德高尚或经学高明的人物为乡论赞许,并获得仕进之途,是非常普遍的现象。《世说》也记录了深受儒家思想影响的人物,例如《德行篇》说:"李元礼风格秀整,高自标持,欲以天下名教是非为己任。"李元礼的志节风度,显然属于孔子所说的"士志于道"的儒家理想人格。《世说》所记的汉末人物大致有二类,一类如陈寔、荀淑、陈蕃、李膺、范滂、郑玄,都属于道德人格的范型;一类如徐孺子(稚)、黄叔度(宪)、郭林宗(泰),识鉴清明,远离政治,超世绝俗,堪称魏晋人物的先驱,标志着新士风的萌芽。刘义庆编《世说》,往往始于汉末人物,这有深刻用意,意在揭示魏晋新风多源于汉末,体现出清晰的历史发展观念。所以读《世说》,不能忽略汉末大名士的人格范型。所谓魏晋风流,并非无源之水,无本之木,它由汉末的人文精神变化而来。

由两汉道德范型的人物品题,转变为个性至上的人格鉴赏,是魏晋人文精神发生的最大契机。前者注重人物的道德、节操、学问,后者赞赏人物的个性、气质、风度、神韵。这一转变的根本原因是汉魏之际的社会巨变,儒家思想失去统治地位,道家、刑名家思想中兴,以及随之而来的玄学兴起,由此思想解放,个性得到尊重,士风发生极大的变化,人文精神焕然一新。《世说》中的《雅量》《识鉴》《品藻》《栖逸》《任诞》诸篇,集中反映了魏晋人物鉴赏的风气之盛,以及所谓"魏晋风流"的内涵。胸襟洒落,神韵悠然,性无喜怒,宠辱皆忘,高情远致,识量清远,处变不惊,举止闲雅,栖迟衡门,放浪形骸……皆是魏晋风流名士的特征。人称《世说》是名士的教科书,此书最有趣味,最令人遐想的地方,就在于记录并刻画了众多的风流名士,这些新时代的新人物表现出来的奇情异彩,令后人惊叹不已。

《世说》之"新",其次是记录的学术之新,思想意识之新。两汉经学鼎盛,至汉末社会大动乱,经学自身也走到小言破道,繁琐僵化的地步。社会坍塌,礼教松弛,经学无用,思想解放,士风通脱,这一系列的变化,促使学风从质直趋于抽象,从繁琐趋于简约。魏末思想家何晏、王弼、钟会、裴徽、荀粲等,或会通儒道,或校练名理,魏晋玄学兴起了,学术新思潮汹涌澎湃。《世说》中的《文学》篇,详细描述了魏晋思想界的崭新局面,尤其是两晋清谈,最具学术史和思想史的性质,有着无上价值。读《文学》篇,可以具体了解中古学术史上不少重要的论题以及理论分歧。比如钟会撰《四本论》毕,可知才性四本指才性同、异、合、离;何晏与王弼清谈,可考见清谈的基本形式;王弼诣裴徽,可知他如何会通儒道;殷浩见佛经说"理亦应在阿堵上",证明东晋名士已为佛教哲学征服;殷浩、孙盛、刘惔共论《易象妙于见形》,可知东晋《易》学不同派别的争论……至于魏晋名士殚精竭虑、互争胜负的理论较量,以及评说优劣长短的例子,更是不胜枚举。魏晋人喜好哲思和辩论的风气,在中国历史上绝无仅见。然而,如何评价魏晋清谈,不仅在当时,甚至在后世都有严重的分歧。批评者以为清谈祖尚浮虚,导致西晋灭亡,称王弼、何晏之罪深于夏桀商纣。赞美者以为西晋乱亡,非庄老之罪。平心而论,西晋灭亡的主因是王室内部的争斗,与清谈无关。亡国的责任,也不能让哲学家来承担。清谈对哲学、艺术、文学的贡献巨大,深刻影响了中国文化的美学风格,不能以儒者之见一笔抹杀魏晋清谈。如果能结合中国经学史、玄学史读《世说》,就会对魏晋清谈的理论贡献有更清晰的认识。

《世说》之"新",再次是审美观念之新。在儒家礼仪和两汉经学的束缚下,汉代整体的美学风貌是朴拙、饱满、温润敦厚,汉赋和《古诗十九首》是杰出的代表。魏晋时期思想解放,个性高扬,人的生命与情感得到肯定与赞美,美学观念遂发生重大变化。从两汉质直、古朴、庄重、繁缛之美,转变为魏晋的玄远、空灵、简淡、清朗之美。宗白华曾说:"自然美和人格美,同时被魏晋人发现。"又说:"'世说新语时代'尤沉醉于人物的容貌、器识、肉体与精神的美。"(详见宗白华《论〈世说新语〉和晋人的美》,载《美学散步》)确实,人格美和自然美是《世说》最重要的两个美学概念。上文言及的魏晋风流,本质是新型的人格美感。《世说》品藻人物用语繁多,常见清、简、远、真、神、朗、通、雅等字,与这些字搭配,又形成清通、清真、远志、远意之类的词,这些品藻用语实质上是不同的人格审美范畴,所指意义很抽象,可见魏晋人物审美已臻精细的程度。对于这些品藻用语,须细细辨析和体会,方能理解不同人物的美感差异。

《世说》描述的自然美,则表现魏晋人发现并欣赏山水美的愉悦。山水美发生于汉末,至魏晋由于隐逸风气的盛行,道家自然哲学的影响,以及江南明媚多姿的地理环境等诸多原因,枕石漱流,游目骋怀,遂成为名士的生活方式之一种。新亭风景、曲阿后湖、吴兴印渚、山阴道上、天台瀑布……"仰观宇宙之大,俯察品类之盛",由眼前的山水实景,体会玄虚之道的生动和无处不在。尤其是王子敬的赞美:"从山阴道上行,山川自相映发,使人应接不暇,若秋冬之际,尤难忘怀。"于山水一往情深,千年之下犹令人感动不已。魏晋山水美的发现并形之于吟咏,孕育了中国文学的奇葩——山水诗和山水散文。

《世说》之"新"不能尽言,以上所谈,应当是最重要、最值得细读的地方。此外,读《世说》,还须重视文本的选择与追寻文本原意的正解。

宋刘义庆《世说》问世后不到百年,梁刘孝标作注,引书多达四百余种,补充资料,辩证是非,学术价值极高,后人无不推崇备至。故刘孝标注和《世说》原文是不可分割的整体。但现今翻译、解释《世说》的有些通俗读物,舍去刘孝标注,只解释《世说》

原文,这是不妥当的。事实上,离开了刘孝标注,《世说》的不少故事都不甚了了,难以解读。

读者应该选择严肃的、有专业水准的《世说》注释本。目前流行的有余嘉锡《世说新语笺疏》、杨勇《世说新语校笺》、徐震堮《世说新语校笺》、龚斌《世说新语校释》,各有特色,可以采用。

《世说》既好读,又难读。好读指多数故事生动有趣,难读是有的故事叙述简略,不知事件的背景,对于其背后的意义更觉茫然。即使是《世说》的研究者,不解或曲解也是常见的。读《世说》浅尝辄止,满足于故事的趣味性,也未尝不可。不过,一个有品位的读者,应该了解故事的真相,追寻故事背后的"言外之意"和"韵外之致"。要达到这样的境界,积累中古时期的各种人文知识是必需的。自然,这对读者的要求比较高了。但是,难道我们不该期待有追求、善思考的读者吗?《世说》有一则故事说:简文入华林园,顾谓左右曰:"会心处不必在远,翳然林水,便自有濠濮间想也。觉鸟兽禽鱼,自来亲人。"当我们翻开《世说》,岂不是就像简文入华林园吗?会心处不必在远,纸上的魏晋名士,一言一语,一举一动,便有洛下、江左想也,觉魏晋风流,自来亲人。读《世说》,就是要有"会心处"——了悟、会意《世说》的精妙处。有没有"会心处",同是否细读文本有关,也同读者的悟性有关。而悟性源于知识结构的相对完备,源于通识古今的能力,也与思想是否自由、情性是否真率有内在的关联。

（本文作者为华东师范大学中文系教授）

"心是菩提树，身为明镜台"

怎样读《六祖坛经》

禅宗的兴起

佛教创立于古印度，公元前后传入中国，经过长期与中国传统文化的会通和结合，在隋唐时期实现中国化，重要标志就是先后成立具有鲜明民族特色的佛教宗派。在这些宗派中，以禅宗最具民族特色。正如近代倡导佛教革新，提出"人生佛教"或"人间佛教"的太虚法师所说："中国自晚唐、五代以来之佛教，可谓完全是禅宗之佛教"，"中国佛教特质在禅"。中国佛教遵奉大乘佛教精神，主张出世与在世相即不二，倡导利乐众生的菩萨之道，具有强烈的现实主义性格。这在禅宗中得到充分的体现。那么，何为禅宗呢？

中国禅宗经历了从北魏来华的印度僧菩提达摩，经慧可、僧璨两代的酝酿阶段，至唐由在蕲州黄梅(今属湖北)的四祖道信、五祖弘忍创立"东山法门",正式创立禅宗。此后,弘忍弟子神秀在北方弘传北宗禅法,慧能在南方佛传南宗禅宗,形成南北二宗对峙的局面。然而在唐经历"安史之乱"(755—763 年)之后,依托朝廷的北宗衰微,而南宗通过走山林佛教的道路逐渐兴盛,乃至在宋代发展成为中国佛教的主流派,影响深远。

那么,禅宗的宗旨、特色是什么呢？关于禅宗的史书、语录很多,最简便的方法莫过于通过读《六祖坛经》来了解。

关于《六祖坛经》

按照佛教的传统,只有记述佛说的著述才被称为"经"。然而在历代由中国人撰述的汗牛充栋的佛教著述中,记述六祖慧能(638—713 年)生平事迹和语录的《六祖坛经》却被奉为"经"。《六祖坛经》是禅宗所依据的最重要经典,主张人人生来具有与佛一样的本性,只要能够自我体认自性就能达到觉悟解脱。

在禅宗长期流传的过程中,《六祖坛经》形成了很多不同的写本或版本。明代以后最通行的《六祖坛经》是元代僧宗宝的改编本。20 世纪 20 年代从敦煌遗书中发现的敦煌本《坛经》是久已失传的最接近原始《坛经》的写本,受到学术界的重视。但是由于原写本错讹较多,虽经校勘仍有不少地方难以读通。此后,又在敦煌市博物馆发现了原由任子宜收藏的敦煌新本《六祖坛经》,字迹清晰,错讹较少。笔者以此为底本,校之以旧敦煌本和宋代流行的惠昕本,署以《敦煌新本·六祖坛经》的书名先于

1993 年由上海古籍出版社出版,后在宗教文化出版社以新版印行多次。近年抚顺博物馆发现同类写本,已连同影印写本校勘出版。

笔者所校的敦煌新本《六祖坛经》有三大部分:一是敦煌新本《坛经》的校勘本;二是附录发现于日本大乘寺的宋代惠昕本《坛经》《曹溪大师传》及多种有关慧能与《坛经》的文献资料;三是论述《坛经》及其思想的长篇论文。

要了解中国禅宗的宗旨和特色,建议阅读这一版本的《坛经》。

《六祖坛经》的重要内容

仅就敦煌本《坛经》来说,大约一万四千字,重要内容可举出以下几点:

(一) 富有传奇情趣的慧能经历

慧能,俗姓卢,祖籍范阳(治所在今河北涿州),因父遭贬官徙居新州(今广东新兴)。自幼丧父,由母亲抚养成人,因家贫靠打柴维持生活。某日看到一人在客店读《金刚般若经》,受到启悟,得知有位弘忍禅师在蕲州黄梅县(在今湖北东南)东山(冯茂山)传法,便发愿北上投师学修佛法。

慧能在母亲逝世后,取道韶州曹溪(今广东韶关)北上求师。在曹溪滞留三年,白天干活,晚上听一位比丘尼读《大涅槃经》,领会经中所讲"一切众生,悉有佛性"的思想。此外,他还入当地宝林寺等寺院学习坐禅和其他佛法。

此后，慧能北上过江至黄梅东山，参拜弘忍禅师，说来"唯求作佛法"。弘忍带有测试之意对他说："汝是岭南人，又是獦獠（按：对南方樵夫猎人的蔑称），若未为堪作佛法。"慧能机智地回答："人即有南北，佛性即无南北，獦獠身与和尚不同，佛性有何差别？"这一答语是根据《大涅槃经》的"一切众生，悉有佛性"的经文讲的。岭南岭北之人、和尚与獦獠虽有不同，然而皆秉有佛性，皆可修持佛法。弘忍听后，对他立即另眼相看，安排他到碓坊舂米。在大约八个月期间，慧能利用舂米间歇之时，抓紧机会学修佛法。

某日，弘忍召集弟子，要求他们各写一偈表述自己修学佛法的心得，以此作为确定嗣法弟子的依据。上座神秀先在廊下作一偈，弘忍看后虽表面赞赏但心里并不满意。慧能在碓坊听闻此事，到了廊下，因不识字，口述一偈请别人代写壁上。弘忍看后十分满意，但在众人面前只说"亦未得了"，心中已有传法给他之意。在夜间，弘忍向慧能传授《金刚般若经》的要点，并授予袈裟，送他离开东山，嘱咐他到南方传法。

慧能回到南方，大约有三年时间隐遁流转于新州、四会和怀集三县之间，经常与樵夫、猎人一起，有时向他们讲述佛法。慧能认为公开传法的时机已到，便到了广州法性寺（现光孝寺）。时值正月十五日，印宗法师在此讲《大涅槃经》，让僧众对寺院的风吹幡动现象进行评述。《曹溪大师传》记载：有僧说："幡是无情，因风而动。"另僧说："风幡俱是无情，如何得动？"第三僧说：

"因缘和合故合动。"第四僧说："幡不动,风自动耳。"见解不一。慧能在隔壁听后,大声喊道："幡无如余种动,所言动者,仁者心自动耳。"慧能是在发挥《般若经》的"一切皆空"的思想,如果按"真谛"来说,万物本性空寂,无所谓动静;但"俗谛"来说,一切变幻无常。认为一切现象的动与静是相即不二的,说动与说静皆违背实相。既然一切皆空,风幡何有动静可言? 所见风幡之动,毕竟是世俗认识(妄心)所致,故慧能称之为"心动"。

慧能的见解受到印宗和寺众的喝彩。在印宗主持下,他得以正式剃度出家,然后被送到曹溪宝林寺。慧能在宝林寺传法达四十年,开创倡导"顿教"禅法的南宗,培养出众多优秀弟子。

(二) 主张顿悟的偈颂

前面提到慧能因作一首偈颂而受到弘忍器重,便传法于他。那么,慧能的偈颂是什么内容呢? 他的偈是针对上座神秀的偈而作的。神秀写的偈颂是:

> 身是菩提树,心如明镜台。时时勤拂拭,莫使有尘埃。

大乘佛教主张,人人生来秉有佛性(也称自性、心),皆能成佛。神秀之偈认为人身实有,是觉悟(菩提)的当体,而身内所秉的心性如同明镜一般,应当勤于修行除去情欲妄念,以使心性永远明净。这是劝人修善去恶,后人称之为"拂尘看净",归之为渐教禅法。弘忍在众人面前称赞此偈,就是看中此偈能够勉励众僧勤苦修行,但认为意境不高,尚未"入门",私下告诉神秀"要入得门,见自本性"。

慧能反其意而作有两首偈颂:

> 菩提本无树,明镜亦无台。佛性常清净,何处有尘埃。
>
> 心是菩提树,身为明镜台。明镜本清净,何处染尘埃。

慧能第一首偈是说,身与心皆空无所有,众生所秉佛性本来清净,何有尘埃可染?此偈第三句在后来的《坛经》中一般作"本来无一物"。从般若学说来说,"佛性常清净"与"本来无一物"并无根本的差别,认为"佛性"即为"诸法实相","法性"或称为"毕竟空"。第二首偈后世诸本《坛经》皆无载,是故意将神秀偈中的"心"和"身"的次序颠倒,大意是说,众生现实之身所具有的先天的佛性,是清净无染的,无须执意地苦修不已。

实际上,从禅宗修习实践来看,神秀强调的是禅修次第,而慧能强调的是禅修最后达到的至高境界,皆有价值。因此后世禅僧皆从这两首偈颂中汲取教益。

(三)"三无"禅旨和倡导"识心见性"的禅语

慧能向弟子传法,要求弟子做到自信、自修、自悟。自信,就是确信自己拥有与佛一样的本性——佛性,相信佛在自性。他通过向信众授"无相戒"的方式,引导他们归依自性具备的"三身佛"——法身佛、报身佛和应身佛,并且将对于自性蕴含的觉、正、净三种属性的确信,称之"归依自性三宝",从而将对外佛法僧"三宝"的归依改变为对自性(佛性)的虔信和归依。自修、自悟,就是通过自我修行、体悟自性达到觉悟,说"识心见性,自成佛道"。

慧能将他的禅法宗旨归纳为"三无",所谓"无念为宗,无相为体,无住为本"。"无念"不是要人们不思不念,而是对任何事物和对象都不产生贪取或舍弃的念头,做到"虽即见闻觉知,不染万境,而常自在"。"无相"是不执着各种名相、境界。"无住"是对事物不执固定见解,无所取舍、好恶的心态,所谓"于一切法上念念不住"。

慧能还认为众生与佛之间没有不可逾越的鸿沟,关键在是否觉悟自性,说"前念迷即凡,后念悟即佛","故知不悟,即佛是众生;一念若悟,即众生是佛"。虽然修行有循序渐进的过程,然而"一悟即至佛地",意为顿时豁然开悟——顿悟。

(四) 蕴含禅机的中道不二法门

慧能在传法过程中善于灵活地运用大乘佛教的中道不二法门,强调世间即出世间、烦恼即菩提、垢净不二等说法,有意在理论上缩短世间和出世间、在家和出家的距离,以便于向社会各阶层传法,吸引他们接近佛教。后世禅宗的"机锋""门庭施设"等都是对这种方法的巧妙利用和发挥。

他要求弟子怀着万有不离自性的信念,在传法时运用中道不二之法,"出没即离两边""若有人问法,出语尽双,皆取对法",即善于从互相对立的两个方面把握事物,不要仅从一个方面做出肯定和否定的论断。例如有人向你说"有",你就对他说"空";若说"净",则说"垢",或从"垢净不二"方面进行解释;说佛,则可回答佛与众生无别,从而引导信众既不执着于有、世间等,又不执着于空、出世间等,能够遵循自然,在现实社会生活、修行,又不执迷于现实、名利,达到清净和超脱的精神境界。

以上对《六祖坛经》的介绍,可谓挂一漏万,谨望供读者参考。

（本文作者为中国社会科学院荣誉学部委员、世界宗教研究所教授）

有宋一代重文抑武，却编成最好的兵书

怎样读《武经七书》

黄朴民/文

　　中国历代的治国安邦之术，就是重视和强调文武并用，双管齐下。早在《左传》中，人们就有了"国之大事，在祀与戎"的普遍共识。这反映到经典的形成与发展，则分别侧重于文武两大系统的构建。从文治的要求来看，这是形成了以儒家"十三经""四书五经"等经典为中心的文化传承统绪，而就武功的建树而言，这是构筑起以《武经七书》为代表的兵学发展主脉。

　　中国兵书的性质与类型，早在秦汉时期就做出了相当科学的揭示与总结。在汉代第三次兵书整理过程中，步兵校尉任宏对搜集到的兵书进行了系统的分类工作，"任宏论次兵书为四种"，即根据西汉中叶以前兵书的基本内容和主要特征，把兵家划分为兵权谋家、兵形势家、兵阴阳家、兵技巧家等四大类。不过，当时的兵书数量虽然惊人，但绝大部分属于因袭成说，依虎画猫，学术价值有限，乏善可陈。从这个意义上说，宋代编纂的《武经七书》才是兵书中的翘楚，兵书中的经典，是中国古代兵学文化的最集中体现。

宋代是中国历史上一个非常有意思的朝代。

不论是对读书人来说，还是就做官为吏者、平头百姓而言，活在宋朝，都算是幸运儿。开国皇帝宋太祖赵匡胤本人，虽然是起起武夫出身，但是宅心仁厚，宽恕包容，早早立下所谓的"祖宗之法"。这其中，优待后周皇室宗族、不杀功臣、不杀言事之士大夫三条，尤其皇恩浩荡，旷古未有。好生之德，实可钦佩；忠恕之道，垂范千秋。而普通老百姓，在宋代的生活，毫无疑问，也是相对安宁惬意的。看张择端《清明上河图》所直观反映的汴京市民生活情景，读《武林旧事》《东京梦华录》之类的宋人笔记所记载的勾栏、瓦舍热闹场面，我们不能不承认宋代的城市繁华、经济发达，使普通民众基本上过上了尚算可以的生活。

全国性的民众暴动，古代历史上历朝历代几乎都无法避免，有如宿命。例如，秦代有陈胜、吴广大起义，西汉有绿林、赤眉横扫天下，东汉有黄巾大暴动，隋代有瓦岗军、窦建德聚众造反，唐代有王仙芝、黄巢起义军席卷六合，元代有红巾军"如火燎原，不可向迩"，明代有李自成、张献忠横扫千军、荡涤乾坤，清代则有太平天国运动烽火遍地、势不可挡。而有宋一代，除个别的地方性动乱，如王小波、李顺造反，方腊举事，以及个别的团伙性闹事，如宋江起兵之外，没有像其他朝代发生过全国性的暴动。这一事实本身，就说明学界几成定论的宋代"积贫积弱"之说似乎是下早了。说宋代"积弱"，问题好像不大，但若是称宋代"积贫"，那恐怕是值得商榷的了。

　　然而,历史的诡谲之处就在于宋代的崇文尚礼所导致的结果:军事力量孱弱疲软,萎靡不振,国防形势困顿危殆,左支右绌。两宋不仅不能收复当年被石敬瑭割让出去的战略要地燕云十六州,反而年复一年让契丹、女真、蒙古人欺凌打压,损兵折将,割地求和,面子里子都输得干干净净。它打不过辽,打不过金,打不过蒙元,那也就认了,可连在小小的西夏面前,都难逞一胜,则多少有些匪夷所思了。

　　导致这种局面,原因是多种多样的,但是,最主要的是宋朝廷推行崇文抑武、以文制武基本国策所带来的消极影响。赵匡胤、赵光义消极汲取五代时期武人干政擅权的历史教训,一味考虑不让"黄袍加身"的历史重演,使得他们将巩固皇权,强化对军队的绝对控制放在首要的位置。凡大将出征,皇上都要面授机宜,颁发阵图,统兵者不可越雷池一步。其手脚被捆绑得严严实实,没有机断指挥的权力。而战场形势瞬息万变,这种情况之下,要打胜仗,岂不是比登天还困难!

　　当然,打败仗是很没有面子的事情,宋代统治者也想改善情况,有所振足。军权高度集中的做法不能动摇,那么,得另辟蹊径,别出心裁。于是乎,他们就把提升军队战斗力的重点,放到强化兵学理论的学习和运用上来,用批判的武器来代替武器的批判。故有宋一代,学兵学理论,用兵家智慧,以弥补军事实力的不足,就蔚然成风、风靡一时了。在这股传承与弘扬兵学理论的热潮中,《武经七书》便应运面世了。

　　北宋神宗赵顼统治时期,为了适应"武学"教学与训练的需要,朝廷于元丰三年(1080年)诏命国子监司业朱服和武学博士何去非等人"校定《孙子》《吴子》《六韬》《司马法》《三略》《尉缭子》《李靖问对》等书,镂版行之"(南宋李焘《续资治通鉴长编》卷三百三)。从此,以《孙子兵法》为代表的七部兵学著述,就被正式定名为兵家经典著作《武经七书》,成为中国古代第一部由官方校刊颁行的兵学理论教科书。

要在这么多的传世兵书中遴选出几种具有代表性意义的兵书,以武学经典的身份进入武学基本教材之范围,是非常不容易的,是对《武经七书》编纂者的学术眼光、兵学素养、文化识见的重大考验。它要求达到四个基本的目标:第一,有限入选的兵书能够系统、完整地反映宋代之前中国兵学发展的总体成就与基本面貌;第二,有限入选的兵书能各自具有鲜明的个性特征,具有重要的代表性,且彼此之间可以起到互为补充、互为发挥的作用;第三,有限入选的兵书在思想性、学术性、文学性等方面,都要卓尔不群,引领风骚,臻于完美,具有典范意义;第四,有限入选的兵书无论是篇幅的大小、文字的阅读、表述的方式等方面,都应该恰当适宜,符合武学的教学需要,便于人们学习与掌握。

应该说,朱服、何去非等人的确是识见不凡、目光如炬,很好地完成了对经典兵书的遴选工作,实现了朝廷编纂武学基本教材的初衷。这七部兵书均是价值巨大、个性鲜明、内涵丰富、影响深远的最佳入选对象,称得上是中国古典兵家文化的杰出代表。

这中间,《孙子兵法》毫无疑问是经典中的经典,核心中的核心,是名副其实的"带头大哥"。《孙子兵法》是不朽的。因此,将《孙子兵法》选入《武经七书》,并列为全书之首,应该说是非常恰当的。

《司马法》一书的主要价值,在于它反映了春秋中叶以前兵学思想的主体内容和基本特征。它是一部以古为主,综合古今的混合型兵书。其基本内容则由三个部分组成:其一,古代王者《司马兵法》,即西周时期供武官学习或遵循的法典性兵学著作,这是它的主体成分;其二,春秋时期齐国著名军事家司马穰苴的兵学观点以及他对古代王者《司马兵法》的诠释内容;其三,战国中期齐威王统治时的稷下大夫们在"追论"古者《司马兵法》之时,根据战国时代新的战争特点加入的一些兵家语言。概括而言,它孕育于黄帝至殷商,创立于西周,发展于春秋,成书于战国中期,具有深厚的历史淀积,集中反映了商周、春秋、战国前期各种军事观念、作战特点与军事制度,其历史文化价值不容低估。

《尉缭子》的重要性,表现为它既是现存"兵形势家"的唯一著述,又在很大的程度上反映了法家思想对战国兵书的渗透与影响,保存了大量弥足珍贵的战国军事制度的原始资料。它所倡导的"挟义而战""武表文里"的战争观念,"明法审令""举贤用能"的治军思想,"权敌审将""轻疾机动"的作战指导原则,均在中国兵学发展史上留下辉煌的一笔。

《吴子》,又称《吴起兵法》,全书约近五千字,是吴起军事思想的主要载体,也记载了一些吴起的生平活动事迹。当是由吴起及其门人编缀成书。应该承认,《吴子》一书的理论特色相对单薄,但仍不为一部有价值的兵学著作,尤其是关于战争观念、治军理论的阐述,不无独到与深刻之处。如吴起曾受业于儒家曾子门下,故其论治军时,多袭用儒家"仁""义""礼""德""教"等儒家学说的重要范畴。这其实是开启了后世"兵儒合流"的先河,是反映中国古代兵学的主流价值观的,因此,《武经七书》中有《吴子》的一席之地,绝非偶然。

《六韬》的贡献,在于其是先秦兵学理论的集大成之作,集中体现了战国后期学术思潮融会贯通趋势在当时的兵书撰著上打下的深刻烙印。具体而言,首先,它具有军事学术体系的完备性与系统性,其所论述的范围包括政治、经济与军事的关系,全胜战略,军事战略,治军理论,作战指导原则,国防建设思想,军事后勤方针等各个方面,从而构筑起一个十分完备的兵学理论体系。其次,当时社会政治思潮对《六韬》有广泛的渗透与高度的规范。这包括黄老之学清静无为、执一统众的指导性质,儒家民本主义思想的深厚影响,以及法家、墨家学说的不同程度的参与。其三,《六韬》所阐述的许多问题,具有鲜明的独创性和启迪意义。如"文伐"十二法的高明运用、《王翼》中早期"司令部"构成的具体设想等等,就是这方面的有力例证。显而易见,《六韬》在《武经七书》中,也是不可替代的角色。

秦汉时期成书的《三略》所体现的,则是显著的封建大一统兵学的特点。秦汉时期是中国历史大一统封建帝国的确立时

期,大一统的封建帝国需要为大一统服务的兵学。《三略》正是
这种时代需要的必然产物。它所关注的问题,既是总结"取天
下"的经验,更是探讨"安天下""治天下"的基本原则。这一时代
文化精神从《三略》自我表述的理论宗旨,诸如"设礼赏,别奸雄,
著成败""差德性,审权变""陈道德,察安危,明贼贤之咎"之中就
有突出的反映。《三略》安治天下的大一统时代文化精神,集中
体现在以下两个方面。第一,《三略》的显著特点是偏重于阐述
政略,这同《孙子兵法》等先秦兵书偏重于阐述兵略存在着很大
的差异,而这恰恰是大一统时代精神指导规范兵学建设的客观
反映和必有之义。第二,《三略》的又一个显著特点是花费大量
笔墨在论述君主与将帅、君主与群臣的关系问题上,提出了一系
列君主如何驭将统众的重要原则。这同样是大一统时代文化精
神指导规范当时兵学理论建设的具体表现之一。从这个意义上
讲,《三略》更像是一部政治学著作,它的出现和流传,表明军事
从属于政治,军事学政治伦理本位化趋势的强化已成为不可逆
转的事实。它入选《武经七书》也是丝毫没有可疑之处的。

　　《唐太宗李卫公问对》一书在结合战例阐述兵学哲理,使之
深化方面,比前人取得了更大的成绩。具体地说,就是《问对》的
作者继承和发展了《左传》用具体战例来阐述和探讨战略战术原
则的方法,把军事学术的研究方法,从单纯的哲学推理发展到理
论与实际密切结合的新境界,在认真总结战争经验的基础上丰
富和深化战略战术原则,使其日益接近科学化。这对于古典兵
学理论研究来说,乃是一个显著的贡献。同时,《问对》的研究视

角以及由此而形成的特色,也显示出古典兵学的重点正开始由战略的层次向战役战术的层次转移,这说明,随着战争实践的日益丰富,人们的军事理性认识也趋于多元、复杂、缜密和深化了。

由此可见,宋代学人对兵学经典的认识与遴选,的确是独具匠心、别出心裁的。其眼光之独到,选择之精准,令人叹为观止。有宋一代,虽说在军事实践的舞台上乏善可陈,留下的只是"遗民泪尽胡尘里,南望王师又一年"的绵绵遗恨,但是在兵学理论的建树方面则是独领风骚,让"楼船夜雪瓜洲渡,铁马秋风大散关"的魂魄随着《武经七书》的流传而依稀残存于千秋江山。这就是宋代的文化气象,也是后人谈及宋代时之所以百感交集、五味杂陈的缘由!

《武经七书》的最好版本,当然首推宋刊本《武经七书》,其书原由浙江陆心源庋藏于其"皕宋楼",后为日本人岩崎氏购去,入藏日本静嘉堂文库。现在我们只能通过收入《续古逸丛书》的上海涵芬楼据静嘉堂宋本影印的本子一睹其风姿了。至于有关《武经七书》的注疏讲解方面的典籍,自宋以降,层出不穷,不可胜数。其中价值显著、影响广泛的,共有三种:宋代金国人施子美的《武经七书讲义》,明代刘寅的《武经七书直解》,清代朱墉的《武经七书汇解》。

(本文作者为中国人民大学图书馆馆长、国学院教授)

怎样读《近思录》

朱杰人/文

　　《近思录》是朱熹和吕祖谦合作编撰的一部理学经典。著名学者陈荣捷先生说:"《近思录》为我国第一本哲学选辑之书,亦为北宋理学之大纲,更是朱子哲学之轮廓。以后宋代之《朱子语类》,明代之《性理大全》,与清代之《朱子全书》与《性理精义》,均依此书之次序为次序,支配我国士人之精神思想凡五六百年。影响所及,亦操纵韩国与日本思想数百载,且成为官学。在我国亦惟儒独尊,尤以朱子哲学为主脑。钱穆比《近思录》于经书,不为过也。"(陈荣捷《近思录详注集评》引言,华东师范大学出版社2007年版)

一

　　《近思录》的书名取材于《论语》:"子夏曰:'博学而笃志,切问而近思,仁在其中矣。'"古人解释"切问"说:"切问于己所学未悟之事。"解释"近思"说:"思己所未能及之事。"朱子说,子夏所说的这四件事(博学、笃志、切问、近思)都是关于学问思辨的事,一个总的要求是"心不外驰,而所存自熟"。就是说,读书、学习不能好高骛远,要从自身的实际出发,解决自身知识结构中的缺陷和疑问,做到专心致志而了然于心。显然,朱子以"近思"为书名,是饱含微言大义的。

乾道五年(1169年),朱子的母亲去世。次年,朱子葬母亲于建阳崇泰里后山天湖的寒泉坞(今建阳莒口乡马伏村),并建寒泉精舍为母守孝。淳熙二年(1175年),吕祖谦千里迢迢从婺州(今浙江金华)来到寒泉精舍看望朱子。吕祖谦此来,当然是为了慰问朱子,但更主要的是为了和朱子商讨理学所面临的新问题。朱子和吕祖谦是当时闻名一时的理学大师,在他们的推动下,理学在全国的影响力不断提升,向往理学的读书人,尤其是年轻人越来越多,却苦于不得其门而入。另一方面,当时的学术界和思想界出现了两个重要的人物:陆九渊和陈亮。前者高举心学的大旗,毫不留情地批评朱子的学术为"支离事业";后者则大力倡导功利主义,对朱子的理学发起挑战。吕祖谦和朱子对陆、陈的学术思想的看法未必一致,吕更多的是主张调和,而朱则主张要弄清理论问题上的是非。尽管看法不一,但是他们都认为,应该对理学内部出现的新问题做出回应。于是,他们决定编一本书,把理学的基本问题、基本理论讲清楚,这就催发了《近思录》的诞生。

《近思录》成书以后,朱子写过一篇《书近思录后》,详细阐述了编修《近思录》的缘起和目的："淳熙乙未之夏,东莱吕伯恭来自东阳,过予寒泉精舍,留止旬日,相与读周子、程子、张子之书,叹其广大闳博,若无津涯,而惧夫初学者不知所入也,因共掇取其关于大体而切于日用者,以为此编,总六百一十二条,分十四卷。盖凡学者所以求端用力、处己治人之要,与夫辨异端、观圣贤之大略,皆粗见其梗概,以为穷乡晚进,有志于学,而无明师良友以先后之者,诚得此而玩心焉,亦足以得其门而入矣。"

朱子和吕祖谦编《近思录》继承了古人"述而不作"的传统,他们不是新起炉灶撰述论列,而是完全采取前人的论述分门别类予以条列。如朱子所说,他们一共选取了前人的语录六百一十二条,分成了十四个大类。他们认为这六百一十二条语录已经把理学的基本理论讲清楚了,把理学的基本内涵囊括了。

所谓"前人""前贤",他们是有严格的筛选的。朱子说他们主要是选了"北宋四子"——周敦颐、程颢、程颐、张载。这四个人,是北宋理学的奠基者和创始人。他们各人有各人的理论创见和某一方面的独特贡献,但是,又都不足以独自支撑起整个理学的大厦,如果把他们合起来,那么理学大厦的基本架构就成立了。其实,在北宋为理学建构做出过贡献的并不止这四人,还可以举出更多人的名字,但朱、吕之所以只选这四人,还有一个重要的原因:这四人的思想理论比较纯净而不驳杂。在北宋,很多学者受佛学的影响,在自己的思想学说中或多或少地打上了佛学的印记,而这一点是朱子所不能苟同的。《近思录》卷十三"异端之学",专门讨论"佛老之害"。从理论上撇清理学与佛、道之学在理论和哲学上的根本分歧。他认为,这是理学学者不走上歧途的一个重要保证。

二

《近思录》共十四卷,每卷原本并没有标题。后来朱子在对学生讲课时讲了"《近思录》逐篇纲目",之后人们在刻印《近思录》时就给每卷加上了标题。

第一卷,道体。这一卷主要是讲理学的哲学依据。叶采(南宋后期著名的理学家)说:"此卷论性之本原、道之体统,盖学问之纲领也。"

第二卷,为学大要。这一卷主要是讲了为学的目的、方法与路径。叶采说:"此卷总论为学之要,盖尊德性矣,必道问学。明乎道体,知所指归,斯可究为学之大凡矣。"就是说,明白了道体(尊德性),就必须通过学习、研究(道问学)才能实现,这就要知道方向、掌握要领。

第三卷,格物穷理。这一卷主要是阐述《大学》八条目中"格物""致知"的问题。叶采把这卷题为"致知",是说如何通过研读儒家经典来求道和明道。

第四卷,存养。这一卷主要是讲了理学的修养论与功夫论。

第五卷,改过迁善,克己复礼。叶采把这一卷题为"克治"。他说:"此卷论力行,盖穷理既明,涵养既厚,及推于行己之间,尤当尽其克治之力也。"就是说,明白了道理还要付诸实行,"改过迁善,克己复礼"就是"力行"。

第六卷,齐家之道。"齐家"也是《大学》八条目中的一条。叶采题为"家道",主要讲齐家之道。

第七卷,出处、进退、辞受之义。叶采说:"此卷论出处之道,盖身既修,家既齐,则可以仕矣。然去就取舍,惟义之从,所当审处也。"这是说人进入社会以后,待人接物、为官居家所应该遵循的准则。

第八卷,治国平天下之道。"治国""平天下"也在《大学》八条目中。叶采题为"治体",曰"此卷论治道",即治理国家之道。

第九卷,制度。叶采题为"治法":"此卷论治法,盖治本虽立,而治具不容缺,礼乐刑政有一未备,未足以成极治之功也。"这是讲国家的礼、乐、刑、政制度。

第十卷,君子处事之方。这卷主要讲从政处事之道。叶采题为"政事",曰:"凡居官任职,事上抚下,待同列,选贤才,处事之道具焉。"

第十一卷,教学之道。顾名思义,这一卷讲如何教学。

第十二卷,改过及人心疵病。叶采题为"警戒",曰:"此卷论戒谨之道。修己治人,常当存警省之意,不然则私欲易萌,善日消而恶日积矣。"

第十三卷,异端之学。这一卷主旨在辨明异端,遏制可能的危害。

第十四卷,圣贤气象。这一卷的主旨在表彰历代圣贤们相传的道统和他们表现出来的精神气度,为学者们树立了可供学习的榜样和楷模。

三

《近思录》编成以后，吕祖谦和朱子曾经讨论过如何读的问题。他们都意识到书中有一些纯形而上的理论问题，对初学者来说恐怕比较困难。尤其是第一卷"道体"，"大抵非始学者之事……后出晚进于义理之本原，虽未容骤语，苟茫然不识其梗概，则亦何所底止?"所以吕祖谦提出把第一卷移到最后去。朱子认可"道体"一章比较难读，但他还是坚持放在卷首，因为他认为，这是理学得以成立的根本，为了强调它的重要性，必须以之为首。但是在具体的读法上，他同意吕的意见，可以先从第二卷读起，有了一定的基础再回过头来读第一卷。

今天我们读《近思录》依然会有困难。这主要表现在我们离理学的话语系统实在是太久远了，这已不是一个简单的语言(古汉语)隔阂的问题。怎么办呢? 我们可以借助前人的注释和解读。《近思录》问世不久，它的刻本就在全国各地出现，传播非常快、非常广。紧接着就出现了很多注释的读本。我们在前文中经常引用的叶采著《近思录集解》，就是一部公认的比较权威的注本。叶采是南宋人，淳祐元年(1241年)登进士第。据叶采的《进近思录表》，我们可知，淳祐十二年(1252年)《近思录集解》即已成书，而这时离朱子去世也不过52年。据严佐之先生的考证："早在朱子生前，就已有他的讲友刘清之，取程门诸公之说为之《续录》。及其身后，《近思录》注解、续补之作更是纷至竞出，弟子辈中有陈埴《杂问》、李季札《续录》、蔡模《续录》《别录》和杨伯嵒《衍注》，再传弟子有叶采《集解》、熊刚大《集解》、何基《发挥》、饶鲁《注》、黄绩《义类》，以及三传弟子程若庸《注》等。"严佐之还注意到一本坊刻本《文场资用分门近思录》，这证明"《近思录》已进入当时科举读物的榜单"。元明以后，尤其是清代，《近思录》的注释本、续本依然层出不穷。较著名的如张伯行《续录》《广录》、茅星来《集注》、江永《集注》、陈沆《补注》等。这些著作，极大地丰富、拓展了《近思录》的内容和形态，也为我们研读《近思录》提供了帮助和参考。

以严佐之、戴扬本、刘永翔为主编的《朱子学文献大系·历代朱子学研究著述丛刊·近思录专辑》是国家社科基金重大项目，收录了历代《近思录》注释、集解、续补等著作 21 种。可以说，该专辑已把历史上关于《近思录》的重要著作收罗殆尽了。研读《近思录》，这是一套可靠的读本。近年来，也出现了一些很好的《近思录》研究与注释的著作，如程水龙的《近思录集校集注集评》、张京华《近思录集释》、朱高正《近思录通解》等，其中朱著含全文今译，很适合初学者。当然，陈荣捷先生的《近思录详注集评》是一部解读《近思录》的经典之作，特别值得推荐。

四

钱穆先生认为，《近思录》是一本儒学的新经典。这一点，在南宋就已经得到承认。叶采《近思录集解序》："是则我宋之一经,将与四子并列,诏后学而垂无穷者也。"南宋末年的金履祥也说过类似的话。

《近思录》很早就传到了韩国,比如,韩国著名的朱子学学者李珥(号栗谷)(1536—1584 年)著有《近思录口诀》。据陈荣捷先生考证,韩国学者自著的《近思录》的注释本就有 8 种之多,从中国传到韩国的注本如叶采、江永等的注释本,其翻刻本,更是不计其数。日本关于《近思录》的注释、讲说更多。陈荣捷在《日本注释讲说择要》一文中介绍了 24 种,其中最早的一种是 1693 年中村惕斋的《近思录钞说》。陈先生又说:"日本百年间,讲说《近思录》甚盛,故讲义笔记甚多。多用日本文言。写本甚众。刊本也不少。"他列举了一系列书名达 60 余种。此外还有现代语译本,有 9 种。

《近思录》对后世的影响是巨大的,它不仅丰富了儒家的经典系统,而且为儒家经典的编修、整合提供了规矩和范例。最有名的例子就是王阳明的《传习录》。同时,它也为学习中国哲学和中国文化提供了一个可靠的简易读本。朱子说:"四子(四书),六经之阶梯;《近思录》,四子之阶梯。"今天我们可以说:《近思录》,理学之阶梯,中国哲学、中国文化之阶梯。

(本文作者为华东师范大学古籍研究所终身教授)

阳明心学，"致良知"的终极境界

怎样读《传习录》

董　平/文

　　《传习录》三卷是王阳明心学思想的代表作品，比较全面完整地体现了阳明心学的思想体系，是学习、了解、研究阳明心学的必读著作。《传习录》上卷，正德十三年(1518年)刻于赣州；《传习录》中卷主要由王阳明的论学书信构成，嘉靖三年(1524年)刻于绍兴；《传习录》下卷，嘉靖三十四年(1555年)以"遗言"之名刻于湖北江陵，经钱德洪删削，名为《传习续录》，复刻于安徽宁国的水西精舍，次年(1556年)再经增删，刻于湖北蕲春的崇正书院。隆庆六年(1572年)，谢廷杰刻王阳明全书，更《传习录》为三卷，又附《朱子晚年定论》于卷末。《传习录》从最初的编辑到现在的三卷本"定本"，历时五十多年，经过多人之手，但最终的定稿人应该是钱德洪。

　　《传习录》既是阳明心学思想的集中体现，又是了解中国传统文化之历史发展的一部重要典籍。宋代理学出现之后，经过"北宋五子"的卓越思想努力，特别是经过朱熹的精研覃思，理学作为一种"新儒学"形态已经被体系化地建构起来,成为时代新学。朱熹撰《四书集注》,为这一"新儒学"确立了新的经典文本系统,理学的问题意识、核心理念、致思方式、实践路径等等,根本上都来源于"四书"。因此在某种意义上,《四书集注》不仅体现了朱熹本人的思想,实质上还体现了"宋学"的基本思想。汉、宋学术之所以分野,根源上即在于其所依据的经典文本系统的差异。王阳明崛起于明代中叶,对前人学说能够兼综博会,思想视域有了进一步的开拓,又经他本人的亲身实践,确实领悟到朱熹学说的某些偏弊,从而翻出新意,开辟出了关于"四书"解释的别样视域,代表了一种不同于朱熹的新见解。而随着阳明心学的流行,实际上又再次改变了宋代以降中国思想发展的整体格局,《传习录》也因此而成为足与《四书集注》比肩的心学经典。《传习录》的内容十分丰富,是理解阳明心学体系的必读著作,而以下诸种观点,对我们理解阳明心学则十分重要。

心即理。阳明尝称之为"立言宗旨",是为阳明心学的理论基础。阳明说:"所谓汝心,亦不专是那一团血肉。若是那一团血肉,如今已死的人,那一团血肉还在,缘何不能视听言动?所谓汝心,却是那能视听言动的,这个便是性,便是天理。"(《传习录上》)可知在阳明那里,"心"是能使人实现视听言动之生命活动的本原,即是本原生命本身,是天道在人的本原性实在,所以"便是天理"。在宏观意义上,包括人在内的一切万物之所以可能获得其自身存在,皆因有得于天道而各成其性,因此讲"心即理",就必然同时肯定心、性的同一,所以阳明说:"心即性,性即理。"(《传习录上》)"心之体,性也,性即理也。"(《传习录中》)既然"心即性",那么心与天下万物的存在就有了本质上的根本联系,"吾心"与"物理"在本质上是统一的,在现实性上是圆融共在的,所以既不能在"吾心"之外去求"物理",也不能在"物理"之外去求"吾心","外心以求物理,是以有暗而不达之处"(《传习录中》),而若"遗物理而求吾心",则非但不能得心之全体,并且会导致悬想一个本体的空疏之弊。阳明的"心即理"说,既要求个体以宇宙生命之全体为本原来建立主体性,从而为其"知行合一"说张本,又强调了天下万物之整全的统一性乃归原于心体本身,从而为其"天地万物一体之仁"预设了理论前提。

知行合一。如果"心即理"是哲学意义上的本体论架构,那么"知行合一"即是其工夫论,是人在其现实生存过程中把同一于天道、天理的本心实现出来的根本方法。"知行合一"的"知",在阳明的论述之中,至少包含四个层面的基本意思:感知、知觉、知识、良知;"行"则涉及两个方面的基本内涵:内行(思想、情感、意识之流行)与外行(外向体现的身体行动)。按照阳明的阐释,不论在"知""行"的何种意义上,它们都是两相合一而不是相互分离的,也就是说,"知行合一"实际上是人的现实生存的真实状态,而若"知""行"分离,不能合一,那么实际上是被"私意""私欲"所间隔的结果,从而丧失了"知""行"的本体。日常生活经验告诉我们,我们如果发出某种行动,总是在某种"心意"的主导之下的,如"知渴"则饮,"知饿"则食,因此"知"既是"行"的主导意识,又是"行"的起点或开端,"行"则是"知"所外现的行动,是"知"的贯彻落实,所以阳明说:"知是行的主意,行是知的工夫;知是行之始,行是知之成。"(《传习录上》)也就是说,"知""行"实际上是一个相互联贯的过程。更简单地说,"知""行"之所以在过程性上是相互统一的,因为它们原是同一过程所呈现出来的两个面相,因此阳明说"知行合一",实质则是说"知行同一",是用两个字说一个工夫,"若会得时,只说一个知,已自有行在;只说一个行,已自有知在"(《传习录上》)。就知识活动而言,任何"真知"都本原于行为的实践活动,行动的过程与获得知识的过程是同一的;本原于实践的"真知",也必然是能够还原于实践本身的,因为"行"即是"真知"的体现,所以阳明说:"真知即所以为行,不行不足谓之知。""知之真切笃实处即是行,行之明觉精察处即是知。知行工夫,本不可离。"(《传习录中》)若用传统的体用观点来看,那么"知""行"两者实际上是互为体用的:知是行之体,行为知之用;行是知之体,知为行之用。知行两相同一,一体圆融。从这一即体即用的观点来看,"知行合一"在终极本体意义上的展开,就是"致良知"。

致良知。这是阳明先生晚年对其毕生思想的综括与总结,他曾称之为"真圣门正法眼藏",是圣人相传"一点滴骨血"。在理论上,"良知"说是"知行合一"说的进一步发展与完善。阳明曾说:"吾'良知'二字,自龙场以后,便已不出此意,只是点此二字不出。"(钱德洪《刻文录叙说》)说明阳明思想的前后发展,其实是有其内在的连贯性与统一性的。按阳明的阐释,良知在人的存在是人人平等具足的,即是"本心"。正是这一"本心",不仅使人成为完全意义上的人,并且使人的生命境域获得了多重维度的绵延。就人的自身存在而言,"良知"是生命存在的本初原始,或谓之生命本原。这一本原的自身实在性同一于作为宇宙全体的终极实在之天道,因此人的生命存在境域便获得了向形而上的天道维度的无限绵延;良知"实千古圣圣相传一点滴骨血",是圣人道命传统之真髓,那么良知在人的本原性存在,也就使人的存在境域获得了历史纵向维度的无限绵延;以良知为本原的现实存在者,正是因获得了这一本原所本具的本原能力,才使包括知识、情感、理性、愿欲等等在内的全部生命活动成为可能的,因此就人的存在的现实性而言,他同时就具备了在现实性上呈现其生命力的广袤空间,从而使其存在境域获得了现实维度上的无限绵延。正是基于这三重维度的绵延,在阳明看来,人的存在就必不可能是单向度的,而是多维度关联的现实存在者。他既是现实的,又是历史的;既是后天的,又是先天的;既是形而下的,又是形而上的。这才是人的生命状态的本相。了知良知的本相是如此,在现实的生存过程中把这一本原良知表达于、体现于实际的生活境域,即是"致良知",所以说"致良知"是"知行合一"的进一步完善。作为本原性实在,良知的自体状态总是"明莹"的,不染任何渣滓,毫无私意私欲;良知总是"自知"而"常惺惺"的,是永远能够对其自身的真实状态保持清楚明白的自我觉知与自我肯定的,因此它永远不会陷于二重化,而总是保持其自身的绝对性。因它"自知",所以能够"知他";因它绝对,所以即是中道。"致良知"是人实现其真实生命的途径或方式。"致吾心之良知于事事物物",则"事事物物皆得其理"(见《传习录中》),不仅是阳明所理解的"致知格物",更是生命存在本原意义上的人的使命,是全人格的实现与完善方式。"致良知"的过程,既是现实的生存过程,是生活世界的建构过程,也是价值世界与意义世界的建构过程;既是尽人道的过程,也是达天道的过程。"良知即天道",所以"致良知"的现实意义,就是要将天道本身的大中至正、永恒的普遍正义实现于天下。

天地万物一体之仁。这是"致良知"的终极境界。人总是在与现实世界的交往当中来实现其自身生存的。现实的交往过程,既是人把交往对象摄入于主体之心灵世界的过程,也是把自己向交往对象开放的过程。只要交往关系存在,这种双向互动就必然存在。通过这种互动性的实践活动,我们现实地建立起与对象的"关心"的联系,从而实现与交往对象的"主体性互渗"。在"致良知"的意义上,如果我们通过自己的生活实践而把本原良知呈现于、落实于全部的交往领域,那么我们的生活世界,便是以良知为核心、以"知行合一"为实践方式而建构起来的自他圆融的世界,也即是与物一体的。良知的表达,即是仁的体现,因此在终极意义上,我们便实现了"天地万物一体之仁",而终究能够享有一个无限、光明而又崇高博厚的价值世界。

最后,向读者推荐两个学界公认为权威可靠的《传习录》读本:一是陈荣捷先生的《王阳明传习录详注集评》(台湾学生书局1983年版,重庆出版社2017年版),二是邓艾民先生的《传习录注疏》(上海古籍出版社 2015 年版)。它们都是《传习录》研究的一流著作。另外,善于阅读白文的读者,则可采用上海古籍出版社(1992 年初版、2011 年再版)的《王阳明全集》本。

（本文作者为浙江大学哲学系教授）

乱世待善治：明亡的政治反思

怎样读《明夷待访录》

段志强/文

　　《明夷待访录》是中国政治思想史上的一部名著。这部书对三代以后，尤其是明代的政治文化和政治制度进行了深刻反思，并且在对儒家政治理想进行重新阐释的基础之上，提出了新的制度构想，是中国古代政治学说的最高成就之一。它不仅引起学者的兴趣，更曾被政治人物所利用，而参与到近代中国的实际政治进程之中。

一

　　《明夷待访录》的作者黄宗羲，字太冲，号南雷，世称梨洲先生，浙江余姚人，生于明万历三十八年(1610年)，卒于清康熙三十四年(1695年)，得年八十六岁。黄宗羲的一生，正值明末清初这个剧烈变动的特殊时代，而他又往往处于时代漩涡的中心，亲身参与过许多重大的历史进程，无论是政治作为还是思想著

330

述,都带着那段历史的鲜明印记,因此他的生命极富光彩,完全有资格成为17世纪中国的代表人物。

黄宗羲在晚年曾这样总结自己的一生:"初锢之为党人,继指之为游侠,终厕之于儒林。"入清以后,随着明代复国的希望越来越渺茫,黄宗羲逐渐潜心学问,著书数十种,在很多领域都有极高的成就。在刚刚开始著述生涯的时候,黄宗羲首先要做的就是检讨明朝灭亡的原因。顺治十八年(1661年),他写了《留书》,康熙元年起,他删去《留书》中比较激烈的部分,又加以大幅扩充,次年完成,这就是《明夷待访录》。

《明夷待访录》共有十三篇,最受后人瞩目的是前五篇:《原君》重新定义君主和皇权,强调政治权力本为天下公器,并非一家一姓所可私有;《原臣》论述大臣的职责,主张臣下的任务在于与君主共治天下,而非皇帝之家奴;《原法》追溯法度的通变,提出三代以后的法都是为了满足君主的私欲而钳制天下的,乃是"非法之法";《置相》探讨相权的意义,主张尊崇士大夫出身的宰相,在制度上形成制约皇权的力量;《学校》设想各级官学在新政治体制中的作用,在黄宗羲的理想中,学校除了教育之外,更有议政和批评政府的权利,同时也是文化和学术的管理者。

这五篇互相支撑,浑然一体,既提出了一种不同于官方意识形态的政治哲学,也是一套基本完整的制度设计,所体现的则是黄宗羲复兴原始儒家政治理想的努力。概括起来,这种政治理想大致包含如下方面:第一,君权仅来源于社会管理的实际需要,从皇帝到大臣,只是社会分工的不同,君权并不神圣,臣民对君主亦无绝对义务;第二,士大夫是社会治理的中坚阶层,是君权的执行者,也对君权构成制约关系;第三,社会应在儒家伦理原则的轨道上运行,并由士大夫负责保证。

其余的八篇,系针对明代政治的弊病,提出具体的改革方案。《取士》是科举改革的蓝图,主张考试和人员的任用都应当多样化,应以实用为取士用士的准则;《建都》批评明代建都北京的失策,认为应都于金陵,如此可以免受北方外患的直接冲击,也可以缓解江南的财赋负担;《方镇》主张强化边防单位的自主权,甚至允许其首脑世袭;《田制》论述土地制度的改革,认为可以通过土地分等、实物征税、简化税种等途径,逐步恢复井田制,达到减轻人民负担的目的;《兵制》是军事改革方案,主旨是文人领兵、兵民合一;《财计》讨论金融和财政问题,主张废除金银、辅用纸钞;《胥吏》针对明代的胥吏之害,主张任用文人为吏,打破官与吏之间的身份壁垒;《阉宦》要求削减后宫的规模,限制皇帝的私欲。

二

明代自万历以后,由于政治控制的放松、城市经济的发展和社会文化的繁荣,再加上传教士所带来的西方文化的输入,呈现出许多不同于传统的新特征。在思想领域,阳明之学传衍流行,在阳明后学中广泛出现了肯定私利和欲望的思潮,对以程朱理学为主的正统意识形态构成巨大挑战;在经济领域,工商业空前发展,私人占有的财富大量增加,政府与个人之间的利益争夺也随之激化,尤其在矿税等问题上,政府与民争利的行为引发了普遍的社会矛盾;在政治领域,一方面是皇权高度集中,附着于皇权的宦官成为政治的毒瘤,另一方面,官僚士大夫乃至在野文人的政治热情持续高涨,双方彼此角力,晚明政坛给人以十分焦虑而紧张的感觉。

在晚明这样一个"光怪陆离"的时代,几乎各个领域都出现了杰出的人物,风气似乎也十分自由,社会成了各式思潮和人物表演的大舞台,但是,在正统儒家的观念看来,这种自由和多样,其实只是衰世的"乱象",是不足为训的,而明代的亡国,就是"乱象"的顶峰。这样,入清以后对明亡进行反思的思想家就同时面临着双重的任务:一是剖析明代政治的弊病,提出良好政治的新标准;二是回答晚明提出的新问题,重构社会秩序,重建意识形态的权威。这就是《明夷待访录》所面对和试图解决的问题。

"明夷"是《周易》的第三十六卦,卦象坤上离下,孔颖达疏:"夷者,伤也",意思是光明受到了挫折和压制。《序卦》又说:"明夷,利艰贞。"是说君子在面对明夷的境况之时,应当"知艰难而不失其贞正"(程颐《伊川易传》)。"待访"的说法则来源于周武王访问殷商遗臣箕子,箕子陈述了治国的方略而为武王所接受。

本书既名"待访录",那么作者究竟想要"待"谁人之"访",立刻就成为一个问题。一种说法认为,身为明遗民的黄宗羲,其实是在等待着清朝君主的来访。这种看法由来已久,乾隆时候的全祖望表示过赞同,后来章太炎、陈寅恪等也持此说。另外一些学者,如梁启超等,则认为《明夷待访录》是为"代清而兴"者设法,作者所等待的是盼望中的清朝之后的王者。还有一些学者推进了梁启超的推测,并将"代清而兴"者具体为郑成功等等,种种说法,不一而足。

黄宗羲在写作《明夷待访录》的时候,根据胡翰"十二运"的说法,认为二十年后将会迎来治世,而且是孔子之后的第一个治世,可望恢复"三代之盛",他的这部书正可作为治世的为政纲领,起到与箕子为周室陈述大法相同的作用。对于"十二运",黄宗羲恐怕也是宁愿信其有的态度,总之是渴盼太平盛世的来临,而未来的治世不仅应当驱除异族的统治,更要取消战国秦汉以来的弊政,实现儒家的社会与政治理想,至于创造这个治世的人物具体为谁,其实并不重要。对于像《明夷待访录》这样的作品,我们能够领悟到作者在乱世中期待善治、在困境中发愤著书的苦心孤诣即可,似乎不必执着于类似"《明夷待访录》的写作动机"这种聚讼不已的问题。

三

《明夷待访录》在清末之前流传不广。梁启超曾说此书在乾隆时被列为禁书,但是现存的几种禁毁书目里面都没有收录,大概是他误记了。不过毫无疑问的是,假如清朝官方能够得到这本书,那么它一定不会幸免于"全毁"的命运的。

到了晚清,随着政治改革的讨论日益公开并逐渐成为朝野上下的中心议题,《明夷待访录》也渐渐进入人们的视野。较早的如郑观应《盛世危言》就有《原君》《学校》等篇目,议论虽不尽与黄宗羲相同,但受到《明夷待访录》的影响则是肯定的。此后的维新派如康有为、梁启超,革命家如孙中山、陈天华,乃至清朝大臣如张之洞,民国枭雄如蒋介石,都对这部书称扬有加。自然,也有不少人站在绝对君权的立场上对《明夷待访录》口诛笔伐,唯恐其成为"平权自由"的"借口"。尤为重要的是,它不但在政治思想史上起过催化的作用,而且被应用到实际的政治斗争当中,成了新型政治理念的宣传品。梁启超说他们在鼓吹维新的时候曾经将《明夷待访录》节钞散发,孙中山领导下的革命党也曾印送《原君》《原臣》等篇推动革命。

正因为《明夷待访录》在近代史上如此风行,人们对它的理解和定位简直是五花八门,争论至今未息。政治家对它的解释,是出于现实的政治目的,可以不论;学术界较为流行的观点有两种,一种认为它是一部"民主主义"的作品,因此具有"近代"或者"启蒙"的色彩,一种则认为它虽有思想上的突破,达到了"民本"思想的"极致",但是仍在儒家所允许的范围之内。

这两种观点看似针锋相对,但究其实都暗含着一个前提,那就是历史应当朝着我们今天所见到的"现代"发展,而"现代"和"传统"又是截然不同的两种社会,只有突破了传统,才有可能到达现代。上述两种观点的区别,只是在于《明夷待访录》处于从传统到现代的什么位置:是仍然停留在传统之中,还是已经开始过渡到现代?说到底,都是在"现代化"的坐标系里打转转,而这个所谓的"现代化"，又是以西方的历史经验为标准的。今天我们再来读这本书，大可不必受各式概念、理论和框架的束缚，尤其不必戴着西方眼镜，来观察这部地地道道的"中国作品"。

黄宗羲不是儒家的叛逆者，亦非孤立出现的思想界"彗星"，《明夷待访录》明显地有着孟子、苏洵、方孝孺等人的思想痕迹，与作者约略属于同一时代的顾炎武、王夫之、唐甄、李三才、魏禧等人都曾提出过与《明夷待访录》相近似的许多观点，所以黄宗羲只是灿若群星的古代思想家中较为明亮的一颗，既无所谓"突破传统"，也无所谓"走向近代"。

秦汉以后，儒家与政治的关系过于紧密，以至于不少儒者渐渐沦为权力的附庸，甚至甘心做皇权的工具。对于这样的人，黄宗羲一概斥之为"陋儒"。《明夷待访录》从政治权力的本质入手，重新定义了君与民、君与臣的关系，提出"天下为主、君为客"，"天下之治乱，不在一姓之兴亡，而在万民之忧乐"等思想，都超越了具体的时代，而足以成为普遍的规则，至今仍具有强烈的现实意义。他对于政治问题的思考，来源于儒家的三代理想，而原始儒家的政治观念，自然也以政府的良好运转、社会的秩序稳定、人民的生活富足为目标。如果《明夷待访录》与西方的某些政治观念相通，只能说明人类在面对同样问题、追求同样价值的时候，会进行相同或者近似的思考，《明夷待访录》能够接触到这些根本性的问题，并且以儒家的方式提出了有见地的回答，这正是它的价值所在。

中华书局1981年出版了《明夷待访录》的点校本，浙江古籍

出版社 1985 年版《黄宗羲全集》也有收录。比较容易找到的是
两种注释本：孙卫华的《明夷待访录校释》（岳麓书社 2011 年
版）和段志强的《明夷待访录（注译）》（中华书局 2011 年版），读
者都可以参看。

（本文作者为复旦大学文史研究院副研究员）

集 · 绣口造梦

不止山川与香草，它是情怀之归处

怎样读《楚辞》

方　铭/文

　　《楚辞》是汉代刘向所编屈原及宋玉等人的作品集，今本《楚辞》包括了屈原《离骚》《九歌》《天问》《九章》《远游》《卜居》《渔父》等全部二十五篇作品，以及宋玉等后代人悲悯和模拟屈原的作品。从宽泛的意义说，把《楚辞》理解为屈原的作品集，也不能说错。《隋书·经籍志》指出："盖以原楚人也，谓之楚辞。然其气质高丽，雅致清远，后之文人，咸不能逮。"屈原因有高尚的情操，才能创作出不朽的诗篇；屈原的作品体现了屈原高尚的情操，因此才成为不可企及的典范。

　　三十多年前，我从国学大师吴林伯先生问学。吴先生早年亲炙大宗师马一浮先生。吴先生尝从容谈及马一浮先生主张治学应以经学为核心，出入诸子史记，人生苦短，不能花太多时间去读那些无意义的书籍。马先生命吴先生以《文心雕龙》为一生治学重点，并说集部也只有《楚辞》与《文心雕龙》等少数几部著作值得学者以毕生精力去钻研。

刘勰在《文心雕龙·辨骚》中说《楚辞》情兼雅怨，文极声貌，影响深远，并对历代读《楚辞》人的境界做了分类："故才高者菀其鸿裁，中巧者猎其艳辞，吟讽者衔其山川，童蒙者拾其香草。若能凭轼以倚雅颂，悬辔以驭楚篇，酌奇而不失其贞，玩华而不坠其实，则顾盼可以驱辞力，咳唾可以穷文致。"这是说读者如果仅仅从楚辞中学到艳辞、山川、香草之"奇"之"华"，这不过是掌握了《楚辞》之末，而《楚辞》之本在于"鸿裁"，即其"贞（正）"与"实"。《楚辞》忠实地继承了《诗经》的风雅传统，表现出的崇高精神境界和高尚人文情怀，是屈原及楚辞价值的真正所在。也正因此，屈原及楚辞才有弥久常新的生命力。

读《楚辞》，首先需要了解屈原和理解屈原。没有屈原，就没有《离骚》这样的作品。而《离骚》在楚辞中具有重要地位，因此，后代有人把《离骚》称为《离骚经》，其他作品都称为《离骚经》之传。如果从《楚辞》中其他作品都体现了如《离骚》一般的人文境界和精神价值而言，这种说法无疑是有道理的。

1922 年，胡适发表了《读〈楚辞〉》一文，他认为，《楚辞》的研究史是久被"酸化"的，只有推翻屈原的传说，进而才能推翻《楚辞》作为"一部忠臣教科书"的不幸历史，然后可以"从《楚辞》本身上去寻出它的文学兴味来，然后《楚辞》的文学价值可以有恢复的希望"。胡适意欲把《楚辞》停留在"文学兴味"的审美化和艺术化的层面，显然是受来自于西洋的"文学"学科概念的影响。如果以此观念阅读《楚辞》，《楚辞》就只剩下刘勰所批评的艳辞、山川、香草之"奇""华"了。相对而言，梁启超先生对屈原的理解,对我们认识屈原和阅读《楚辞》可能更具有指导意义。1922年11月3日,梁启超在东南大学文哲学会上发表了题为"屈原研究"的讲演,梁启超认为,屈原具有改革政治的热情,又热爱人民,热爱社会,他以其自杀,表现出对社会、对祖国的同情和眷恋,而又不愿意向黑暗势力妥协的决心,因此,屈原的自杀使他的人格和作品更加光耀。梁启超强调屈原作品中的思想价值和精神价值,这是体现中国传统"文学"观念的价值取向的观点。

屈原是战国时期楚国的重要政治家,对屈原的把握,离不开屈原的政治活动。抓住屈原的政治活动轨迹,才能准确把握屈原作品的内涵。屈原的价值,体现为他的文学成就和政治人格的完美结合。屈原的作品,表现的内容是他的政治活动和政治遭遇,以及政治活动和政治遭遇所带来的思想感情方面的期待与沮丧,希望与失望。屈原的政治活动和政治遭遇,我们又是通过屈原的作品了解的。如果没有屈原的作品,我们就无法了解屈原的遭遇;如果没有屈原坎坷的遭遇,屈原可能不会创作这些作品;即使创作了作品,也可能没有机会流传下来;即使侥幸流传下来,也可能不会有这么久远的生命力。

战国时期是一个大动荡的时代。随着晋国的分裂,楚国的衰落,春秋时的晋、楚两极世界变成了秦国独大的一极世界。《史记·秦始皇世家》载山东诸侯"常以十倍之地,百万之众,叩关而攻秦。秦人开关延敌,九国之师逡巡遁逃而不敢进","于是从散约解,争割地而奉秦"。秦"因利乘便,宰割天下,分裂河山,强国请服,弱国入朝"。秦国的强势,以及楚国的羸弱,决定了战国时期的楚国处在一个不可能有大作为的时代。也正因此,屈原给楚王提出的联齐抗秦,杀张仪以泄愤,不去武关会秦王的政治策略,楚怀王都不敢接受。

屈原是一个想在楚国有所作为的政治家,但是楚国不能给他提供大有作为的舞台。屈原不被楚王任用,怀才不遇,生不逢时。不能有所作为的时代环境和想有所作为的人生理想的纠结,是屈原和楚国领导层发生矛盾的根源,也是屈原悲剧命运的根源。

战国时期,如何适应社会的巨变,是时代弄潮儿们追逐的目标,那些成功的政治家无不体现这个特点。法家、纵横家的成功,在于他们放弃自己的坚守。而屈原的经历和作品,体现了他坚守底线的人生境界。

孔子与他的弟子是春秋战国时期有坚守的政治家的样板。孔子周游列国,不是为了谋得官职,而是为了传道,也正因此,孔子面对诸侯权臣的邀请,不为其所动,《论语·阳货》载因孔子不愿出来工作,阳货攻击孔子"怀其宝而迷其邦"是"不仁","好从事而亟失时"是"不知",殊不知如果不能以道治国,在乱世求富贵,必然会成为坏人帮凶。因此,孔子的坚守,正是孔子仁和智的体现。《史记·孟子荀卿列传》说,战国时期"天下方务于合从连衡,以攻伐为贤,而孟轲乃述唐、虞、三代之德",与世俗不合,梁惠王甚至认为孟子"迂远而阔于事情",不过,司马迁理解儒家的坚守,他说:"故武王以仁义伐纣而王,伯夷饿不食周粟;卫灵公问阵,而孔子不答;梁惠王谋欲攻赵,孟轲称大王去邠。此岂有意阿世俗苟合而已哉！持方枘而内圆凿，其能入乎？"

和孔子及儒家不同，《史记·商君列传》载商鞅求见秦孝公，先说帝道，再说王道，三说霸道，四说"以强国之术"。帝道指五帝时代的"天下为公"和"大同"价值，王道指以周代文明为标志的夏、商、周三代的德治价值观，霸道指春秋时期的仁政理想，强国之术指战国时期的弱肉强食。《韩非子·五蠹》所谓"当今争于气力"，《史记·天官书》所谓"顺之胜，逆之败"。商鞅的最高理想是帝道，其次是王道，再次是霸道，而强国之术是他认为的最为下下之术，但因为秦孝公认为帝王之道"久远，吾不能待"，商鞅就投孝公所好。《史记·苏秦列传》载苏秦出道后，先赴秦国，以连横为说，推介统一之主张。秦不用苏秦，苏秦于是东赴燕国，以合纵为说，推介反统一的政治策略。《史记·张仪列传》说张仪先赴燕国找苏秦合纵，苏秦不用张仪，张仪只好西至秦国，投身连横事业中，从事统一活动。商鞅，以及苏秦、张仪，不能说他们心中没有理想和是非观，但是，他们不能"知止""慎独"，把个人的飞黄腾达放在第一位，选择了根据君主的需求来提供产品的人生价值。孔子和屈原都把拯救人民放在第一位，从而把"做正确的事"作为人生的底线来坚守。

屈原是有坚守的政治家，他之所以能坚守，就在于他是一个深沉的思考者，一个关心楚国命运的政治家。屈原思考拯救楚国的指导原则，思考历史与现实、自然与社会的有关问题。屈原在思考楚国的现实困境的时候，提出了解决楚国政治困境的方法，这就是要实现尧、舜、禹、汤、文、武之"美政"。因此，与其说屈原是法家或者改革家，毋宁说他是一个坚守传统的儒家思想家。他的思想价值，不在于他在战国时期体现了怎样的改革意识，而在于他知道人民的幸福依靠回归"选贤与能"的美政。这就使他与同时代的打着改革旗号的势利之徒划清了界限。

自汉代以来，人们从屈原的经历和作品中就发现了屈原的"忠直"和"清廉"的高尚情操，而朱熹更是认为屈原具有"爱国"情怀。屈原的爱国情怀表现为对楚国昏庸和奸诈的政治家以及不能选贤与能的政体的强烈批判，屈原希望在楚国有公平和正义，正道直行的人受重视，而枉道邪行的人被抛弃，但是楚国的现实正好相反，所以他有强烈的不满。屈原的"爱国"是建立在"正道直行"的基础上，因而是有正义性的，所以是有价值的。

屈原是历史中存在过的真实的人，同时也是经过历代文化人和屈原的崇敬者不断诠释过的文化符号。我们既要还原历史中的屈原，也要注意后代人对屈原的诠释；既要注意对屈原正面的诠释，也要注意批评者的文化立场。总而言之，在中国文化史上，无论是赞扬屈原还是批评屈原，他们都是把屈原当作一个有价值的样本，体现他们对屈原的尊敬和同情。如果能认识到这一点，还原历史，就有了科学的立场。

屈原是在一个缺少公平性，丧失了正义价值的时代，积极倡导社会公平和正义价值，并痛苦地追寻社会公平和正义价值的伟大诗人。《楚辞》的价值正在于完整地表现了屈原的痛苦和追寻。20世纪50年代以后，由于孔子受到错误的批判，有人认为屈原比孔子更伟大，虽然屈原是一位伟大的诗人和政治家，但孔子在中国文化史上具有更伟大的地位。孔子是个胸怀世界和一切人的人,他的思想境界超越了时间空间的限制,是他同时代和以后的思想家所不能企及的。因此,古代人关于孔子是"圣人",屈原是"贤人"的定位,是符合历史事实的。自司马迁、刘勰以来,中国古代文人肯定《楚辞》为"奇文"的同时,又积极挖掘屈原及其作品所承载的人生理想和文化价值,这个传统,对正确把握屈原及《楚辞》的价值,是有建设性意义的。读《楚辞》,不仅仅是为了"酌奇"与"玩华",更是为了学习屈原的道德境界和文化坚守。

(本文作者为北京语言大学人文学院教授)

平淡中，有奇绝

怎样读《古诗十九首》

刘毓庆/文

《古诗十九首》是昭明太子萧统所编的《文选》中，一组无主名的五言抒情诗。它与《三百篇》(即《诗经》)同为历代诗家所重。《三百篇》创造了中国抒情诗的基型，而《十九首》则开创了五言诗的历史，故刘勰称它是"五言之冠冕"，钟嵘称它"一字千金"，其在中国诗歌上影响之深远，也仅次于《三百篇》。从魏晋以降，如陆机、陶渊明、韦苏州(韦应物)等名家，每有《拟古诗》之作；而以"十九首"名题选诗者，亦复不少，如《文苑英华》中即有《中秋月十九首》《七夕十九首》《刘长卿十九首》《刘得仁十九首》《王维十九首》《宋之问十九首》《馆驿十九首》《征伐十九首》等目。十九首中的部分篇目，也曾被选入大中学的教材中。因此，如何很好地阅读和理解这一组诗便很重要，这里谈一点自己的体会。

第一，背景还原。这是一组无作者、无时代说明的诗篇。它的内容大多是表现"思乡"或"闺思"的，如果不做背景还原，简单地把它归于"爱情"或"伤别"诗的范畴,诗中深厚的意味便会丧失。故前人每有推测,或推定某篇为傅毅作、某篇为枚乘作,或疑为建安中曹(植)、王(粲)所制,或疑张衡、蔡邕作品杂于其中,或疑为文选楼中诸学士杂糅古诗句而成,但皆无确证。这里我们立说的基础是:这一组诗应当作一个整体来看待,因为其中所表现的内容、主题、情调等,都是相通或相同的,它们是同一个背景下的产物。在此基础上再谈还原问题。

如何还原它们的背景?这要从作品中寻找信息。先看其"地"。诗中有地名标识的共四处,如《青青陵上柏》提到"游戏宛与洛",而重点说的是"洛",洛即东汉的都城洛阳。《驱车上东门》提到了"上东门"与"郭北墓","上东门"是洛阳东城三门之一,"郭北墓"指洛城北的北邙山公墓,这是东汉王公卿相的安葬之地。《凛凛岁云暮》中的"洛浦",即洛水之滨,也在洛阳。《东城高且长》中的"东城",从诗中的描写看,应当是指洛阳东城三门。这说明,这组诗产生的地理背景是东汉的京城洛阳。再看其"人"。诗中言"游子不顾返",言"游子寒无衣",言"荡子行不归",言"客行虽云乐",说明这是一个客居京城的群体。再看其"意"。从诗的情感表现看,一是功名欲望,如言"洛中何郁郁,冠带自相索","何不策高足,先据要路津","昔我同门友,高举振六翮。不念携手好,弃我如遗迹","立身苦不早","荣名以为宝"等;二是团圆渴望,如占比最多的游子思乡或闺妇思夫诗;三是及时行乐,如言"不如饮美酒,被服纨与素","昼短苦夜长,何不秉烛游"等。

如果把这些内容联系起来,就会发现,其作者是一群为追求功名客居东都洛阳的落拓书生,其时代则是在东汉末,因此诗中看不到一点欢快之情,充盈着的则是哀伤与相思,此即所谓的"亡国之音"。《风俗通义·佚文》云:"灵帝时,京师宾婚嘉会,皆作魁櫑,酒酣之后,续以挽歌。魁櫑,丧家之乐;挽歌,执绋相偶和之者。"乐事而奏哀乐,这正是时代人精神崩溃的反映!十九首中的哀伤基调与此种哀丧之音正是同一种背景下的产物。汉末宦官擅权,纲纪大乱,"子弟支附,过半于州国","海内嗟毒,志士穷栖"(《后汉书·宦者列传》),大批会聚于京城以求仕进的书生,仕途却被塞绝,故而发出了无望的哀伤,用伤别的情怀,来表达渴望破灭的悲伤。这便是十九首的背景。放到这个背景下,来理解诗中别离、相思、宴饮、乐游之类的内容,便会看到其背后蕴藏的一代士子的心灵颤动。

其次是探寻诗人的心灵世界。汉代是一个崇拜经典的时代。然而在汉末风雨飘摇之夜,落拓书生的情感与思想如同猛兽,冲破了经典价值观的束缚,在自由的天地里奔突、驰骋,用诗歌创造了内在生命的神话。以往人们多关注诗歌对生活的反映,实则用语言建构的生活世界之下所蕴藏的心灵世界,才是诗的重心所在。

在这里,我们首先听到的是从传统的价值观的樊篱中冲出的生命,要求抛弃虚假的人生模式,追求世俗人生意义的呼喊。《青青河畔草》写高楼中独处的少妇嗅到春天气息的心灵动荡。"昔为倡家女",表示了对于生命原初本质的认识;"今为荡子妇"，揭示的是一种虚假的人生模式。这正是落拓书生发自心灵深处的声音，是一种冲破传统道德观念，寻求真实人生的冲动。《今日良宴会》写一群"穷贱"书生的宴会。这里没有"立德、立功"的冠冕堂皇，而是赤裸裸地呼吁追求名利。《驱车上东门》写白杨、松柏装饰着的死亡之门，才是人生的唯一归宿。人不过是寄存于世间的生命，只有到黄泉下才是其永恒的安顿。圣贤也无法逃避这条规律的支配。延长生命的长度只是空想，只有美酒华服，加强生命的密度，才是最实在的。

但这种对于生命世俗意义的积极追寻，却无法掩盖士子内心的剧烈痛苦。因而在这些诗篇中的最强音，是生命不能获得圆满的痛苦呻吟和理想幻灭的悲哀。如《涉江采芙蓉》，怀着美好的心愿和圆满的渴望，涉足于芳兰之地，然而面对漫漫的故乡之路，眼前却一片迷茫。在《孟冬寒气至》中，思妇在北风凄厉中，苦熬着一个个漫漫长夜，唯一能给其孤寂灵魂以安慰的是一封三年前的家书。《客从远方来》中，"相去万余里"的情人之间，只有半匹花绫安慰创伤的灵魂。《行行重行行》中，无终止的时间，无边际的空间，人们在辽阔的时空中艰难地旅行，看不到人生的尽头。由于希望破灭和心理的痛苦，人们感受到了不能把握命运的悲哀。整个世界都充满了秋的凄凉和冬的寒冷(如《明月皎夜光》《凛凛岁云暮》《孟冬寒气至》等)。

痛苦使人们感到了人生的无常，也将生命与死亡联系在了一起。如《去者日以疏》中，诗人感知今日之丘墓，是昨日之去者；今日之来者，明天也将走向墓地。这些诗作，表面上是消极的、颓废的,甚至是不健康的,而其深层却有对生命、对生存价值充分肯定的积极意义。它们以肆无忌惮的情感表现,打开了一个新的生命世界之门,揭开了中国诗歌新的一页。

其三,观其艺术。《古诗十九首》不仅对旧的意识形态进行了疾风暴雨式的冲击,热情地讴歌了生命的意义。而且在艺术领域里,也彻底抛弃了传统的四言诗式,开辟了五言诗的时代。并且真情所致,随心所欲,浅语道来,自成奇文。读这些诗,不能像读唐宋以降的诗那样摘其佳句,论其工拙,那样便会觉得无一佳处,而是要感受它们平淡中的奇绝,因为它们是"浑然天成"的。且以《孟冬寒气至》为例来说明。诗写少妇在寒冷的冬夜,孤枕难眠。这样的长夜,她不知熬过了多少个,仰望星空,看到无数次的"月满""兔缺"(月缺),心理唯一思念的就是远离的丈夫。她日夜期待着丈夫的归来,但等来的只是客从"远方"带来的一封"书札":"客从远方来,遗我一书札。上言长相思,下言远离别。置书怀袖中,三年字不灭。一心抱区区,惧君不识察。"这已是三年前的事情了。三年来再没有第二封书札。三年前的"书札"中就说是远别离,而今还是不见人影,不知归期。这种旷日持久的别离与孤寂,闺门弱妇何以忍受?然而她忍受了。前三年书札中"长相思"三字已给了她孤寂的灵魂以安慰。透过这三字,她看到了丈夫一颗永恒不变的爱之心。她舍不得让这封运载丈夫之心的书札须臾离身,将它珍藏在"怀袖"中,而且像保护心脏一样不让它受到半点损伤。但自己"区区"之心,又如何传给丈夫呢?一种无尽的不可消解的愁苦油然而生,丈夫成了她心灵世界的全部。像如此浅白、自然、质朴、生动而蕴含又如此丰厚的诗，实非《诗》、《骚》、乐府所能比，也非人力所能为。即使大家拟之，也难免有效颦之讥。如杜甫《太子张舍人遗织成褥段》云："客从西北来，遗我翠织成。开缄风涛涌，中有掉尾鲸……"文士气十足，远无古诗之平淡自然。

不难看出，这些诗无一字奇，无一句奇，但却无诗不奇。决不可句摘。晋时王恭(字孝伯)曾摘其句而论其佳处，遭到了后人的讥笑。故清代学者张玉谷《论古诗》说："众妙兼该十九章，津梁六代压三唐。怪他摘句论佳处，孝伯胸中欠主张。"这既是对《十九首》艺术的评价，也是对《十九首》历史地位的评价。

总之，《古诗十九首》以新的艺术形式与情感表现，完成了诗歌史上由"言志"到"言情"，由"叙事"到"抒情"，由民歌到文人创作的转变，开创了文人诗歌创作的新纪元。

（本文作者为山西大学国学研究院院长、文学院教授）

有体系的中国文论

怎样读《文心雕龙》

詹福瑞/文

　　《文心雕龙》是中国古代文论的代表作。它考察先秦至齐梁各体文章的写作，总结为理论，系统论述了文章的本质及起源、文体和创作、发展与流变等问题，影响深远。如鲁迅所评价："东则有刘彦和之《文心》，西则有亚里斯多德之《诗学》，解析神质，包举洪纤，开源发流，为世楷式。"今人对待《文心雕龙》，多把其视为文学理论著作，但严格说来，此书论述的范围大于文学，是包括文学在内的所有文章。既有诗赋这样的文学作品，亦有章表奏启等公文和应用文。中国古代文学，在齐梁时期虽有试图区分审美文体与应用文体的努力，但从始至终，审美文体与应用文体未能实现真正的分流。

　　读《文心雕龙》，自然首先从文本入手。之所以强调读文本，是《文心雕龙》文本的特殊性所决定的。《文心雕龙》既不同于文学理论，也不同于中国古代一般的诗文评，刘勰是用当时盛行的骈文写作了《文心雕龙》。作为一种文言文体，骈文讲究工整的四六对和用典,因此对这种文体,历代多有批评。批评的主要指向就是华丽的形式妨碍了内容的准确表达。而《文心雕龙》讨论的则是文学理论的问题,理论作为对知识的理解和论述,更需要逻辑严明,语言准确。骈文这种形式,自然给准确表达理论造成困难,也给阅读者的理解带来很大麻烦。因此,今人读《文心雕龙》必须借助前人对此书的注解。可参考者,有范文澜《文心雕龙注》(人民文学出版社版)、杨明照《文心雕龙校注》(上海古籍出版社版)、詹锳《文心雕龙义证》(上海古籍出版社版)。

读《文心雕龙》,要遵循古人知人论世的方法,了解作者刘勰的思想。刘勰,《梁书》和《南史》有传。他自幼贫寒,二十岁进南京附近的定林寺,投靠著名佛学家僧佑读书。到了梁朝,刘勰才步入仕途,曾任东宫通事舍人等职。后奉梁武帝萧衍之命,回到定林寺整理寺中所藏经卷,后申请出家,不一年而卒。刘勰撰写《文心雕龙》在其而立之年梦见手持丹漆礼器随孔子南行以后,其起因来自梦见孔子的启示。写成后,他扮成小贩,负书等候时为齐重臣并文坛领袖的沈约于道旁以自荐,受到沈约的欣赏。刘勰一生的思想出入儒释两家,而在撰写《文心雕龙》时,受儒家思想的影响正深。他写书是为了学习孔子,弘扬文道。如此,我们才能理解,此书前五篇的"文之枢纽"部分,为何集中阐述宗经的主张,把"六经"视为文学之源和文学的典范。当然,刘勰一生多在寺庙中生活,而且阅读整理佛教典籍,耳濡目染,自然佛教也影响到他的思维,尤其是佛教的因明学,直接影响到他建构《文心雕龙》庞大体系的逻辑思维。

读《文心雕龙》，可先读书的最后一篇《序志》。作为全书的序言，这是一篇了解《文心雕龙》写作动机和全书理论结构的关键文章。《序志》篇批评了齐梁文风："而去圣久远，文体解散，辞人爱奇，言贵浮诡，饰羽尚画，文绣鞶帨，离本弥甚，将遂讹滥。"认为近代的文风，不尊文体，追求奇诡，徒尚文饰。同时，还对此前的文论给予了评价，认为此前的文论"各照隅隙，鲜观衢路""并未能振叶以寻根，观澜而索源"。所以读《文心雕龙》，不仅要把脉刘勰的思想，还要了解齐梁时期文学的状况以及此前文论的发展情况。

文至齐梁，各体文章都已比较成熟。偏重文辞的诗赋自不待言，五言诗由古体开始向近体转型，七言诗亦得到长足发展。而辞赋则由汉赋的铺采摛文，发展为六朝的抒情体物小赋。即使是章表奏记等应用文体，不仅文体越加全备，人们对文体的认识也越来越自觉，而且越来越重视文章的修辞之美。自先秦至齐梁，文学的走势，从总体看是由质朴趋向华丽，以致连对当代文风持一定批评态度的刘勰，都用骈文写了讨论文章的书。

随着对文学的重视，魏晋南北朝涌现出大量总集、别集，尤其是《文选》，影响深远；文论也空前发达。魏之曹丕的《典论·论文》着眼于从文气与文体，即主体和客体两个方面评论建安文人，提出"文以气为主，气之清浊有体，不可力强而致"的命题。晋之陆机的《文赋》则是首篇探讨文章构思与写作中"文""意""物"关系的理论著作。西晋和东晋，还有两部已经失传的文论著作：挚虞的《文章流别论》和李充的《翰林论》，从其残存的佚文看,都是围绕文体评论作家作品的著作。齐梁时期的文论,越发重视对文章之美的探讨,其主题大致可分两类,一类是关于"文笔"的划分,刘宋文人颜延之分文章为言、笔、文,经书是"言",传记为"笔",有文采且押韵的文章称"文"。而范烨则以无韵为"文",有韵为"笔"。另一类是声律论的建立。声韵是汉语的自然属性,自有汉语言文字以来,就被广泛应用于诗文,但是对声韵的声律集中探讨,则是齐梁时期的王融、谢朓、沈约等人,主要成果就是沈约提出的"四声八病"说。刘勰虽然批评了此前的文论,但其《文心雕龙》却广泛吸收了这些文论的成果,所以才成就了这部集齐梁前文论之大成的著作。

中国传统的诗文评,多无体系,似《文心雕龙》这样体大思精、体系完整的著作十分罕见。因此读《文心雕龙》,必须掌握其结构完整、逻辑严明的理论体系,在此基础上读重点篇章。

《文心雕龙》共五十篇,分上下两编。此书的前五篇《原道》《征圣》《宗经》《正纬》和《辨骚》,为全书的"文之枢纽",即总纲。在总纲中,《原道》是核心,文本原于道,主要论述了两个问题:其一,"心生而言立,言立而文明,自然之道也","文"与人类共生的必然性与合理性;其二,"道沿圣而垂文,圣因文而明道",文原于道而又明道的重要性。这就为文章存在于人类社会生活中找到了其终极依据。以此讨论文章,才算明确了人文的本然;以"原道"冠于《文心雕龙》之首,也为此书奠定了根本的写作原则。以下四篇所阐述的一个基本思想,就是确立经书在文章写作中的经典地位。儒家的"六经",既是各体文章的源头,也是文章写作的典范。因此,文章写作要效法经书,同时参酌以纬书和楚辞的奇丽,既"取镕经意","亦自铸伟辞",做到"酌奇不失其贞,玩华不坠其实"。文章追求新奇而不失其正,文辞华美而内容充实。文章学习经书,刘勰并不主张亦步亦趋,而是通中有变,既尊其体、坚持其刚健文风,同时文辞亦应应时创造变化。

《文心雕龙》从第五篇《明诗》到第二十五篇《书记》,是"论文叙笔",即文体论。不同的文体,按照有韵到无韵顺序排列,以"原始以表末,释名以章义,选文以定篇,敷理以举统"四大内容,分别论述了文体的起源与流变、文体的功能与意义、文体的代表作家作品、文体的基本规格要求,涉及文体达三十三种之多,基本可以作为唐前分体文学史来读。读《文心雕龙》,读者往往忽略文体论。即使是研究者,也多集中在下编的创作论。其实,文体论作为此书的有机组成部分,十分重要。这不仅因为古代有很强的重体观念,文体是文章的基础;而且就本书而言,文体论与创作论实则是互为表里的关系,文体论是创作论生成的基础,创作论是文体论的抽象与升华。刘勰批评六朝文风,也多在"文体讹滥",因此读《文心雕龙》切不可跳过这一部分。

书之下二十五篇,是刘勰所说的"割情析采"部分,大抵可归为文术的范畴,即创作论。按照刘勰的篇章排列,参照詹锳先生《刘勰与〈文心雕龙〉》一书的梳理,《神思》《体性》《风骨》《通变》《定势》《情采》《熔裁》属于创作论,《声律》《章句》《丽辞》《比兴》《夸饰》《事类》《练字》《隐秀》《指瑕》属于修辞学,《养气》《附会》《总术》《时序》《物色》《才略》《知音》《程器》大抵归于文人修养。

今人研究《文心雕龙》，多从文学理论出发发掘其价值，讲的最集中的是《神思》《体性》《风骨》《通变》《情采》《时序》《物色》等篇。而这些篇又确实是最有理论价值的部分。

文章写作，首在运思，故《文心雕龙》下编的第一篇就是《神思》，重点论述文章构思中思维与外物的互为作用关系。"思理为妙，神与物游"，其关键是打通作者思维，调动辞藻等表现手段，实现对对象的充分表现。《文心雕龙》虽然广论文章写作，但此篇所论，"神思方运，万途竞萌。规矩虚位，刻镂无形。登山则情满于山，观海则意溢于海，我才之多少，将与风云并驱矣"，显然说的是诗赋等文学作品的艺术思维，因为此处所说的神思，要有情感，要联想，甚至虚构。因此读《神思》，还要参读同样涉及写作中作家主体与万物关系的《比兴》《物色》诸篇。

既然写作是写作主体与表现客体的关系，那么主客体都影响文章的水平和风格，"是以笔区云谲，文苑波诡者也"。《体性》篇专题探讨作家的才、气、学、习对文章风格形成的影响。这也是中国古代首篇研究作家主体与风格关系的文章，具有重要的理论意义。

刘勰主张文章尊"体"，反对文体讹滥。"体"既是体裁，亦指体制、体统，其重要方面之一，就是文章写作中要处理好的内容与形式的关系。故《文心雕龙》设《情采》篇专门论述此一问题。情，即情感内容；采，即辞藻文采。刘勰强调二者是互为依存的关系："故情者文之经，辞者理之纬；经正而后纬成，理定而后辞畅，此立文之本源也。"刘勰把古今文章概括为两种写作取向，一是《诗经》作者的"为情而造文",一是近人的"为文而造情",并且批评了后者的"采滥忽真""繁采寡情"。文意与文辞涉及文风,针对六朝讹滥文风,刘勰提出了理想的文风——"风骨"。学界关于"风骨"争论很大,我认为重要的是把握住《文心雕龙》的主要论述:"结言端直,则文骨成焉;意气俊爽,则文风清焉","练于骨者,析辞必精;深乎风者,述情必显"。即文意鲜明,文辞凝练。

如本文开篇所言,《文心雕龙》涉及文之方方面面,此短文所举不过是其荦荦大端而已。

(本文作者为原国家图书馆馆长,中国《文心雕龙》学会会长)

非有长歌，何以寄情

怎样读《诗品》

曹　旭/文

作为"百代诗话之祖"，我国第一部诗论著作，《诗品》以其"思深而意远"、"深从六艺溯流别"（章学诚语），与同时代的《文心雕龙》堪称双璧。《诗品》中的诗学史观、诗歌发生论、诗歌美学和批评方法论，都垂远百世，沾溉后人，对我国文学理论、诗歌理论以及日本和歌理论的发展，产生重大影响，具有奠基诗学的意义。

《诗品》的作者钟嵘（约468—518年），字仲伟，颍川长社（今河南长葛）人。齐永明三年（485年）秋天，钟嵘入国子学。因好学，有思理，明《周易》，得到国子祭酒、卫将军王俭的赏识，但长期充当幕僚，做掌管文翰的工作。

《诗品》的产生，是偶然的，也是必然的。因为当时五言诗蓬勃发展，社会上文学鉴赏、文学批评风气兴盛，士大夫有很盛的著书文化风气。同时，它也是钟嵘富于天才的创造。

《诗品》共品评汉迄齐梁一百二十三位诗人："上品"十二人

(古诗算一人),"中品"三十九人,"下品"七十二人。此数字实包含了钟嵘的结构思想与良苦用心。

《诗品》的体例,分三品论诗人。"上品"成就大、地位高或派生源流的诗人;"中品"略次;"下品"则为次要诗人。在论述上,"上品"较详,"中品"次之,"下品"较略;重要诗人专论,次要诗人合论。大抵以源流相同,风格类似,或以帝王、父子、君臣、女诗人、沙门僧侣为归。

整个《诗品》分序言与品语两部,互为表里,互相发明。其整体框架,横向以三品论诗,纵向先溯其流别,再逐一品评自汉魏迄于齐梁的诗人。这种结构形式,横向可见历代五言诗人之优劣,纵向可观五言诗歌之发展。发展分建安、太康、元嘉三阶段,分别以曹植——陆机——谢灵运为轴心,辅之以刘桢、王粲、潘岳、张协和颜延之,使一百二十多位诗人连成一个流动的整体,勾勒出一幅自汉迄梁的诗歌史。

钟嵘的文学观念和美学思想,主要包括诗歌发生论、本质论、诗体论、创作论和诗学理想等几个方面。

诗歌发生的根源,钟嵘认为首先是"气"的作用:"气之动物,物之感人,故摇荡性情,形诸舞咏。"人的性情受气的感荡、物的触动,就形成独特细腻的内心感受,用吟咏的形式把这种感受表达出来,就形成了诗歌。"气",既是抽象的东西,是充盈于天地宇宙间蓬蓬勃勃的元气;又是具象的东西,是大自然的萌动,能触于物而感于心。《诗品序》说:

若乃春风春鸟,秋月秋蝉,夏云暑雨,冬月祁寒,斯四候之感诸诗者也。

四季感荡人心的诗歌发生论,已是西晋以来诗论家的共识。如陆机《文赋》说:"遵四时以叹逝,瞻万物而思纷。"刘勰《文心雕龙·物色》篇说:"情以物迁,辞以情发。""物色之动,心亦摇焉。"但诗歌发生,并不仅仅是由于四季感荡,在四季感荡之外,社会生活中的人际感荡,同样是诗歌发生的重要原因,首次明确提出这一理论主张的是钟嵘。他在阐述四季感荡之后,《诗品序》又说:

嘉会寄诗以亲,离群托诗以怨。至于楚臣去境,汉妾辞宫,或骨横朔野,或魂逐飞蓬;或负戈外戍,杀气雄边;塞客衣单,孀闺泪尽;又士有解佩出朝,一去忘返;女有扬娥入宠,再盼倾国:凡斯种种,感荡心灵,非陈诗何以展其义,非长歌何以释其情?

由于气的发动,四季迭相更递,万物盛衰变化;社会动荡不宁,人际悲欢离合。这一切,都使人心变得更敏感,使情愫变得更丰富,最后产生了驰骋情志、抒发情愫的诗歌。

与此紧密关联,钟嵘认为诗歌的本质是吟咏性情的,是人内心情感的自然流露。基于对诗这一本质的认识,诗当与经国文符、撰德驳奏有本质的区别。

"思君如流水"(徐干《室思》),既是即目;"高台多悲风"(曹植《杂诗》),亦惟所见;"清晨登陇首"(张华断句),羌无故实;"明月照积雪"(谢灵运《岁暮》),讵出经史?观古今胜语,多非补假,皆由直寻。

在创作论上,钟嵘强调诗中"赋、比、兴"的作用。与汉儒的诠释不同,钟嵘给"赋、比、兴"下了新的定义,使它更接近审美,更接近表情达意。他重新解释说:

> 故诗有六义焉:一曰兴,二曰比,三曰赋。文已尽而意有余,兴也;因物喻志,比也;直书其事,寓言写物,赋也。

钟嵘主张"赋、比、兴"三种方法应酌而用之,避免因单用某种方法而带来的弊端。《诗品序》阐释说:

> 弘斯三义,酌而用之,干之以风力,润之以丹采,使咏之者无极,闻之者动心,是诗之至也。若专用比兴,则患在意深,意深则词踬;若但用赋体,则患在意浮,意浮则文散。嬉成流移,文无止泊,有芜漫之累矣。

《诗经》是四言体,出于对《诗经》的信奉和崇拜,不少诗论家仍视四言为正宗,瞧不起五言。包括刘勰的《文心雕龙》也这么认为。钟嵘则以为五言是四言发展的必然结果,今人多习五言,是因为五言形式在表达感情方面比四言更为优越,更有回旋的余地,也更具滋味,其摹状写物,也更详切,更具审美价值。

在汉魏至齐梁一百二十多位诗人中,最能体现钟嵘诗学理想的诗人是曹植。钟嵘从曹植的诗歌中概括出自己的诗学理想,又以对曹植的理想化,使自己理想的诗学得到体现。其中"骨气奇高,词采华茂;情兼雅怨,体被文质"正是钟嵘诗学理想的核心。钟嵘在内容情感上要求"雅"与"怨"的结合。在诗歌的体制风格上,他又要求"质"与"文","风力"与"丹彩"等美学要素的统一。在批评实践中,钟嵘正是以这些美学尺度来品衡古今诗人的。

钟嵘重视"滋味"说,说五言诗体居文词之要,是"众作之有滋味者也"。

刘勰对"味"的论述,只是论某个作家或论其他问题时涉及,钟嵘把"滋味"放在《诗品》的中心,贯穿始终,且与诗歌的本质论、发生论、文体论、创作论等交融在一起,成为诗歌审美和诗学理想的重要组成部分。

钟嵘《诗品》批评方法论垂式千秋。

《诗品》既是一部诗学理论著作,又是一部诗学批评著作。《诗品》用得最多的是"比较批评""历史批评"和"摘句批评"法。

在运用"历史批评"法时,钟嵘把所有的诗人总属《诗经》《楚辞》两大系统,分隶《国风》《小雅》《楚辞》三条源流,按时代先后,世有相因,人有嗣承,如网之在纲,有条而不紊。如评《古诗》:"其体源出于《国风》。"评刘桢诗:"其源出于《古诗》。"评阮籍:"其源出于《小雅》。"评李陵:"其源出于《楚辞》。"在一百二十三人中,钟嵘追溯了三十六位诗人的礼貌特征和风格渊源,包罗了《诗品》中重要和相对重要的作家,来代表整体、系列和完美。

"摘句评论法"的核心在于"断章取义",无论景语、情语,只要凝练、概括性强,可断章取义即可。可以个别代一般,一句代全章,兼有暗示、举例、鉴赏等作用;《诗品序》末标举历代五言警策者,或举篇名,或以佳句指代,如:"陈思赠弟,仲宣《七哀》,公干思友,阮籍《咏怀》,子卿双凫,叔夜双鸾,茂先寒夕,平叔衣单,安仁倦暑,景阳苦雨,灵运《邺中》,士衡《拟古》,越石感乱,景纯咏仙,王微风月,谢客山泉,叔源离宴,鲍照戍边,太冲《咏史》,颜延入洛,陶公咏贫之制,惠连《捣衣》之作:斯皆五言之警者也。"均为其例。此外,《诗品》有时也兼用孟子的"知人论世法"等等。

《诗品》流传千载,对后世文论、诗论产生重大影响。其中对唐诗和唐代诗论的影响,除影响的外在形式和诗歌美学,还通过殷璠的《河岳英灵集》、高仲武的《中兴间气集》、皎然《诗式》等显示出来。他们的品评,多有祖袭、搬用《诗品》的痕迹。

除了诗歌的发生论、本质论、创作论、"滋味说"以外,在批评方法上,《诗品》对后世的影响也同样重要。《诗品》被推为"百代诗话之祖"。明毛晋汲古阁本《诗品》跋称《诗品》为"诗话之伐山"。章学诚《文史通义·诗话》称:"诗话之源,本于钟嵘《诗品》。"

《诗品》不仅对我国齐梁以后的诗论产生影响,还流布海外,对日本的汉诗,特别是和歌,产生重大影响。日本天长四年(827年),良峰安世等总其成的日本汉诗《经国集序》中,就有模拟《诗品》成句的痕迹,表明其时已有传入的可能。

日本宽平三年(891 年),陆奥守藤原佐世奉敕编纂《日本国见在书目》。其中就有对《诗品》的著录。

日本《古今和歌集》是继《万叶集》之后,第二部有重大影响的和歌总集。延喜五年(905 年),由第六十代醍醐天皇下诏编选,延喜八年至十三年,纪贯之等进呈;选诗一千一百余首;前后有纪贯之所作"真名序"(汉文序)和"假名序"(和文序)。这两篇序文论述和歌的起源、社会功用和本质特征,揭示了和歌发展的历史,品评历代歌人的优劣,划时代地提出了一整套和歌创作及和歌批评的理论,奠定了日本和歌美学的基础。因此,一千多年以来,不仅"二序"被日本人奉为圭臬,视为珍宝,每每称引;纪贯之本人也受到日本诗学界普遍的仰戴,并被尊为和歌理论和散文文学的开山祖师。但纪贯之的《古今和歌集序》,是在全面学习、继承、祖袭钟嵘《诗品》的基础上构建的。

纪贯之《古今和歌集序》对《诗品》亦步亦趋地模仿,对诗人的品评,都与钟嵘《诗品》的语言相同。

《古今和歌集》开其端,历代日本天皇都下诏编纂和歌,其中大部分和歌集序,都不同程度地受《诗品》影响。可见钟嵘《诗品》传入日本,已与日本民族文化、审美心理融合,并已和谐地进入日本民族独特的美学结构之中,成为日本和歌精神与日本民族审美不可分割的组成部分。了解《诗品》东渐及对日本汉诗、和歌的影响,正可考察中国文论走向世界,影响和形成"周边文明"的历史进程。

　　中国是一个诗国,清理我们的诗歌理论尤其重要。而钟嵘
《诗品》的理论价值及在文学批评史上与刘勰《文心雕龙》并称
"双璧"的地位,即此可成定论。

　　研读《诗品》,可资参考的书目主要有:中国台湾王叔岷《钟
嵘诗品笺证稿》、日本高木正一《钟嵘诗品》、韩国李徽教《诗品汇
注》,曹旭《诗品集注》(增订本)《诗品研究》《诗品笺注》。

(本文作者为上海市文史研究馆馆员、上海师范大学特聘教授)

它和它的主编者都是传奇

怎样读《文选》

傅　刚/文

　　《文选》是指由南朝梁昭明太子萧统主持编纂的诗文总集，历史上又称《昭明文选》，这是中国现存最早的诗文总集。之所以这么说，是因为按照传统的古籍分类法，《诗经》在古代列于经部，与具有文章概念的《文选》不同。《昭明文选》选录了自先秦至齐、梁八个朝代一百三十多位作家的七百多篇作品(萧统《文选序》说是七代，实际是八个朝代)。文体涉及近四十类，是学习和研究秦汉魏晋南北朝文学史的重要文献。

　　我们知道，魏晋南北朝是中国文学史上各种文学形式发展并趋于定型成熟的时期，作家和作品数量之多远远超过前代，与之相适应的是文艺理论中对文学概念的探讨和文学体制的辨析日益精密。宋文帝刘义隆立儒、玄、文、史四馆，宋明帝刘彧分儒、道、文、史、阴阳五科，都标志着文学已经取得了正式的独立地位。文学作品数量众多，对它们进行品鉴别裁、芟繁剪芜，就成为广大阅读者的需要，选录优秀作品的文学总集乃应运而生。

据《隋书·经籍志》记载,自晋代以迄陈、隋,总集共有二百四十九部,五千多卷,其中著名的有晋代挚虞的《文章流别集》、李充的《翰林论》、宋代刘义庆的《集林》,但都已亡佚。今天所能见到的最早的也是影响最大的总集,就是《文选》。南朝的统治阶级上层,大多爱好文学,并以此作为门第和身份的一种标志,因而奖励提倡,颇多建树。萧统就是其中代表人物之一。据《梁书·昭明太子传》记载,他的门下有许多文人,他经常和他们在一起讨论篇籍,商榷古今,并从事文章著述。当时东宫有书近三万卷,"名才并集,文学之盛,晋宋以来未之有也"。"所著文集二十卷,又撰古今典诰文言为《正序》十卷,五言诗之善者为《文章英华》二十卷,《文选》三十卷。"《隋书·经籍志》于《文选》三十卷、《古今诗苑英华》十九卷之外,在谢灵运《诗英》下注:"又有《文章英华》三十卷,梁昭明太子撰,亡。"根据古代社会的一般情况,达官贵人主编的书籍多出于门下文人之手或至少有门下文人的参预。萧统以太子之尊,引纳文士,当时负有重名的刘孝绰、王筠、殷芸、陆倕、到洽以及《文心雕龙》的作者刘勰,都曾做过东宫的属官或为萧统所赏接,这些文士中极可能有人参加过《文选》的编定。

萧统《文选》一共三十卷,所收时代上起子夏(《文选》所署《毛诗序》的作者)、屈原,下迄梁代,唯不录生人。书中所收的作家,最晚的陆倕卒于普通七年(526年),而萧统卒于中大通三年(531年),所以《文选》的编成当在普通七年以后的几年间。编排的标准是"凡次文之体,各以汇聚。诗赋体既不一,又以类分。

类分之中,略以时代相次"(《文选序》)。从分类的实际情况来看,大致划分为赋、诗、杂文三大类,又分列赋、诗、骚、七、诏、册、令、教等三十九小类。赋、诗所占比重最多,又按内容把赋分为京都、郊祀、耕籍等十五门,把诗分为补亡、述德、劝励等二十四门,这样的分类体现了萧统对古代文学发展,尤其是对文体分类及源流的理论观点,反映了文体辨析在当时已经进入了非常细致的阶段。《文选》的选录标准,以词人才子的名篇为主,以"文为本"(《文选序》)。因此,凡"姬公之籍,孔父之书","老庄之作,管孟之流","谋夫之话,辩士之端","记事之史,系年之书",这几类即后来习称为经、史、子的著作一律不选。但是史传中的赞论序述部分却可以收录,因为"赞论之综辑辞采,序述之错比文华,事出于沈思,义归乎翰藻",合乎"能文"的选录标准。这一标准的着重点显然不在思想内容而在于讲究辞藻华美、声律和谐以及对偶、用事切当这样的艺术形式,但它为文学划定了范畴,是文学发展到一定阶段的结果,对文学的独立发展有促进作用。萧统对文学创作的思想内容和艺术形式的关系持重折中,内容要求典雅,形式可以华丽,他认为艺术的发展必然是"踵其事而增华,变其本而加厉"(《文选序》)。他指出:"夫文典则累野,丽亦伤浮",要求丽而不浮,典而不野,"文质彬彬,有君子之致"(《答湘东王书》),同时还推崇陶渊明"文章不群,词采精拔,跌宕昭彰,独超众类。抑扬爽朗,莫之与京"(《陶渊明集序》)。所以《文选》所选的作品,以内容的雅正为主。比如《文选》基本不选女性作家作品,也不选当时流传的民歌和艳诗,但却很重视古乐府,选录了古乐府辞四篇,对后世作家的乐府诗也重点收录。此外,萧统对陶渊明的评价很高,他不仅亲自为陶渊明编集、写序、立传,还在《文选》中选录其诗作八首,文一首。至于入选的作品是否值得选录,应该选录的又是否有所遗漏,后代的学者曾经有过许多不同的意见,见仁见智,众说不一。但《文选》所录作品,都有其依据,并不能完全责怪编者。如关于李陵、苏武诗的问题,苏轼批评萧统不悟其为伪诗,而加收录。苏、李诗虽南朝人已有怀疑,但仍在疑似之间,当时人如江淹《杂体诗》有拟李陵从军诗,钟嵘《诗品》则将李陵列为上品。至于苏武,梁武帝萧衍有《代苏属国妇》诗,徐陵编《玉台新咏》亦收录苏武诗一首,这说明南朝人对苏、李诗并不完全否定。随着学术辨伪工作的发展,后人渐渐对前代的作品有了较为清楚的辨识,但即使如此,也并不像苏轼所说那样是齐梁间人所为。《文选》著录的作家作品,如实地提供了南朝人如何认识这些作品的事实,这是十分可贵的历史资料。总的来说,这部诗文总集仅仅用三十卷的篇幅,就大体上包罗了先秦至梁代初叶的重要作品,反映了各种文体发展的轮廓,为后人研究这七八百年的文学史保存了重要的资料。

由于《文选》本身所具有的优点,比起同类型的其他诗文总集来,其影响远为深广。唐代以诗赋取士,唐代文学又和六朝文学具有密切的继承关系,因而《文选》就成为人们学习诗赋的一种最适当的范本,甚至与经传并列。因此,在《文选》编成后不久的隋代,长安就有萧该为《文选》作音注,唐初在当时的扬州就有曹宪传授《文选》,聚徒教授,诸生数百人。佼佼者有李善、公孙罗、许淹等,影响甚巨,当时号曰"文选学"。曹宪曾经仕隋为秘书学士,撰有《文选音义》十卷,据两《唐志》记载,除曹宪外,他的学生也都有《文选注》专书,如许淹有《文选音义》十卷,李善注《文选》六十卷,公孙罗注《文选》六十卷,又《音义》十卷,这些专书除李善注本外,在中国都已失传了。

　　李善知识渊博,号称"书簏"。他注释《文选》,用力至勤,引书近一千七百种,前后数易其稿。高宗显庆三年(658年),书成进呈。他的注释偏重于说明语源和典故,体例谨严,引证赅博,但对文义的疏通则比较忽略。凡作品有旧注而又可取者,即取旧注入书,例如《二京赋》取薛综注,屈原的作品用王逸注,等等。他自己对旧注的补正,则加"善曰"以志区别。李善注的重要性不仅在于代表了当时的研究水平,而且在于他所引用的大量古籍已经亡佚,后世学者往往以它作为考证、辑佚的渊薮。《新唐书·艺文志》尚载有他的另一部著作《文选辨惑》十卷,已佚。至今流传的另一种唐人注本是玄宗时代的《五臣注文选》。所谓五臣,即由工部侍郎吕延祚所组织的吕延济、刘良、张铣、吕向、李周翰五人。五臣注颇多利用了李善注成果,重在疏文义,可补李善重在注典词出处的不足。宋以后的学者对五臣注批评较多,此种意见积久成习,以至于至今还有许多学者认为五臣注可废。其实五臣注自有其优点,如对作品的解释,较多地串释句意,有利于后学。又如五臣所用底本,与李善有所不同,从后世发现的写钞本来看,往往是五臣本更合于萧统原貌。此外,五臣注也并非无据臆说,而是参考利用了除李善以外的其他诸家注释,比如公孙罗、陆善经等注及《文选音决》等，其中可以研究考索的内容还是很丰富的。因此诚如《四库全书总目》所说："然其疏通文义，亦间有可采。唐人著述，传世已稀，固不必竟废之也。"

　　宋以后，《文选》学大为昌盛，尤其是清代学者的《文选》学研究成绩突出，成为清代学术重要内容。张之洞《书目答问》专门列有"文选学"一目，可见一斑。"文选学"在古代社会中影响深巨，以至五四革命将它列为攻击的目标，但事实证明，作为古代文学文献，《文选》自身的价值是不能轻易否定的。

　　今天所见《文选》版本，李善注系统有北宋天圣明道残本(已残)、南宋尤袤刻本、元张伯颜刻本、明末汲古阁刻本及清胡克家影尤刻本等；五臣注系统有南宋初杭州刻本两残卷、南宋陈八郎刻本，以及朝鲜正德年间刻本等；六家本系统有南宋广都裴氏刻本、明州刻本、明袁褧影宋广都刻本，及韩国奎章阁藏朝鲜刻本等；六臣本系统有南宋赣州本、建州本(即《四部丛刊》影宋本)等。此外，敦煌所出唐代写卷及日本所藏写钞本也都是十分珍贵的早期文献，对研究《文选》原貌大有帮助。通行本为清代胡克家翻宋尤袤刻本，中华书局1977年将胡刻本影印出版，并附《文选考异》于卷末，是目前最为通行的读本。

　　　　　　　　　　　　（本文作者为北京大学中文系教授）

图书在版编目(CIP)数据

怎样读经典/ 王宁等著.—杭州：浙江大学出版社，
2018.6(2023.9 重印)

ISBN 978-7-308-18041-2

Ⅰ.①怎… Ⅱ.①王… Ⅲ.①中华文化—普及读物
Ⅳ.①K203-49

中国版本图书馆 CIP 数据核字（2018）第 046377 号

怎样读经典

王 宁 彭 林 孙钦善 等著

策　　划	袁亚春　马若岚
责任编辑	张一弛　徐　婵
责任校对	杨利军　边望之
封面设计	仙　境
出版发行	浙江大学出版社
	（杭州市天目山路 148 号　邮政编码 310007）
	（网址：http://www.zjupress.com）
排　　版	杭州林智广告有限公司
印　　刷	浙江新华数码印务有限公司
开　　本	880mm×1230mm　1/32
印　　张	12.125
字　　数	238 千
版 印 次	2018 年 6 月第 1 版　2023 年 9 月第 4 次印刷
书　　号	ISBN 978-7-308-18041-2
定　　价	52.00 元